ULRICH GUTMAIR

»WIR SIND DIE TÜRKEN VON MORGEN«

NEUE WELLE, NEUES DEUTSCHLAND

TROPEN SACHBUCH

Die offizielle Playlist zum Buch gibt es hier:

Herzlichen Dank an die Kulturakademie Tarabya für die Förderung dieses Buchprojekts durch ein Stipendium.

tarabya KA

MIX
Papier | Fördert gute Waldnutzung
FSC® C014496
FSC www.fsc.org

Tropen
www.tropen.de

Redaktionelle Bearbeitung: Heinrich Dubel
Umschlag: © Zero-Media.net, München
unter Verwendung einer Fotografie von © Wolfgang Wiggers
Das Foto zeigt Gabi Delgado-López bei einem Konzert der Deutsch Amerikanischen Freundschaft in der Bremer Diskothek Aladin Music-Hall am 4. Juni 1981.
Gesetzt von Dörlemann Satz GmbH & Co. KG
Gedruckt und gebunden von GGP Media GmbH
ISBN 978-3-608-50167-4
E-Book ISBN 978-3-608-12141-4

Bibliografische Information der Deutschen Nationalbibliothek
Die Deutsche Nationalbibliothek verzeichnet diese Publikation in der Deutschen Nationalbibliografie; detaillierte bibliografische Daten sind im Internet über http://dnb.d-nb.de abrufbar.

Den neuen Punks

Inhalt

WIR SIND DIE TÜRKEN VON MORGEN

Kebabträume in der Mauerstadt

Im Januar des Jahres 1978 geben die Sex Pistols ihr letztes Konzert in San Francisco. Im Februar hebt die Volksrepublik China das Verbot der Schriften von Aristoteles, William Shakespeare und Charles Dickens auf. Die Vereinigten Staaten von Amerika schicken den ersten Satelliten ihres neuen globalen Positionsbestimmungssystems GPS in die Erdumlaufbahn. Im April entscheidet US-Präsident Jimmy Carter, den Bau der Neutronenbombe aufzuschieben; die Neutronenbombe ist eine Waffe, die Menschen vernichtet, aber Infrastrukturen intakt lässt, weswegen sie vielen Zeitgenossen als obszöner Höhepunkt des Wettrüstens im Kalten Krieg erscheint. Die erste Folge von *Dallas* wird in den Vereinigten Staaten ausgestrahlt, die Ära der Soap Operas hat begonnen. Ihr erster Star ist ein verschlagener, aber liebenswerter texanischer Öl-Baron namens J. R. Ewing. Er verkörpert den neoliberalen Zeitgeist. Am 25. Juli wird in Oldham, Greater Manchester, ein Mädchen namens Louise Brown geboren. Louise ist der erste *in vitro* gezeugte Mensch. Die deutschen Medien bezeichnen sie als »Retortenbaby«. Am Tag der Geburt von Retortenbaby Louise sprengt der niedersächsische Verfassungsschutz ein Loch in die Außenmauer des Hochsicherheitsgefängnisses in Celle. Das »Celler Loch« soll einen Anschlag der RAF vortäuschen. Echte baskische Terroristen verüben einen Anschlag auf Schloss Versailles. Einige Öltanker gehen auf Grund. Das iranische Militär schießt auf Demonstranten, das wird das Regime des Schah aber nicht retten. Nach der Revolution wird ein islamistisches Regime einen »Gottesstaat« errichten. Das japanische Unternehmen Taito bringt derweil das Videospiel *Space Invaders* auf den Markt.

Es sind moderne Zeiten, die es zu verstehen und zu umarmen gilt, wenn man ein modernes Mädchen oder ein gewitzter Junge ist. Der einfachste Weg, das zu tun, ist eine Band oder eine Zeitschrift zu gründen und sich die Haare abzuschneiden.

Die meteorologischen Verhältnisse passen gut zum nahen Ende eines depressiven Jahrzehnts. Der Sommer des Jahres 1978 ist außergewöhnlich kalt. Am 11. August macht sich die Düsseldorfer Punkband Mittagspause auf den Weg nach West-Berlin. Im Auto sitzen George Nicolaidis, der den Trip als Bandfotograf dokumentiert, Sänger Peter Hein, Gitarrist Franz Bielmeier, Schlagzeuger Markus Oehlen und Gabi Delgado-López. Gabi spielt bei der Band Diktafon. Das ist ein kleines analoges Gerät mit Mikrofon, in dem eine Mini-Kassette steckt. Damit nimmt Gabi Klänge auf, lässt jemanden etwas reinsprechen oder diktiert sich selbst auf Band. Wenn Mittagspause auftreten, gibt Gabi das Aufgenommene mit seinem Gerät wieder. Bei manchen Liedern singt er mit. Vor allem aber tanzt er. Er ist ein guter Tänzer, das hat er in der Disco gelernt. Seit er 15 ist, geht er im Ruhrpott in die Discos.

Mittagspause fahren nach West-Berlin, weil sie anlässlich der Eröffnung des SO36 in Kreuzberg beim ersten Punkfestival Deutschlands spielen sollen. Diese Reise nach West-Berlin wird Gabi wenig später zu einem Lied inspirieren, das zeigt, wie Punk, dieser Import aus New York und London, in Deutschland klingen kann. Es wird ein Szene-Hit werden, vielleicht der berühmteste deutsche Punksong überhaupt. In neun Zeilen wird Gabi den Gemütszustand eines Lands auf den Punkt bringen. Aber das ahnt in diesem Moment noch keiner der fünf jungen Männer.

Aus Wuppertal kommend hat Gabi seine Düsseldorfer Freunde in einem alten Alfa oder Fiat abgeholt, darüber streiten sich die Zeitzeugen. An der Raststätte Helmstedt wird ein letztes Mal vor der deutsch-deutschen Grenze Halt gemacht. Dort entsteht ein Schwarzweißfoto, das Schlagzeuger Markus Oehlen aufnimmt. Die jungen Männer tragen allesamt schwarze Kleidung, Gabi eine runde John-Lennon-Brille. Die Haare von Sänger Peter Hein ragen wild verstrubbelt in die Luft. Noch radikaler ist der Haarschnitt von Gitarrist Franz Bielmeier, der wie ein expressionistischer Künstler aus den 1920ern aussieht. An den Schläfen verläuft sein Haaransatz in schrägem Winkel und in einer geraden Linie von den Ohren hoch zur Stirn. Auch der Pony scheint mit dem Lineal gezogen worden zu sein. Bandfotograf George Nicolaidis, der Jüngste in der Gang, trägt eine unauffällig-moderate Kurzhaarfrisur. George ist erst 14. Den Eltern hat er kurz vor seiner Abreise einen Zettel zurückgelassen: »Bin für ein paar Tage mit Band Fotos machen und in West-Berlin. Werde vor Ende der Sommerferien zurück sein.« Hätte er vorher gefragt, hätten sie ihn womöglich nicht fahren lassen.

Die Punkkarriere von George Nicolaidis begann ein Jahr zuvor, als er am Geschwister-Scholl-Gymnasium in Düsseldorf die Mitglieder der Punkband Male kennenlernte. Im März 1977 gaben Male vor mehreren Hundert Zuhörern ihr erstes Konzert in der Aula ihrer Schule. Sie verstören ihr Publikum mit ihrem harten, schnellen Sound. Das reicht ihnen aber nicht. Sie wollen ein Zeichen setzen, das unübersehbar ist. Am Ende des Konzerts verbrennen sie eine Deutschlandfahne. Der Parkettboden der Aula beginnt ebenfalls zu brennen. »Der Hausmeister kam angerannt mit zwei Wassereimern und hat versucht zu löschen. Es gab einen Riesenaufruhr. Die Leute in der Schulaula, da waren glaub ich tausend Leute drin, sind ausgerastet,« erinnert sich Jürgen Engler, der bei Male Gitarre spielt und singt.

Der einzige Punk im Publikum des ersten Male-Konzerts hieß Peter Hein, der bald ebenfalls als Sänger einer Punkband von sich reden machen würde. »Er war fünf Meter vor der Bühne gestanden mit Sonnenbrille und Stachelhärchen. Er stach raus aus der Menge. Nach der Show kam er her und hat ein bisschen mit uns geredet. Wir wussten sofort, das ist ein Verbündeter. Er war einer der Ersten, die verstanden haben, was da passiert«, sagt Jürgen Engler. »Das wurde so eine kleine Bewegung, auch in der Schule.« Einer der neuen Punks heißt George Nicolaidis. Ein Jahr später werden George Nicolaidis und Peter Hein von Gabi Delgado-López nach West-Berlin chauffiert. Dort treffen sie ihre Kollegen von Male, die ebenfalls auf Deutschlands erstem Punkfestival spielen.

Auch Gabi Delgado-López ist erst seit Kurzem Punk. Er zieht oft mit Freunden durch die Düsseldorfer Altstadt. Bei einem ihrer Besuche kommen sie am Ratinger Hof vorbei, der seit 1974 von Carmen Knoebel und Ingrid Kohlhöfer betrieben wird. Nachdem die beiden Frauen die Kneipe übernommen haben, verändern sie anfangs nur Details. Die Teppiche auf den Tischen, Zeugnisse des herrschenden Hippie-Orientalismus, werden entfernt. Carmens Mann, der Künstler Imi

Knoebel, streicht die Tische im Geist der Avantgarde in Primärfarben, darüber werden Glasscheiben gelegt. Herr Kohlhöfer wiederum streicht die Decke blau und malt Sterne drauf. Das ist nicht mehr hippiesk, aber auch noch nicht Punk. Erst im Frühjahr 1977 wird richtig renoviert. »Wir haben uns zuhause darüber aufgeregt, dass es immer noch so spießig aussah im Ratinger Hof«, sagt Carmen Knoebel. »Danach passte die Musik auch besser.« Doch als die Kneipe wieder eröffnet wird, bleiben die Gäste erst mal aus.

Denn Carmen Knoebel hat die Idee, farbige Neonröhren an die Decke zu hängen und die Wände weiß zu streichen. Wer den Ratinger Hof betritt, kann sich nicht verstecken, ist dem kalten Licht von Leuchtstoffröhren ausgesetzt, die jeden Winkel und jede Ecke ausleuchten und jedes Gesicht, jede Frisur und jeden Look der öffentlichen Begutachtung anheimstellen. In der Düsseldorfer Altstadt hat das moderne Leben Einzug gehalten und die Freaks, die vorher die Kneipe frequentiert haben, verspüren wenig Lust, sich auf diese grell erleuchtete Bühne zu stellen. Stattdessen lungern junge Punks am Flipper und am Tresen herum. Der Ratinger Hof hat schon ab zehn Uhr morgens geöffnet, meint sich Peter Hein zu erinnern, und irgendwer von seiner Gang ist immer da. Die Punks konsumieren wenig, und wenn sie es tun, dann trinken sie Milch, Fruchtsaft oder Kaffee. Alkohol macht bräsig, stumpf und langsam. Sie aber wollen alert, wach und schnell sein. Peter Hein ist Auszubildender bei Rank Xerox und checkt unter der Woche oft schon um vier Uhr nachmittags, direkt nach der Arbeit, im Hof ein. Am Samstagmorgen ist er wieder da. Abends gesellen sich Künstlerinnen und Künstler von der benachbarten Kunstakademie dazu.

Der Ratinger Hof ist zur Düsseldorfer Punkzentrale geworden, und sein Vorratskeller wird bald zum Proberaum von Mittagspause und anderen Bands. Die weißen Wände des Hofs laden die jungen Punks dazu ein, mit Filzstiften ihre Slogans und ihre Lieblingsbands draufzuschreiben. So was hatte man zuvor höchstens auf Toilettenwänden gemacht: Nur Narrenhände beschmieren Tisch und Wände, wie das deutsche Sprichwort sagt.

Einen Tag nach seinem Initiationserlebnis im Ratinger Hof beschließt Gabi Delgado-López, gleich wieder hinzufahren – und ebenfalls Punk zu werden. »Als ich im Zug saß, habe ich schon gedacht: Das ist es! Ich wusste schon immer, ich mache mal irgendwas mit Kunst oder Film oder Buch oder Musik oder Tanz – was auch immer. Aber ich werde auf jeden Fall nicht in der Fabrik arbeiten. Da kam das genau richtig. Punk? Super! Das ist ganz neu, das gibt es noch nicht. Das wird ganz, ganz groß. Und wenn ich jetzt einsteige, als einer der Ersten, dann werde ich reich und berühmt. Ich habe das wirklich gewusst, damals in diesem Zug nach Düsseldorf.« So hat er es Miriam Spies erzählt, nachzulesen in der offiziellen Bandbiographie *Das ist DAF*.

An seinem zweiten Abend im Ratinger Hof spricht Gabi zwei der coolen Punks an, Franz Bielmeier und Peter Hein: »Aha, du bist Punk. Super, ich bin auch Punk. Habe mir direkt das ganze Material draufgeschafft. Da gab's ja wenig. Die Attitüde war auch irgendwie klar. Das musste man quasi selbst erfinden. Und dadurch war das auch gut, anders als das Original.«

Gabi findet im Ratinger Hof neue Freunde. Peter Hein und Franz Bielmeier spielen damals in einer Band namens Charley's Girls zusammen. Die hatte Bielmeier mit seinem Schulkameraden Ramon Luis erfunden. Anfangs existiert ihre Band nur als Behauptung in ihrem Fanzine *The Ostrich*, das sie seit dem Frühjahr 1977 an 250 Abonnenten verschicken.

Wenig später ist Gabi als Teil der Entourage beim ersten Auftritt von Charley's Girls dabei, sie spielen bei einer Vernissage in Köln. Danach stilisiert sich Gabi zum »Modernen Jungen«. So lautet der Titel seines im März 1978 in der siebten Ausgabe von *The Ostrich* erschienenen Berichts darüber, wie der Eröffnungsabend in der Galerie »Oppenheim? Oppendorf?« – sicher ist sich Gabi da angeblich nicht – verlaufen ist. Es ist die Galerie Oppenheim, die unter anderem Sigmar Polke vertritt.

Gabi erscheint die Galerie als »Zentrale der Negativ Culture, schlechte Luft in den Zimmern, schlechte Kunst an den Wänden und überall schlechte Künstler und einige Hippies, die noch nicht wissen, dass es sie nicht mehr gibt«. Gabi, eben erst Punk geworden, genießt schon großmäulig seine neue Position als Avantgardist der neuen Zeit.

Einer der Räume der Galerie ist mit Sand gefüllt, als Teil einer Installation. Angesichts dieses unverhofft vorgefundenen Sands hätten sich »einige Spanier fast wie zuhause an heimischen Stränden« gefühlt, schreibt Gabi. Mit den Spaniern sind Ramon Luis und er selbst gemeint. »Was fehlte, war der Dreck, der die Strände von Mallorca & Co. schmückt. Und genau dieser Dreck wurde während der Video-Show besorgt, Bierbüchsen, Zigaretten wurden im Schutze der Dunkelheit auf den Sand geworfen. Als die Lichter angingen, leuchteten die Augen von Ramon und Gabi hell, Tränen der Rührung flossen, aah die Heimat!«, fährt der Berichterstatter fort. Heimat, das ist für die beiden spanischen Jungs also ein dreckiger Strand.

Für sich und Ramon Luis denkt sich Gabi im weiteren

Verlauf seines Texts die gefährlich klingende Untergrundbewegung »Spanische Front« aus. Was die Spanische Front will oder tut, lässt er offen. Der Name reicht, um deutlich zu machen, dass der Erzähler über Insiderwissen verfügt, die richtigen Leute kennt und eben an vorderster Front dabei ist, wenn Geschichte geschrieben wird. Und er weist noch einmal darauf hin, dass es innerhalb der Düsseldorfer Punkgang ein spanisches Kontingent gibt.

Kurz nach dem Konzert seiner Freunde in der Galerie »Oppenheim? Oppendorf?« ist Gabi zum zweiten Sänger, Tänzer und Diktaphonisten von Charley's Girls aufgestiegen. Inzwischen ist es Sommer geworden. Schlagzeug spielt nun Markus Oehlen, der, wenn er nicht hinterm Tresen des Ratinger Hofs arbeitet, an der Düsseldorfer Kunstakademie bei Alfonso Hüppi studiert. Eines Abends lösen sich Charley's Girls auf, um ihren Bassisten loszuwerden, der den anderen zu sehr in den Klischees von Punkrock denkt. Einen Moment später steht die Band als Mittagspause wieder von den Toten auf. Die Plakate für das Festival im Berliner SO36 sind da allerdings schon gedruckt. Der Job des Bassisten bleibt vakant.

Wer im Jahr 1978 von Düsseldorf nach West-Berlin fahren will, muss die Transitstrecke durch die DDR nehmen. George Nicolaidis kann sich nicht an Probleme beim Grenzübertritt in Helmstedt erinnern. Wohl aber Gabi Delgado-López. Er hat nur einen spanischen Pass, und Spanien hat noch kein Abkommen mit der DDR. Er muss aussteigen, um ein Transitdokument zu bekommen, wobei den DDR-Grenzern auffällt, dass Gabi einen sowjetischen Panzerfahrer-Overall trägt. Dieser gilt – weil Panzeruniform – als Waffe. Gabi muss sich seiner Waffe entledigen und Klamotten von seinen Bandkollegen zusammenleihen. Während er auf seine Papiere wartet, hat er Zeit, sich umzusehen. Was ihm am meisten zu denken gibt, sind rote Banner, auf denen in großen weißen Lettern die deutsch-sowjetische Freundschaft beschworen wird. Gabi findet, das sei wenigstens ehrlich. Zuhause in Westdeutschland könnten Poster hängen, um die deutsch-amerikanische Freundschaft zu feiern, überlegt er, aber die gibt es nicht. Stattdessen gibt es das, was er – wie viele deutsche Linke und Punks – als »amerikanischen Kulturimperialismus« begreift. Nachmittags im Fernsehen die Westernserie *Bonanza*, abends Hollywoodfilme. Gabi hat an der deutsch-deutschen Grenze den Namen für die Band gefunden, die er bald zusammen mit Robert Görl gründen wird, den er ebenfalls am Tresen des Ratinger Hofs kennenlernt: Deutsch Amerikanische Freundschaft, kurz DAF. Wie RAF. Das klingt als Abkürzung gefährlich und ist ausgeschrieben ein guter Witz.

George Nicolaidis erinnert sich an ein anderes Problem auf dem Weg nach West-Berlin. Kurz vor Hannover droht der Sprit auszugehen. Bergab schaltet Gabi den Motor aus, um Benzin zu sparen, aber irgendwann muss doch getankt werden. Die Punks fahren bei Bad Nenndorf von der Autobahn, um von billigeren Benzinpreisen auf dem Land zu profitieren. Es braucht allerdings drei Anläufe, um die Auffahrt zur Autobahn wiederzufinden. Das inspiriert Peter Hein dazu, später auf der Bühne des SO36 den Text des Mittagspause-Songs »Nordpol« umzudichten. »Nenndorf lügt, Nenndorf betrügt«, lautet jetzt der Refrain. Punksongs handeln von der Gegenwart und sind nicht in Stein gemeißelt. Letzteres gilt auch für die Erinnerungen der Protagonisten, die mal lückenhaft, mal widersprüchlich sind.

Mittagspause und ihr Bandfotograf sind nachts aufgebrochen. Am 12. August 1978 gegen fünf Uhr morgens erreichen sie Berlin. »Nach einem kurzen Blick über die Mauer – Zonengrenzer im Zoo kucken – ging es zum SO36 in die Oranienstraße«, gibt Peter Hein zu Protokoll. »Und da hatte noch oder schon ein Türke auf und wir haben als Frühstück irgendwelches fetttriefende Gemüse und Cola gehabt – liebe Verdauung. Wie wir dann zum SO36 kamen und wo wir später im Auto gepennt haben und ob es diese oder eine andere Fahrt war, bei der ich mausgraue Schuhe und ein Glitzerjackett für 5 DM gekauft hab, weiß ich nicht mehr.« Gegen Mittag, so erinnert es George Nicolaidis, erreichen die Reisenden das SO36.

Als erste Maßnahme beginnen Gabi und Franz damit, mit ihren Eddings Sprüche an die Wände des Eingangsbereichs zu schreiben. »Wir fühlten uns trotz der Hippies heimisch und das SO36 erinnerte uns an den Ratinger Hof. Neonlicht. Beton«, notiert George Nicolaidis später. Das ist wenig verwunderlich, weil sich die Betreiber des neuen SO36 den Ratinger Hof zum Vorbild genommen haben.

Das SO36 befindet sich in einem ehemaligen Supermarkt. Der Konzertsaal ist wie der Ratinger Hof kahl und mit weißen Neonröhren beleuchtet. »Damals war es sehr schwierig für eine Punkband, in Deutschland überhaupt zu spielen. Es gab im Prinzip nur den Ratinger Hof in Düsseldorf und das SO36 in Berlin«, erzählte Gabi. Aus dem Westen der Republik reisen außer Mittagspause die Bands Male und S. Y. P. H an. Sie treffen dort unter anderem auf die West-Berliner Bands DIN A Testbild, Stuka Pilots, PVC und Ffurs.

Peter Hein stellt nach dem ersten, noch recht langsam und schleppend vorgetragenen Stück »In der Tat«, das von einem beinamputierten ehemaligen Wehrmachtssoldaten handelt, seine Band dem Publikum so vor: »Mittagspause, aus dem Rheinland. Aus Düsseldorf. Denn Charley's Girls kann kein Mensch richtig schreiben, nicht mal die merkwürdigen Organisatoren hier.« Auf dem Konzertplakat wird die Band in der Tat als »Charlies Girls« angekündigt.

Einer der Helden der Düsseldorfer heißt Iggy Pop, und der erscheint an einem der beiden Abende in Begleitung von David Bowie im SO36. Allerdings ist das Konzert da schon vorbei.

Das SO36 befindet sich in Kreuzberg, sein Name bezieht sich auf den damals noch gültigen Postzustellbezirk Süd-Ost 36. Kreuzberg gehört neben Wedding und Neukölln zu den ärmsten Bezirken von West-Berlin. In heruntergekommenen, für Willy Brandts großes Berliner Wohnungsbauprojekt und die geplante Stadtautobahn zum Abriss freigegebenen Altbauwohnungen leben viele Gastarbeiter und ihre Kinder. Nach dem Anwerbestopp im November 1973 holen die, die schon länger in Deutschland leben, ihre Familien nach. Was den Zuzug weiterer Ausländer verhindern soll, wird paradoxerweise zum Motor der Einwanderung. Als nach dem Militärputsch von 1980 noch einmal viele Türken nach Deutschland kommen, gilt West-Berlin als größte türkische Community außerhalb der Türkei.

Im Jahr 1970 gibt es laut Eberhard Seidels türkisch-deutscher Kulturgeschichte des Döners bereits fünf türkische Lebensmittelgeschäfte in West-Berlin. In den frühen 1970ern haben einige türkische Imbissstuben in Kreuzberg und Schöneberg auch damit begonnen, Döner Kebab mit Salat im Brot zu verkaufen. Die Geschichte des Döner Kebab reicht bis ins 19. Jahrhundert zurück.

Nun ist Döner Kebab der kulinarische Ausdruck einer bleibenden Anwesenheit von Menschen aus der Türkei in Deutschland. So heißt es in einem *Spiegel*-Bericht aus dem Jahr 1973 über die türkische Imbisskultur in West-Berlin: »Die Kneipe am Kottbusser Tor war mal echt Kreuzberg, Ecklage, Berliner Kindl, Buletten, Sparverein im Hinterzimmer. Heute rotiert am Buffet der Hammelspieß senkrecht, der Kaffee ist süß und dickflüssig, aus der Musikbox leiert orientalischer Singsang. Berlinisch ist da nur noch der Strohmann, den sich der türkische Inhaber aus gewerberechtlichen Gründen hält.« Der Dönerspieß ist für manche Beobachter ein Stachel im Herzen der deutschen Küche, deren kulinarische Vielfalt sich damals in Wurst, Braten, Kartoffeln und Kohl ausdrückt.

Auch neben dem SO36 befindet sich ein Döner-Imbiss. Mittagspause machen dort mit anderen Düsseldorfer Punks Mittagspause. Der Döner begleitet Mittagspause fortan. Bei ihrem zweiten Auftritt im SO36 einige Monate später integrieren Mittagspause den Döner in ihre Bühnenshow. Mittagspause treten diesmal als Arbeiter auf. Markus Oehlen wischt vor dem Auftritt die Bühne, und die Band nimmt ihren Namen an diesem Abend besonders ernst: »Da haben wir nach circa der Hälfte des Konzerts uns auf Stühle gesetzt (Tisch hatten wir glaub ich auch), aus den Taschen von unsern extra gekauften Blaumännern die Döner geholt, und eben ›Mittagspause‹ gemacht«, sagt Peter Hein. »Die Blaumänner hatten jeweils auf der linken Brusttasche ›BRD‹ in rot-gelb-grün. Die Kreuzbergdödelpunks haben uns dort von Anfang an als ›Nazis‹ oder Ähnliches beschimpft.«

Die Kreuzberger verstehen den rheinischen Humor der Düsseldorfer anscheinend nicht und haben außerdem Probleme damit, die Farbkombination des BRD-Logos auf den

Blaumännern zu dechiffrieren. Dabei ist sie mit Bedacht gewählt. Mittagspause sind – wie die englischen Punks – Reggae-Fans, und Rot-Gelb-Grün sind die Farben der Trikolore der jamaikanischen Rastafaris, weil das die Farben der äthiopischen Flagge sind. Kaiser Haile Selassie gilt den Angehörigen der Religion als wiedergekehrter Jesus oder zumindest als Gottes Stellvertreter auf Erden.

Wir sind die Türken von morgen

Der erste Trip von Mittagspause nach West-Berlin endet beinahe mit einem Unglück auf der Autobahn. Gabi Delgado-López hat am Eröffnungswochenende des SO36 zu wenig geschlafen und nickt auf der Rückfahrt nach Düsseldorf am Steuer ein. Der Sand einer Baustelle bremst glücklicherweise den Wagen ab und die vier Helden und ihr Bandfotograf kehren unbeschadet nach Hause zurück. Wenig später fasst Gabi die Eindrücke des ersten West-Berlin-Ausflugs von Mittagspause in einem kurzen Poem zusammen.

Kebabträume in der Mauerstadt
Türk-Kültür hinter Stacheldraht
Neu-Izmir ist in der DDR
Atatürk der neue Herr
Milliyet für die Sowjetunion
In jeder Imbissstube ein Spion
Im ZK Agent aus Türkei
Deutschland, Deutschland, alles ist vorbei
Wir sind die Türken von morgen.

Es sind nur neun Zeilen, die Gabi im Telegrammstil von Überschriften aus der Boulevardpresse hingeworfen hat. Die ersten drei beschreiben knapp und akkurat die gesamtdeutsche Gegenwart des Jahres 1978: *Mauerstadt* und *Stacheldraht* verweisen auf die deutsche Teilung und die Insellage West-Berlins. Die neue Sichtbarkeit migrantischen Lebens türkischer Provenienz in den ärmeren Vierteln deutscher Städte, in diesem Fall West-Berlins, fasst Gabi in der griffigen Formel: *Neu-Izmir ist in der DDR*. Die *Kebabträume* wiederum erzählen vom Döner Kebab als kulinarischem Ausdruck der Einwanderungsgesellschaft. Später wird dieses Motiv mit der Erwähnung von *Imbissstuben* noch einmal aufgenommen.

Im Jahr 1978 regiert laut Gabis Text auch in Berlin Kemal Atatürk, der Gründer der modernen Türkei. Die damals als linksliberal geltende türkische Tageszeitung *Milliyet* – in einer späteren Fassung des Lieds wird Gabi sie durch die konservative *Hürriyet* ersetzen – informiert nun die Sowjetunion. In jeder Imbissstube West-Berlins sitzt ein türkischer Spion und selbst im Zentralkomitee der Sozialistischen Einheitspartei Deutschlands in Ost-Berlin arbeitet ein *Agent aus Türkei*. Die Einwanderungsgesellschaft erscheint im poetischen Kontext von Gabis Lied als Unterwanderungsgesellschaft.

1918, als das Kaiserreich von Revolutionären auf Schiffen und in den Straßen unruhiger deutscher Städte voller aufmüpfiger Arbeiter, avantgardistischer Künstler und Bohemiens gestürzt wurde, prophezeite Oswald Spengler den »Untergang des Abendlands«. Mehrere Generationen von Kulturpessimisten, Faschisten und Konservativen sind von seiner düsteren Prophezeiung beeinflusst, wenn nicht gar verängstigt worden. Jetzt, sechzig Jahre später, geht das Abendland anscheinend wirklich unter: *Deutschland, Deutschland, alles ist vorbei.*

Immer wieder haben Punks, Popkritiker und Wissenschaftler die Vermutung geäußert, Mittagspause-Sänger Peter Hein habe an der Entstehung der neun Zeilen der »Kebabträume« mitgewirkt. Dem ist aber nicht so, sagt Peter Hein. »Der Text von ›Kebabträume‹ ist zu hundert Prozent Delgado und nach dem SO-Gig entstanden, aber keine Ahnung, wann genau«, sagt er. »Bei einer der nächsten Proben war er jedenfalls da.«

Es gibt also bald nach dem Berlin-Trip der Düsseldorfer Band ein neues Stück im Repertoire von Mittagspause. Das erste Mal auf Schallplatte gepresst wird das Lied für die Dokumentation einer Live-Aufnahme des Festivals »Into the Future«, das Alfred Hilsberg ein halbes Jahr später, am 24. Februar 1979, in der Hamburger Markthalle mit deutschen Punkbands organisiert. Auf der Plattenhülle wird als Titel »Wir sind die Türken von morgen« angegeben.

Gespielt wird »Wir sind die Türken von morgen« in Hamburg von Mittagspause. Peter Hein singt die Zeile *Deutschland, Deutschland, alles ist vorbei* abgehackt. Er betont jede Silbe einzeln und marschiert so in militärischem Kommandoton durch den Text. In der Hein'schen Version klingt *Deutschland, Deutschland, alles ist vorbei* wie eine Drohung, die der Sänger gegenüber Deutschland ausspricht.

Auch Gabi Delgado-López steht bei »Into the Future« in der Hamburger Markthalle auf der Bühne, nun aber als Sänger von Deutsch Amerikanische Freundschaft. Mit seiner neuen Band wird Gabi das Lied über die Türk-Kültür in West-Berlin wenig später in London unter dem Titel »Kebabträume« aufnehmen. Es wird auf einer Single von der kleinen, unabhängigen englischen Plattenfirma Mute Records veröffentlicht. Das Label hat Daniel Miller gegründet. Weil DAF kein Geld haben und zusammen in einem Keller wohnen, nimmt Daniel Miller die Band eine Zeitlang zuhause bei sich auf. Er wohnt bei seiner jüdischen Mutter, die aus Nazideutschland geflohen ist. Hin und wieder wird bei Millers jetzt über die Militärklamotten diskutiert, die von DAF-Gitarrist Wolfgang Spelmans getragen werden.

In der Version von DAF kippt Gabis noch helle Jungenstimme bei der Zeile *Deutschland, Deutschland, alles ist vorbei* leicht ins Hysterische. Bei ihm ist der Erzähler angesichts des deutschen Untergangs, der bereits besiegelt scheint, ganz aus dem Häuschen. Unausgesprochen weist Gabi darauf hin, dass es – anders als es die Propaganda deutscher Rechter zu jener Zeit zu behaupten beginnt – die Türken und all die anderen Gastarbeiterinnen und Gastarbeiter waren, die zusammen mit den Deutschen in den vergangenen Jahrzehnten den Wohlstand den Landes erarbeitet haben.

Nach dem Zweiten Weltkrieg hatte die Bundesrepublik, unter anderem befördert durch die Währungsreform, den Marshallplan, die Wirtschaftshilfen der Amerikaner und durch die Übernahme der effizienteren Produktionsweisen der amerikanischen Industrie ein anhaltendes Wirtschaftswachstum erlebt. Dass viele deutsche Industrieunternehmen in der Nachkriegszeit auch durch die von einem weit unter Tarif bezahlten Millionenheer von Sklavenarbeitern in den 1940er Jahren erwirtschafteten Profite gut aufgestellt waren, ist in Deutschland bis heute kaum diskutiert worden.

Dabei hat der Wirtschaftswissenschaftler Thomas Kuczynski in seinem im Jahr 2004 beim Verbrecher Verlag erschienenen Buch *Brosamen vom Herrentisch* diese Rechnung aufgemacht: Die aus Zwangsarbeit abgeschöpften Gewinne hatten Investitionen ermöglicht, die erst in der jungen Bundesrepublik ihre Wirkung entfalteten. Der Krieg führte nicht nur zu einer Modernisierung der deutschen Industrie: Die tatsächlichen Investitionen in neue Maschinen waren weitaus weniger Zerstörungen ausgesetzt als gemeinhin angenommen. Die Anlagevermögen der deutschen Industrie waren am Ende des Kriegs höher als zuvor. Kuczynski rechnete vor, dass der Betrag, der durch den Lohnraub gewonnen wurde, ungefähr vierzig Prozent der während des Kriegs im gesamten Deutschen Reich getätigten Bruttoinvestitionen entsprach. Das aber bedeute, dass »mithin die ehemaligen Zwangsarbeitskräfte einen ganz wesentlichen Teil der materiellen Basis dessen schufen, was später als ›Wirtschaftswunder‹ in die Geschichte einging. Der Lohnraub fiel nicht der Währungsreform zum Opfer, denn er war zuvor hoch profitabel angelegt worden«, schrieb Kuczynski.

Im Wirtschaftswunderland glaubte man lieber an die eigene Tüchtigkeit als Quell des zunehmenden Wohlstands. In der Tat betrug die reguläre Wochenarbeitszeit damals noch 48 Stunden, auch samstags wurde gearbeitet, oft kamen Überstunden dazu. 1954, ein Jahr bevor die Regierung Adenauer das erste Anwerbeabkommen über die Entsendung von Gastarbeitern mit Italien unterzeichnete, gab es in Westdeutschland 7,6 Prozent Arbeitslose. »Die Quote aber sank, trotz des Zustroms von Arbeitskräften aus der DDR; mit den Gastarbeitern sollten das Arbeitskräftereservoir vergrößert, Lohnzugeständnisse verhindert werden. Auch wegen dieses präventiven Lohndumpings lehnten SPD, Gewerkschaften sowie der Arbeitnehmer- und der Vertriebenenflügel der

Union die Anwerbung ab«, schrieb Deniz Yücel in einem Kommentar zum fünfzigsten Jahrestag des Anwerbeabkommens mit der Türkei in der *taz*.

Für schlechtbezahlte, anstrengende, gefährliche und gesundheitsschädigende Tätigkeiten fanden sich immer weniger deutsche Arbeiter. Die einst aus den von der Wehrmacht besetzten Gebieten verschleppten »Ostarbeiter« standen nun nicht mehr zur Verfügung, aber »Gastarbeiter« aus Ländern wie Italien, Griechenland und der Türkei, die unter hoher Arbeitslosigkeit und Außenhandelsdefiziten litten. Diese Länder waren auf Devisen angewiesen. Gelohnt habe sich der Deal laut Yücel »allemal für die Entsendeländer – und für Deutschland. Nicht nur in der volkswirtschaftlichen Gesamtrechnung, sondern auch, weil die Gastarbeiter jedem Deutschen den sozialen Aufstieg ermöglichten.« Denn, so ergänzt Eberhard Seidel, »ohne die Sozialversicherungsbeiträge und Steuern der vierzehn Millionen ›Gastarbeiter‹, die zwischen 1955 und 1973 angeworben wurden, wären viele ehrgeizige Projekte der sozialliberalen Bildungs- und Reformoffensive nicht finanzierbar gewesen«.

Aber schon in den 1960er Jahren zeigten sich in Deutschland konjunkturelle Ermüdungserscheinungen. Am Anfang der 1970er hatte sich der Wind gedreht. Inzwischen lebten 3,5 Millionen Ausländer in Deutschland, nun drohte wegen der Ölpreiskrise eine Rezession. Bundeskanzler Willy Brandt warnte nun öffentlich davor, dass »die Aufnahmefähigkeit unserer Gesellschaft erschöpft« sei. Seine sozialliberale Regierung beschloss im November 1973 einen Anwerbestopp, der prinzipiell bis heute gültig ist.

Im Juli dieses Jahres 1973 erschien im *Spiegel* die bereits erwähnte Reportage über das Leben der Türken in West-Berlin und die Folgen ihres Zuzugs nach Kreuzberg, der viele deutsche Bewohner des Bezirks zum Wegziehen bewegte. Der Titel des Artikels lautete: »Die Türken kommen – rette sich wer kann«. Unter dem dünnen Mäntelchen der Ironie und in gewohnt schnoddrigem *Spiegel*-Ton spielte das Nachrichtenmagazin mit den Ängsten seiner Leserinnen und Leser. Die sich über mehrere Seiten erstreckende Reportage warnte einerseits vor der Entstehung von Ghettos nach amerikanischem Muster in bundesdeutschen Städten. Sie zeigte aber andererseits auch Sympathie für die Arbeitsmigranten in Deutschland, die in miserablen Unterkünften leben und am Arbeitsplatz oft gefährliche und schlechtbezahlte Tätigkeiten verrichten müssen. Sie haben laut *Spiegel* kaum Aufstiegsmöglichkeiten, ihre Kinder im deutschen Bildungssystem wenig Chancen.

Zuerst aber skizzieren die nicht genannten Autoren der Reportage, wie türkisch Kreuzberg im Verlauf eines guten Jahrzehnts geworden ist. Den Bildungsbürgern unter ihren Leserinnen und Lesern liefern sie eine wohltemperierte Mischung aus freundlichem Exotismus, nebenbei hingeworfenen Verweisen auf deutsche Geistesgrößen und leisem Grusel vor den Fremden: »Im Toreingang Lausitzer Straße 50 hängen Briefkästen von dreißig Mietern, deren Namen allesamt auf ›oglu‹, ›ek‹ und ›can‹ enden. In der Oranienstraße, wo einst Paul Lincke wohnte (Nr. 64) und Berliner Luft verspürte, flanieren Frauen im Salvar, der Pumphose. Die Gemüseauslagen sind neuerdings von bunter Opulenz, vor den Fleischerläden hängen ausgeweidete Hammel, und überall zeigen Türkenfahnen mit Stern und Halbmond an, dass Kreuzberg hier ›Kleen-Smyrna‹ ist. Im Viktoria-Park, wo Maximilian Harden das ›Rauschen des Wasserfalls‹ vernahm, tönt nun ›türk folkloru‹. Dort ist – ›Cimenleri cignemek yasaktir‹ – selbst das Betreten des Rasens auf türkisch verboten. So gründlich wie in Kreuzberg hat sich während der letzten Jahre in keiner deutschen City die Bürgerschaft verändert.«

Dass in den maroden, immer noch vom Krieg gezeichneten Sanierungsgebieten von West-Berlin und anderswo Ghettobildung wie in amerikanischen Großstädten droht, liegt laut *Spiegel* aber nicht ursächlich an den Türken, sondern an der Spekulation. Diese folgt ihren eigenen Gesetzen: Die Spekulanten nutzen die Anwesenheit türkischer Bewohnerinnen und Bewohner für ihre Zwecke. Weil türkische Mieterinnen und Mieter auf dem Wohnungsmarkt schlechtere Chancen haben, sind sie bereit, höhere Mieten für Wohnungen in heruntergekommenen Häusern zu zahlen, die von ihren Eigentümern absichtlich vernachlässigt werden. Wer aber zu viel Geld für eine nicht in Schuss gehaltene Wohnung bezahlt, hat wenig Interesse daran, selbst für deren Erhalt zu sorgen. Im Bericht des *Spiegel* wird dieser naheliegende Zusammenhang aber auch mit dem angeblich weniger zivilisierten Charakter der neuen Bewohner erklärt: »Da Leute aus Kurdistan deutsche Stuben nicht wie Kleinodien zu behandeln pflegen, kann der Besitzer darauf vertrauen, dass sein schon von ihm vernachlässigtes Haus weiter verkommt – stets ein gutes Argument für den Abriss und die Errichtung eines ertragreicheren Neubaus. Oder anders: Wer durch die ergiebige Kasernierung von Ausländern die Grundlage für einen Slum gelegt hat, macht nun noch einmal ein Geschäft damit, dass er eben diesen Slum beseitigt.« So hingen »Getto-Mechanik« und Bodenspekulation miteinander zusammen. Ethnische Randgruppen würden isoliert und in einen Zirkel aus Wohnelend, Bildungsmisere und Aufstiegsbarrieren eingesperrt. Immerhin haben die Behörden inzwischen aufgehört, die Arbeitsmigranten als »Gastarbeiter« zu bezeichnen. Schon 1973 ist den Verantwortlichen in Deutschland klar, dass manche der »Gäste« möglicherweise länger bleiben werden.

Die Arbeiterinnen und Arbeiter, es sind auch viele Frauen darunter, die allein aus der Türkei nach Deutschland kommen, sollten nur zwei Jahre bleiben und dann durch neue Arbeitskräfte ersetzt werden. Das nannte man Rotationsprinzip; daher der Begriff »Gastarbeiter«. Doch schon bald wurde das Rotationsprinzip aufgrund des Drucks westdeutscher Unternehmen gekippt. Auch viele Behörden bestanden aus humanitären Gründen nicht mehr darauf.

Trotzdem versuchen noch 1973 die Bundesländer Bayern, Baden-Württemberg und Schleswig-Holstein, Arbeiterinnen und Arbeiter aus den Entsendeländern nach spätestens fünf Jahren zurückzuschicken. Aufenthaltserlaubnisse werden nicht unbefristet erteilt, sondern nur für ein Jahr, und nach fünf Jahren werden sie nicht mehr verlängert. Die »Gastarbeiter« werden nun nicht mehr gebraucht und sollen wieder nach Hause gehen. Die Frankfurter Sozialdemokraten befinden, das sei eine »moderne Form der Sklaverei«. Das bayerische Innenministerium hält die harte Linie gegenüber Ausländern, die man ausdrücklich nur als Arbeitskräfte geholt hatte, dagegen für eine »unverzichtbare staatspolitische Notwendigkeit«. Die Minister, Staatssekretäre und Beamten, die diese Aufenthaltsdauerbeschränkung organisieren, nennt der *Spiegel* ironisch »Rotationspraktiker«. Das Magazin hält fest: »Dass die Furcht vor der Ausweisung die Flucht in die Illegalität nachgerade hervorruft, dass ausländische Arbeitnehmer so gut wie keine beruflichen Aufstiegschancen haben, dass sie unter häufig desolaten Bedingungen hausen müssen, dass ihre Kinder dem heimatlichen Milieu entrissen, im neuen aber keineswegs heimisch werden – solche beklemmenden Aspekte bundesdeutscher Ausländer-Existenz gelten längst als Muster gesellschaftlicher Unterprivilegierung.«

Unter diesen Bedingungen verwundert es auch nicht, dass sich viele Migranten in ihre eigenen Gemeinschaften zurückziehen, meinen die Autoren des *Spiegel*: »Schon zu Hause auf der Flucht vor Nöten, fliehen sie auch im Zielland – hier vor den eigenen Anpassungsschwierigkeiten und vor der Intoleranz der Umwelt; sie igeln sich ein.«

Die von Gabi Delgado-López in Kreuzberg beobachtete Türk-Kültür erscheint deutschen Beobachtern wie ein Ghetto, für die Betroffenen ist sie auch ein Mittel der Selbstbehauptung.

Von den 160 000 Bewohnern von Kreuzberg – vor dem Krieg waren es fast doppelt so viele gewesen – besitzen offiziell 20 500 die türkische Staatsbürgerschaft. Doch der *Spiegel* weist darauf hin, dass es laut Schätzung der Berliner Polizei in Wahrheit gut 15 Prozent mehr als die offiziell Gezählten sind. Sie halten sich illegal in West-Berlin auf. Sozialarbeiter setzen die Quote noch höher an und sprechen von dreißig bis vierzig Prozent mehr in West-Berlin lebenden Türken. Von den 1720 Neugeborenen, die 1972 im städtischen Urban-Krankenhaus in Berlin-Kreuzberg zur Welt kamen, sind 650 »Türken-Kinder«, haben die *Spiegel*-Reporter recherchiert. Rund 5000 »Alis und Selims unter 14« lebten offiziell in Kreuzberg, schreiben sie. Dort gebe es Häuserzeilen, in denen nur noch jeder fünfte Bewohner Deutscher sei – etwa in der Mariannenstraße, die sich in unmittelbarer Nähe des SO36 befindet: Deutschland, Deutschland, alles ist vorbei.

»Wenn das so weitergeht«, wird der Bezirksbürgermeister von Kreuzberg, Günther Abendroth zitiert, »ersaufen wir einfach.« Es handelt sich bei der Einwanderung der Türken also um eine Flut. Oder, wie es im nächsten Satz der Reportage etwas nüchterner heißt, um einen »Ausländer-Run«. Ein solcher stehe »auch anderen deutschen Städten ins Haus«, warnt das deutsche Nachrichtenmagazin. In immer größeren Schüben schwärmten Türken »von den Gestaden des Bosporus und aus dem Hochland von Anatolien« ein. Seit der Ausländeranteil in den Sanierungsgebieten von 15 Prozent im Jahr 1969 auf 35 Prozent im Jahr 1972 gestiegen sei, laute die Devise bei vielen Kreuzbergern, die schon länger hier wohnen: »Rette sich, wer kann.«

Die Türken sind eine Flut, und Kreuzberg ist ein untergehendes Schiff. Gabis Liedzeile *Deutschland, Deutschland, alles ist vorbei* erscheint umso weniger satirisch, je genauer man sich die Beschreibungen der Deutschen über das Phänomen des Zuwachses türkischer Mieter in Kreuzberg ansieht. Offensichtlich spielt Gabi mit der zweifachen Anrufung Deutschlands auch auf die erste Zeile des Deutschlandlieds an: *Deutschland, Deutschland über alles.* Damit ist es im Szenario Gabis aber nun vorbei: *Wir sind die Türken von morgen.*

In jeder Imbissstube ein Spion

Der Wissenschaft hat Gabis Text Rätsel aufgegeben. In ihrer im Jahr 2013 erschienenen Studie *Geschichte wird gemacht. Die Neue Deutsche Welle. Eine Epoche deutscher Popmusik* schreibt Barbara Hornberger, der inhaltliche Zusammenhang der Kombination von Türken, DDR und Sowjetunion sei nicht sofort ersichtlich und wenig einleuchtend, es entstehe ein »Eindruck von Verwirrung«. Hornberger erschließt sich die Logik des Texts nicht, den sie als irrational bezeichnet. Sie kommt aber doch zum Schluss, dass sich in dieser textlichen Irrationalität die gesellschaftliche Irrationalität der Angst vor dem Fremden ausdrückt. Dass Gabis Text von gesellschaftlicher Irrationalität handelt, hat Hornberger richtig beschrieben. Der innere Zusammenhang der wenigen Zeilen dieses Lieds und seine erzählerische Logik sind allerdings recht leicht zu interpretieren. Der satirische Witz von Gabis Text besteht darin, dass die Türk-Kültür als so übermächtig dargestellt wird, dass sie nicht nur das überschaubare Territorium von West-Berliner Imbissstuben dominiert, sondern auch den gesamten Ostblock. Die im Kalten Krieg viel beschworene »Rote Gefahr« wird nun durch die Aktivitäten der Macht des weißen Halbmonds abgelöst. Selbst die sowjetischen und ostdeutschen Kommunisten, die in West-Deutschland gern als verschlagene Erzfeinde aus dem Osten gezeichnet werden, können der Orientalen nicht mehr Herr werden. Die Türken haben nicht nur in West-Berlin und der Bundesrepublik, sondern auch in den sozialistischen Staaten des Ostblocks insgeheim die Macht übernommen. Gabi hat registriert, dass die westdeutsche Angst vor dem Ostblock und seinem Militärbündnis, dem Warschauer Pakt, Ende der 1970er Jahre schleichend durch eine Paranoia vor Unterwanderung ersetzt wird, deren Agenten nun die Türken sind, die als fremder empfunden werden als die Gastarbeiter aus europäischen Staaten.

Der Literaturwissenschaftler Marcus Hahn hat »Kebabträume« treffend als »Anti-Hymne« bezeichnet. Ein Indiz dafür erblickt Hahn in der Anspielung auf die erste Strophe der deutschen Nationalhymne: »Deutschland, Deutschland über alles«. In seinem Aufsatz »Ein türkischer Spion im Kalten Krieg. Migration und Mehrsprachigkeit in Gabi Delgado-López' ›Kebabträume‹« hat Hahn zusammengetragen, was sich über den Entstehungskontext dieses Stücks sagen lässt. Er hat darüber hinaus die originelle These aufgestellt, dass Gabis Lied auf die in der europäischen Aufklärung entstandene Gattung des satirischen Fremdenbriefromans und eines seiner zentralen Motive verweist: Es ist das Motiv des türkischen Spions.

Der erste dieser fiktiven türkischen Spione namens Machmut hat seinen Auftritt in der europäischen Literatur im Jahr 1684, kurz nach der Niederlage der Türken vor Wien. Damals erscheint der erste Band einer Sammlung von Briefen, die Machmut, türkischer Spion am französischen Hof, angeblich nach Konstantinopel sandte. Der anonyme Autor dieser Briefe war vermutlich Giovanni Paolo Marana aus Genua, der als politischer Flüchtling am Hof von König Ludwig XIV.

in Paris lebte. Marana schlüpfte in die Rolle des türkischen Spions, um sich aus der Position eines Außenseiters in satirischer Absicht über tagespolitische und philosophische Fragen zu äußern.

Hahns Versuch, einen der Texte des von ihm geschätzten Lyrikers Gabi Delgado-López an den literarischen Kanon anknüpfen zu lassen, indem er ihn in die Tradition des Fremdenbriefromans stellt, ist ehrenwert. Allerdings geht diese Parallelisierung nur auf, wenn man im Erzähler von Gabis Lied ebenfalls einen türkischen Spion erblickt. Im »Wir« der letzten Verszeile der »Kebabträume« lasse Gabi die »Sprecherrollen zwischen den Westdeutschen und den türkischen Migranten ganz bewusst in der Schwebe«, meint Hahn. Das Unbehagen darüber, wer unter der Maske dieses »Wir« spricht, spitze die vorher skizzierte Untergangsphantasie zu: »Wir wissen nicht mehr, was ›wir‹ morgen sind.«

In der Tat ist die Quelle der Überfremdungsangst, die Gabi hier zum Ausdruck bringt, die deutsche Ungewissheit darüber, wer das künftige »Wir« einer deutschen Einwanderungsgesellschaft sein wird. Wer sich hinter diesem »Wir« des Textes verbirgt, ist jedoch keineswegs unklar. Wer da spricht, ist exakt zu bestimmen: Denn das in den »Kebabträumen« skizzierte Szenario handelt erstens von der deutschen Angst vor politischer und kultureller Unterwanderung. Diese Angst wird zweitens aus der Perspektive verängstigter Deutscher formuliert. Hier sprechen keine türkischen Spione. »Wir«, das sind die Deutschen, die befürchten, »die Türken von morgen« zu sein.

Gabis Satire bedient sich eines anderen Tricks als diejenige der europäischen Aufklärer. Er nimmt nicht die Rolle des Fremden ein, der von außen auf die Gesellschaft schaut, um sie zu kritisieren. Er blickt aus den Augen einer verunsicherten Gesellschaft auf eine sich verändernde Welt. Er versetzt sich in die Position seines ideologischen Gegners: Wenn er *Wir sind die Türken von morgen* singt, spricht er als xenophober Deutscher, der Angst vor einer imaginierten »Überfremdung« hat. In der Literaturtheorie nennt man das Rollenprosa.

NS-Propagandaminister Joseph Goebbels zitierte den aus dem 19. Jahrhundert stammenden antisemitischen Kampfbegriff »Überfremdung« in einer Rede über »Rassenfrage und Weltpropaganda«, die er 1933 hielt. Goebbels warnte darin vor der »Überfremdung des deutschen Geisteslebens durch das Judentum«. Gut vierzig Jahre später, in den späten 1970er Jahren, wird der Begriff von Rechtsextremisten und ihren Sympathisanten am Stammtisch nun gegen die als besonders fremd markierten Türken in Anschlag gebracht. Es ist ein Wort, das nun in Deutschland ständig und ohne Anführungsstriche benutzt wird. Unter anderem von einem Leserbriefschreiber, der 1980 auf einen *Spiegel*-Artikel so reagiert: »Natürlich sind die Methoden des Ku Klux Klan verabscheuungswürdig. Trotzdem muss man Klan-Führer Duke in einigem recht geben, denn auch bei uns in Westdeutschland ist seit Jahren ein starker Trend zur Überfremdung durch Türken, Vietnamesen und so weiter spürbar, der auch noch – besonders durch die vielen Asylanten – anhält. Man könnte sich vorstellen, dass spätere Generationen nicht mehr wissen, ob sie in Deutschland oder Neu-Türkei leben.« Hier wird es von einem besorgten Deutschen ausgesprochen, zwar nicht wörtlich, aber doch sinngemäß: Wir sind die Türken von morgen – wenn wir nicht dringend etwas dagegen unternehmen.

Für Überfremdungsparanoiker sind »die Türken« eine Chiffre für alles Fremde. Wer von »den Türken« spricht, sieht eine anonyme Masse vor sich. Aber wer sind »die Türken«, die als Gastarbeiterinnen und Gastarbeiter in die Bundesrepublik Deutschland kamen, denn nun wirklich? Sie sind Frauen und Männer, Junge und Alte, in der Türkei und in Deutschland Geborene. Sie sind Kommunisten, Sozialisten, Liberale, Nationalisten, Faschisten und – wie überall auf der Welt – Leute, die sich nicht für Politik interessieren. Manche von ihnen sind türkische Staatsbürger, hätten als Kurden aber lieber einen eigenen Staat. Über andere heißt es, sie sprächen zu Hause kurdisch, doch es ist Zaza. Wenn sie Kurden oder Armenier sind oder der religiösen Minderheit der Aleviten angehören, sind sie in der Türkei Diskriminierungen ausgesetzt oder wurden gar Opfer von Pogromen. Manche gehören der Minderheit der Tscherkessen an. Wenn sie Muslime sind, sind sie vielleicht gläubig, vielleicht auch nicht, gehen in die Moschee oder auch nicht, tragen Kopftuch oder auch nicht. Viele sind Sunniten, andere nicht. Wenn sie Sunniten sind, gehören sie möglicherweise einer der Sufisekten an, die beim Gottesdienst Raki trinken. Wenn sie Kurden sind, sind sie möglicherweise keine Muslime, sondern Jesiden.

In Deutschland sind sie alle aber »die Türken« und damit fraglos »Muselmanen«, das ist das alte deutsche, in den 1970ern noch gebrauchte Wort für Muslime. Das Phantasma der fremden, morgenländischen Muslime auf deutschen Straßen ruft ein Lied der aus Hannover stammenden Punkband Rotzkotz auf, die für sich in Anspruch nehmen, die erste Punkband in ihrer Stadt gewesen zu sein. Auf ihrem ersten Album sangen Rotzkotz noch auf Englisch. Im Jahr 1981 erschienen unter dem Titel »Lebensfroh + farbenfroh« bei dem unabhängigen Label No Fun Records »die schönsten deutschen Lieder« von Rotzkotz, wie es auf dem Cover des Albums hieß, das ihr zweites und letztes war. Darauf findet sich ein Lied namens »Deutsche Land«. Rotzkotz zählen an dessen Anfang nicht mit dem üblichen »Zwodreivier«, sondern auf Türkisch ein: *»Bir, iki, üç, dört«.*

Dann folgen zehn Zeilen, die im Telegrammstil der Neuen Welle diese kurze Geschichte erzählen: *Muselmanen streifen durch die Stadt, weil der König am Bahnhof wacht. Museltanten, nicht zu übersehn, einvermummt mit ihren Tüchern wehn. Bahnhofsvorplatz um halb zehn, Asylanten sich nach Hause sehnen. Bahnhofshalle am Gittertor, Muselmanen singen laut im Chor: Deutsche Land, Wunderland, Arbeitsland, Gefühlskrankland. Muselmanen schleichen durch die Nacht.* Die letzte Zeile wird wie in den »Kebabträumen« mehrfach wiederholt. Das Lied handelt einerseits von den Projektionen der deutschen Gesellschaft auf die Fremden, die hier nicht nur als Muslime, sondern auch als *Asylanten* erscheinen, die im deutschen Überfremdungsdiskurs inzwischen »den Türken« als angeblich größtes Problem den Rang abgelaufen haben. Wenn Rotzkotz Deutschland als *Wunderland, Arbeitsland, Gefühlskrankland* charakterisieren, scheinen sie andererseits mit den Augen der Fremden auf die hiesige Gesellschaft zu blicken und sich mit der darin ausgedrückten Bewunderung, den Hoffnungen und Versprechungen und schließlich der Enttäuschung zu solidarisieren. Die Deutschen halten ihr Land auch selbst gern für ein *Wunderland*, sind damit einverstanden, dass es ein *Arbeitsland* ist, aber leiden womöglich darunter, dass es ein *Gefühlskrankland* ist. Die Punks teilen mit den Eingewanderten und den Asylsuchenden das Gefühl der Entfremdung, das sich angesichts dieses Wunderlands,

Arbeitslands, Gefühlskranklands einstellt. Der *König, der am Bahnhof wacht*, gemeint ist das Reiterdenkmal von Ernst August I., dem im Buckingham Palace geborenen König von Hannover, der im Jahr 1851 ebendort starb, ist nicht ihrer, auch wenn sein Denkmal für sie ein beliebter Treffpunkt ist.

Deutschland, Deutschland, alles ist vorbei

1978, im selben Jahr, als Gabi Delgado-López seinen Text über *Kebabträume in der Mauerstadt* schreibt, erscheint in Deutschland ein Buch mit dem Titel *Nationale Identität.* Verfasst hat das Werk Henning Eichberg, er ist Sportwissenschaftler, Propagandist der »Neuen Rechten«, der deutsche Theoretiker des »Ethnopluralismus« – und Mitbegründer der Grünen. Die Grünen sind anfangs ein Sammelbecken für Gruppierungen von links bis rechts. Zwar dominieren ehemalige K-Gruppen-Mitglieder und Leute aus der Alternativbewegung, aber es finden sich in ihren Reihen auch rechte Ökologen mit NS-Vergangenheit. Eichbergs Buch erscheint im rechtskonservativen Verlag Langen Müller und trägt den Untertitel »Entfremdung und nationale Frage in der Industriegesellschaft«. Mit Entfremdung ist bei Eichberg, der sich als antikapitalistisch versteht und in seinem Buch immer wieder gegen multinationale Konzerne agitiert, aber nicht der Marx'sche Begriff gemeint, der den Umstand beschreibt, dass der Mensch im Kapitalismus von seinen Produkten und schließlich auch sich selbst entfremdet wird. Eichbergs zentrale Kategorie ist »das Volk«. Dieses Volk fühlt sich laut Eichberg durch Einwanderung nun seiner selbst entfremdet: In West-Europa seien nicht nur Ethnien wie die Bretonen, Iren,

Waliser, Basken und Katalanen und so weiter durch eine »Politik der kulturellen und demographischen Entpersonalisierung« bedroht, warnt Eichberg, sondern auch die Zentren – »und zwar durch die Politik des Transfers der euphemistisch sogenannten ›Gastarbeiter‹«. Damit formuliert Eichberg möglicherweise als Erster in Deutschland die heute weit verbreitete Verschwörungstheorie des »Großen Austauschs«.

Die Ergebnisse dieses »Transfers« stünden »uns allen vor Augen«, klagt Eichberg: »Ein afrikanisiertes Paris, ein ethnisch gesichtsloses Brüssel und ein Berlin-Kreuzberg mit 20 Prozent Türken.« Auch Henning Eichberg liest den *Spiegel*.

Der Begriff der »Überfremdung« ist 1978 schon gut hundert Jahre alt. Die Rede von der »nationalen Identität« ist dagegen neu. Seit den 1960ern haben deutsche Wissenschaftler den Begriff der »Identität« aus den USA übernommen, in den Siebzigern wird er in den Medien bereits häufig benutzt. Der Begriff der »Kollektividentität« wird für bürgerliche Intellektuelle jetzt zur Chiffre, um die »nationale Frage« neu diskutieren zu können, ohne diskreditierte Konzepte aus dem begrifflichen Setzkasten des Nationalismus benutzen zu müssen. Konservative nutzen den von Jürgen Habermas entliehenen Begriff der »Kollektividentität«, um die »Identität« der Deutschen in Tradition und Geschichte zu verankern. »Die Eindeutigkeit nationaler Geschichte soll den fragil gewordenen gesellschaftlichen Konsens sichern und legitimieren«, meint Siebo Siems, der die »deutsche Karriere kollektiver Identitätskategorien« vom wissenschaftlichen Begriff zum massenmedialen Jargon kritisch analysiert und nachgezeichnet hat.

Habermas hatte den Begriff der »kollektiven Identität« Mitte der 1970er Jahre noch an »vernünftige Verfahren demokratischer Willensbildung« angebunden. »Kollektive Identität« umfasse »die fraglos kondensierten Grundwerte und Basisinstitutionen, die in der Gruppe eine Art Fundamentalgeltung genießen«, behauptete Habermas. »Kollektive Identität« wirke einheitsstiftend und harmonisierend. Eine »Gruppenidentität« wirke integrierend. Sie sichere den sozialen Konsens, sorge für Kontinuität, Einheit, soziale Zugehörigkeit und gesellschaftliche Stabilisierung. Doch Habermas schien zu ahnen, dass die sich in dieser Gruppenidentität ausdrückende Harmonie auch eine dunkle Seite haben muss, und warnte: »Die einzelnen Gruppenmitglieder müssen die Zerstörung oder Verletzung dieses normativen Kerns als eine Bedrohung ihrer eigenen Identität empfinden.«

Deutsche Intellektuelle nahmen dieses Begriffsangebot dankbar an. Schon 1976 widmete sich eine Tagung, an der namhafte Geisteswissenschaftler der Bundesrepublik teilnahmen, dieser ominösen Sache namens »Identität«; die Ergebnisse ihrer Identitätssuche wurden drei Jahre später in einem umfangreichen Sammelband unter dem monumental anmutenden Titel *Identität* dokumentiert. Man glaubte eine »Krise der Identität« feststellen zu können, die »eine sehr deutsche Krise« sei, wie der Mediävist Arno Borst formulierte. Es müsse daher darum gehen, »geschichtliches Bewußtsein zu schärfen, das uns hilft, unsere historische Identität wieder zu gewinnen und zu vertiefen.« Odo Marquard sah das ähnlich. »Zukunft braucht Herkunft«, postulierte er, denn »der moderne Verlust des Wesens« verlange »als sein Minimalsurrogat die Identität«. Deutsche Identität sei in einer gemeinsamen Geschichte gegründet, meinte wiederum Hermann Lübbe. Ihm erschien »Identität« als die Antwort auf die Frage, wer »wir« sind.

Der Tagungsband erscheint ein Jahr, nachdem Gabi Delgado-López seine »Kebabträume« schrieb, und er bleibt nicht das einzige Dokument deutscher Identitätssuche zu dieser Zeit. 1979 gibt Jürgen Habermas im Suhrkamp Verlag zwei Bände heraus, die *Stichworte zur geistigen Situation der Zeit* geben wollen. Abermals kommen führende Intellektuelle zu Wort. Anlass für das Unternehmen ist die Etablierung einer »Neuen Rechten« in der Bundesrepublik, außerdem will der Suhrkamp Verlag einen prominenten Titel für die Nummer 1000 seiner Edition präsentieren. Die Protestbewegung der 1968er war in eine Reformbewegung gemündet, Willy Brandt hatte mit der Formel »Mehr Demokratie wagen« eine Mehrheit der Deutschen begeistern können. Seine sozialliberale Regierung hatte Reformen in Gang gesetzt und eine neue Ostpolitik verfolgt, die den harten Konfrontationskurs gegenüber dem Ostblock beendete. Nach dem Ende dieser bis 1972 währenden »Reformphase« aber setzte laut Habermas eine »Restaurationsphase«, die sogenannte »Tendenzwende« ein. Diese Tendenzwende wird auch von den Strategen der SPD erkannt: Sie präsentiert sich in eben diesem Jahr 1972 als Partei eines freundlichen, aufgeklärten Nationalismus. Sie wirbt im Wahlkampf mit der Parole: »Deutsche – Wir können stolz sein auf unser Land.« Die Sozialdemokraten gewinnen die Wahl.

Habermas beklagte, die Linke hätte die intellektuelle Hegemonie bereits an die Neue Rechte verloren. Die Tendenzwende beschreibt er »als Symptom eines Gesinnungswandels, der die Mentalität des Kalten Krieges von der Fixierung auf den äußeren Feind löst und für die Ausgrenzung des inneren Feindes mobilisiert«. Auch wenn Habermas dabei nicht die xenophobe Propaganda gegen Gastarbeiterinnen und ihre

Männer und Kinder im Sinn gehabt haben sollte, sondern die radikale Linke und die linksliberale Mitte, die den Rechten als innere Feinde erscheinen, formulierte er, was Gabi Delgado-López in seinem Lied bereits festgehalten hatte: Die Türken im Land gelten manchen nun als gefährlicher als der Kommunismus. *Milliyet* für die Sowjetunion, in jeder Imbissstube ein Spion.

Gleich das erste der *Stichworte zur geistigen Situation der Zeit* lautet: »Die nationale Frage, wiederaufgelegt.« Habermas hatte linke Denker angefragt, die er kannte, 32 Beiträge erhielt er. Im Vorwort schreibt er, er habe sich nicht dazu bewegen lassen, vorab Stichworte zu formulieren und zu verteilen, obwohl er von manchen dazu gedrängt worden sei. Seine »Regie« habe sich darauf beschränkt, »die Artikel, wie sie kamen, durchzusehen und unter einigen ironischen Zwischentiteln zu ordnen«. Das Kapitel »Die nationale Frage, wiederaufgelegt« ist demnach entstanden, weil Habermas Beiträge zum Thema erhielt – und wir sollen seinen Titel ironisch lesen. Darin findet sich ein langer Beitrag Dieter Wellershoffs, der unter der Überschrift »Deutschland – ein Schwebezustand« aus der Perspektive eines im Jahr 1925 geborenen Mannes schreibt. Im Exemplar der für den Lesesaal bestimmten Ausgabe der Berliner Staatsbibliothek (West) hat jemand neben diese Überschrift mit Bleistift notiert: »Sehr gut!« Wellershoffs Text ist in der Tat sehr gut, der Schriftsteller umreißt darin eine kurze Geschichte der Bundesrepublik Deutschland. Wellershoff erinnert sich an seine Begeisterung für den Krieg, die ihn als Jugendlicher ergriff. »Die Verehrung und Bewunderung galt den Jagdfliegern, den U-Bootfahrern, den Fallschirmspringern, den Panzersoldaten und der ›unbesieglichen‹ deutschen Infanterie, die auf den Bildern der

Wochenschauen immer im Angriff oder schweiß- und staubbedeckt in Gewaltmärschen den fliehenden Feind verfolgte.« Doch schon bald »reissen« Kugeln, die ihn und seine Klassenkameraden nun an der Front treffen, »den ganzen mystischen Heldenschwindel unserer Jugend weg«. Wenig später wird ihm und seinen Freunden klar: »Wir hatten nicht nur verloren, sondern für die falsche Sache gekämpft.«

Doch so präzise und pointiert Wellershoff die Geschichte Nachkriegsdeutschlands beschreibt, so hilflos wirkt es, wenn auch er, als es um die Analyse der Gegenwart geht, zum Schluss kommt, »dass die Spannungen, Ängste und Aggressionen, die seit der sogenannten Tendenzwende Anfang der siebziger Jahre die bundesrepublikanische Gesellschaft beunruhigen, Symptome einer kollektiven Identitätsstörung sind«. Eine »kollektive Identitätsstörung« muss auch hier als Erklärung dafür herhalten, dass sich die westlichen Gesellschaften seit Ende der 1960er einer krisenhaften Situation gegenüber sehen. Der Nachkriegsboom ist vorbei, der Kapitalismus ist einmal mehr in eine jener Krisen geraten, die ihn begleiten, seit es ihn gibt, und die sozialstaatliche Verfasstheit der westeuropäischen Gesellschaften wird infrage gestellt.

Der sich damals zur Linken zählende Schriftsteller Martin Walser erklärt in seinem Beitrag zu den *Stichworten* in dem uns bereits bekannten Duktus, dass »unsere nationale und gesellschaftliche Ratlosigkeit eine Folge unserer Entfremdung von unserer Geschichte ist«. Die Folgen des Ersten Weltkriegs habe »fast ausschließlich das deutsche Volk« zu erleiden gehabt, es sei gedemütigt und ausgeplündert worden. »Die bürgerlich-feudale Clique der Deutschen schlug sich, so gut es gehen wollte, auf die Seite der Sieger.« Walser formuliert eine linke Dolchstoßlegende. Die Bourgeoisie hat das deutsche

Volk verraten. Auch in der Gegenwart fehlen Walser »Miteinander, Solidarität und Nation«. Er fragt sich: »Wer sind wir?«

Walser ist nicht der einzige Linke, den es nun an den Busen der Nation zieht. »Einige Linke beginnen ohne Zögern über ihre ›Liebe zum deutschen Volk‹ und ihren Stolz auf dessen Eigenart zu reden«, stellt Iring Fetscher in seinem Beitrag zum Habermas'schen Sammelband kritisch fest. Die Linken, die Fetscher dabei im Auge hat, heißen Hans-Jürgen Syberberg und Thomas Schmid. Beide beschwören »Deutschlands Größe und Tiefe«. Doch weder auf Deutschlands Größe noch in Deutschlands Tiefe hinein scheint noch jemand zu schauen. Schmid beklagt die »Selbstverleugnung« der Deutschen, die in der »Tradition der imperialistischen Entnazifizierung durch die gottverdammten Yankees« stehe, »die die Demokratie bei uns verordnet haben«.

Syberberg wiederum hatte gerade zwei von vier Teilen seines Epos *Hitler, ein Film aus Deutschland* und ein gleichnamiges Buch veröffentlicht. Schon auf dessen Titelblatt konnte man Syberbergs Anliegen nachlesen. Er formulierte es in Form einer rhetorischen Frage: »Kann und darf, gerade und ausgerechnet, ein Film über Hitler und sein Deutschland Identitäten wiederfinden, heilen und erlösen?« Der esoterische Ton des Filmemachers ist programmatisch. Denn eine seiner zentralen Thesen lautet: »In der freiwilligen Selbstaufgabe seiner schöpferischen Irrationalität vor allem, und vielleicht einzig hier, hat Deutschland den Krieg verloren.«

Iring Fetscher bringt trotz aller Kritik am neuen linken Nationalismus grundsätzlich Verständnis für die neue Liebe zur Nation auf: »Mir scheint der Wille, die deutsche Identität zu akzeptieren, zunächst einmal begreiflich. Wir haben zu lange verdrängt, was wir sind und wo wir herkommen.« Für viele namhafte deutsche Intellektuelle der späten 1970er Jahre sind die Feinde deutscher Identität nicht die Türken, sondern die »Yankees«, hinter denen sich die kapitalistische Modernisierung und die mit ihr einhergehenden Krisen verbergen. Aber darüber, dass es eine »deutsche Identität« gibt, die allerdings verleugnet und verdrängt worden sei, scheint Einigkeit zu herrschen.

In fast all diesen Beiträgen wird »Identität« wie eine selbsterklärende Tatsache behandelt. Aber was ist das überhaupt, Identität? Und wer hat sie postuliert? Der zeitgenössische Begriff, auf den sich die identitätshungrigen deutschen Intellektuellen der späten 1970er Jahre bewusst oder ahnungslos beziehen, geht auf den jüdischen deutschen Psychoanalytiker Erik Homburger zurück, der nach der Machtübernahme der Nazis mit seiner Familie in die USA auswanderte und sich fortan Erik H. Erikson nannte. Erikson, der eine Lehranalyse bei Anna Freud absolviert hatte, entwickelte vor dem Hintergrund der amerikanischen Einwanderungsgesellschaft einen neuen Identitätsbegriff als Schlüsselkategorie eines Phasenmodells individueller Entwicklung. Dabei ließ er die Prämissen der Freud'schen Psychoanalyse hinter sich.

»Ich-Identität« und »Gruppenidentität« sollen sich in der Theorie Eriksons entsprechen, und eben hier zeigt sich bereits ihr grundlegendes Problem: Das Individuum soll sich konfliktlos in die Gesellschaft integrieren. Die Ansprüche der Gesellschaft werden vom Einzelnen nicht als widersprüchlich erfahren, auch innere, unbewusste Konflikte prägen ihn kaum. So kommt Siebo Siems zum Schluss, das von Erikson postulierte Verhältnis von »Ich-« und »Gruppenidentität« scheitere an der Frage nach dem Vermittlungsverhältnis von

Individuum und Gesellschaft: »Zu offensichtlich ist in seinem Ansatz eine Distanzlosigkeit angelegt, die nicht erkennen lässt, wie das Individuum im Prozess der Sozialisation die Fähigkeit erwerben kann, mit divergierenden Erwartungen und Normen zurechtzukommen.« Das Integrationsmodell Eriksons erblickt Konflikte vor allem dort, wo sich der Einzelne nicht in der Lage sieht, mit kollektiven Idealbildern übereinzustimmen. Dann droht der Mensch psychisch zu erkranken.

»Identität« im Sinne Eriksons hält Siebo Siems daher für »eine verdinglichte Kategorie, die voraussetzt, was erst zu begreifen wäre. In ihr verschwindet die Genese gesellschaftlicher Stereotypen ebenso wie die des ›Ichs‹, das sich mit ihnen identifizieren soll. Eriksons Identitätskonstruktion stellt daher selber her, was nach seiner Theorie die ›synthetische Funktion des Ichs‹ leisten soll: eine reduktionistische Aufteilung der Welt in einfache und eindeutige Alternativen. Die ›Identitäten‹ gehören nun kulturellen Gruppen, in die sich die Menschen qua erforderlicher Anpassungsleistung und bei Strafe psychischer Erkrankung einzuordnen haben.« Ihr Identitätsmodell haben die Eriksons angesichts einer amerikanischen Gesellschaft entwickelt, es erinnert paradoxerweise aber eher an autoritäre Gesellschaften, in denen sich die Beherrschten in Übereinstimmung mit den von den Herrschenden proklamierten gesellschaftlichen Leitbildern zu verhalten haben.

So ist es nur logisch, dass die deutschen Intellektuellen, die sich hilfesuchend auf den Erikson'schen Identitätsbegriff stürzen, »Orientierungslosigkeit« nicht als Effekt der modernen Erfahrung der Auflösung alles Bestehenden und der Widersprüche der kapitalistischen Gesellschaft begreifen, sondern als kollektives Krankheitssymptom.

Die Intellektuellen, von denen viele noch zehn Jahre zuvor eifrig Marx studiert hatten, haben inzwischen anscheinend vergessen, was im *Kommunistischen Manifest* steht: »Die fortwährende Umwälzung der Produktion, die ununterbrochene Erschütterung aller gesellschaftlichen Zustände, die ewige Unsicherheit und Bewegung zeichnet die Bourgeoisepoche vor allen anderen aus. Alle festen eingerosteten Verhältnisse mit ihrem Gefolge von altehrwürdigen Vorstellungen und Anschauungen werden aufgelöst, alle neugebildeten veralten, ehe sie verknöchern können. Alles Ständische und Stehende verdampft, alles Heilige wird entweiht, und die Menschen sind endlich gezwungen, ihre Lebensstellung, ihre gegenseitigen Beziehungen mit nüchternen Augen anzusehen.« Statt mit nüchternen Augen hinzusehen, welche Prozesse und Verhältnisse es sind, die nun die Gesellschaft in Orientierungslosigkeit stürzen, stellen Intellektuelle ihr nun ein Rezept für das Therapeutikum »nationale Identität« aus.

Der tendenziell gewalttätige Charakter einer solchen »Identität« steht zumindest dem Philosophen Hermann Lübbe klar vor Augen, als er schon 1972 postuliert, die Nationalgeschichte bestimme »unsere individuelle und vor allem unsere kollektive Identität«, also »die Identität unserer Zugehörigkeiten«. Diese Zugehörigkeiten sind für den Philosophen »als Kriterium von Loyalität und Illoyalität« wirksam: »Sie liefern die Charakteristik, nach der im Extremfall der Feind identifiziert wird.«

Wo die »nationale Identität« beschworen wird, sind ihre Feinde nie weit. Da zeigt sich der Extremfall schnell als Normalfall. Nicht nur in der ultrarechten Subkultur der Bundesrepublik Deutschland, in der sich in den 1970er Jahren

Intellektuelle der Neuen Rechten und junge, gewaltbereite Neonazis zu den übriggebliebenen Alt-Nazis gesellen, werden »die Türken« neben der Moderne, den Juden, den Kommunisten und den Vereinigten Staaten zum neuen Feindbild. Die alten, bösartigen Judenwitze werden nun kurzerhand zu Türkenwitzen umgedichtet – man muss nur das Wort »Jude« durch »Türke« ersetzen – und am Arbeitsplatz und auf dem Schulhof erzählt. Und es werden neue Witze erfunden: »Was ist der Unterschied zwischen Türken und Juden? Die Juden haben es hinter sich.« Wofür ist die eigene »Identität« gut, wenn man sie nicht gegen andere »Identitäten« in Anschlag bringen kann? Identität ist ohne ein Anderes, gegen das sie sich abgrenzt, schwer vorstellbar.

Das Konzept der »Identität« ist problematisch, weil es Tür und Tor öffnet für das, was emanzipatorische Bewegungen bekämpfen. Wenn es sich um eine »nationale Identität« handelt, schleichen sich schnell Nationalismus, Chauvinismus und Xenophobie durch die Hintertür herein. Bei »Identitäten« von Minderheiten besteht die Gefahr, dass gesellschaftlich produzierte Ausschlüsse und Diskriminierungen zu positiven Eigenschaften gewendet werden, die im besten Fall in Kultur und Tradition, im schlimmeren Fall in der »Rasse« und der Biologie selbst ihren Ursprung haben sollen. Auch Habermas war dieses Problem bewusst. Im Vorwort zu den *Stichworten* weist er in einer Fußnote darauf hin: »Weil die beiden großen Emanzipationsbewegungen der Gegenwart, die amerikanische Bürgerrechts- und die internationale Frauenbewegung, an Naturkategorien, an rassischen und sexuellen Merkmalen ansetzen, bieten sie einen Kontext, in dem zumindest die Versuchung für konkretistische Lösungsformen einer auf Emanzipation angelegten Identitätsproblematik besteht. An literarischen Zeugnissen sieht man, dass einige der schwarzen und feministischen Wortführer auf ihrer Suche nach den Wurzeln tatsächlich in die biologistische Verherrlichung der Rasse oder Weiblichkeit abgeschweift sind.«

Für identitäre Neue Rechte wie Henning Eichberg haben auch die Türken ein Existenzrecht – in ihrem ursprünglichen kulturellen Raum, also da, wo sie angeblich hingehören. Eben das ist die zentrale Idee des Ethnopluralismus, den Eichberg zu popularisieren versucht. Die in Deutschland lebenden Gastarbeiter nennt Eichberg daher in einem erstaunlichen begrifflichen Dreh einmal gar »durch den Arbeitsmarkt Heimatvertriebene«. Als Heimatvertriebene hat man in der Bundesrepublik bis dahin nur die am Ende des Kriegs aus Ostpreußen, Schlesien und dem Sudetenland vor der Roten Armee Geflohenen und Vertriebenen genannt. Deren Verbände beharren seither auf ihre angestammten Gebiete: »Schlesien bleibt unser!« Nun gelten die Türken also auch als Heimatvertriebene, denen man wohl dabei helfen muss, in ihre Heimat zurückkehren zu können.

So bleibt Eichberg konsequenterweise nicht bei der Forderung »Deutschland den Deutschen« stehen, sondern reklamiert dasselbe Recht auch für alle anderen Völker. Da Eichberg kein völkisch-biologistisches Weltbild hat, sondern als Ethnopluralist allen Völkern ihre kulturelle »Eigentümlichkeit« zugesteht, reicht ihm aber auch die Kategorie »die Deutschen« nicht mehr aus: Deutschland soll angesichts der im Land lebenden ehemaligen Gastarbeiter nun den »deutschen Deutschen« vorbehalten sein.

Ironischerweise erkennt Eichberg damit an, dass es wohl auch türkische, italienische, griechische, spanische und jugoslawische Deutsche geben muss. Im Gegensatz zur deutschen Politik, die noch Jahrzehnte brauchen wird, um Deutschland offiziell ein Einwanderungsland zu nennen, hat die Neue Rechte diesen Schritt bereits vollzogen – und zieht daraus Konsequenzen. Gegen die Realität der Einwanderungsgesellschaft nutzt sie den von deutschen Intellektuellen gerade erst ins Spiel gebrachten politischen Begriff der »nationalen Identität« nun, um nicht-deutsche Deutsche aus dem nationalen Kollektiv auszuschließen.

Die »Identität« eines Kollektivs setzt dieses als etwas Überindividuelles, über Jahrhunderte Währendes, als im Grunde Ewiges. Es lag nahe, dass die Rechten sich flugs der »Identität« annehmen würden, sobald sie postuliert wurde. Der völkische Biologismus des 19. und 20. Jahrhunderts war passé. Nach Auschwitz traute sich die Rechte nicht mehr, das Volk, wie es einst NS-Rasseideologen taten, als biologische Tatsache zu postulieren. Da kam die »Identität« gerade recht. Als sich linksliberale und linke Intellektuelle dieses Begriffs annehmen und über einen Mangel an »nationaler Identität« sinnieren, kann Henning Eichberg befriedigt feststellen: »Unter der neuen gesellschaftskritisch geschärften Sicht, die unsere Errungenschaft der Jahre um 1968 ist, bricht auch das vorher fest verwurzelte Urteil in sich zusammen, von ethnischer Identität und Differenziertheit (oder von Nationalismus als einem Bewusstsein, das diese Identitätserfahrung politisiert) spreche nur die ›Rechte‹ – was immer das sei.«

Gabi Delgado-López schreibt seine »Kebabträume« also in einem historischen Moment, in dem sich die Westdeutschen bewusst zu werden beginnen, dass sie in einem Einwanderungsland leben und die ehemaligen Gastarbeiterinnen und

Gastarbeiter zu Mitbürgerinnen und Mitbürgern geworden sind, worauf deutsche Intellektuelle angesichts der von den »Yankees oktroyierten Entnazifizierung« – an einer Selbstentnazifizierung bestand anscheinend kein Bedarf – eine »Selbstverleugnung« der Deutschen konstatieren, eine wiederzufindende »deutsche Identität« postulieren und damit den gesellschaftlichen Diskurs für die Ideen der Neuen Rechten öffnen, die angesichts eines »Berlin-Kreuzberg mit 20 Prozent Türken« nun für »deutsche Deutsche« einen exklusiven Platz in der Gesellschaft reklamieren.

Gabi fasst die Erzählung vom Identitätsverlust satirisch in Form einer Klage zusammen: *Deutschland, Deutschland, alles ist vorbei.* Es könnte sein, dass Gabi damit auch eine andere, neue Perspektive einnimmt: Mit diesem Deutschland ist es vorbei. Ein neues Deutschland ist längst im Begriff zu entstehen. Dann hielte ein Punksong eines jungen »Ausländers«, unbemerkt von den Intellektuellen des Landes, diesen historischen Moment fest. Für Jürgen Habermas ist Punk nur ein weiteres Symptom der Krise: Der »Punk-Anarchismus« schlage »so tief unter die Gürtellinie, dass Funken sprühen aus einer aggressiven Entsublimierung, die man gar nicht mehr für möglich gehalten hätte«, schreibt er in der Einleitung zu den *Stichworten.* Es darf bezweifelt werden, dass Habermas die Lieder von Mittagspause kannte. Vielleicht bezog er sein Wissen aus Presseberichten über Punk in London, die seit 1976 in Deutschland erschienen. Sehr wahrscheinlich aber hat er einen Bericht seines Freundes Karl Heinz Bohrer aus London gelesen, der im April 1978 in der *FAZ* erschienen ist.

Bohrer hat Punk gut verstanden: »In der Punk-Bewegung erfanden isolierte, kleinbürgerliche bis proletarische Jugendliche Formen, Zeichen, Laute und Gesten.« In seinem Text schreibt er aber nicht über diese Formen, Zeichen, Laute und Gesten, sondern über den Film *Jubilee* von Derek Jarman und über Nigel Williams' Theaterstück *Klassenfeind.* In *Jubilee* begehen Punks laut Bohrer »idiotische Bestialitäten«. Er hält den Film für eine »nostalgische Ausbeutung« des authentischen Punkanarchismus. Besser gefällt Bohrer das Theaterstück, in dem es um »die Rekonstuktion einer zerbrochenen, in sich aber auf Wahrheit lauernden Sprache« gehe, »mit der sich sechs Schüler aus einer armseligen Gegend von Südlondon traktieren«.

Unwahrscheinlich auch, dass die deutschen Denker der »Identität« den im November 1978 auf dem Debütalbum der britischen Band X-Ray Spex erschienenen Song »Identity« zur Kenntnis nahmen, der auch von einem Suizidversuch inspiriert war, dessen Zeugin Sängerin Poly Styrene im Londoner Punkclub Roxy geworden war. Der Refrain von »Identity« lautet: *Identity is the crisis, can't you see*? Die Sängerin somalisch-britischer Herkunft fragt in dem Song ihr fiktives Gegenüber: *When you look in the mirror, do you smash it quick?* – Wenn du in den Spiegel schaust, zerschlägst du ihn dann schnell? Identität erscheint in Poly Styrenes Lyrics als individuelles Problem, nicht als Lösung für orientierungslose Gesellschaften. Identität *ist* eine Krise, kein Mittel ihrer Überwindung.

Auch Gabi Delgado-López' Kollegen von der Solinger Band S.Y.P.H., die 1980 eines der ersten deutschsprachigen Punkalben veröffentlichen, singen über Identität als etwas, das immer schon abhandengekommen ist, verloren geht oder unerreicht bleibt. In ihrem Lied »Chess Challenger« etwa wird von einem Match gegen einen Schachcomputer erzählt: *Meine*

Bauern sind gestorben, meine Läufer sind dahin. Ohne sie hat für mich das Leben sowieso keinen Sinn. Mit jedem Bauern, der mir verloren geht, verliere ich immer mehr an Identität.

Dem Versuch, ein erhebendes Gefühl von Identität im Blick auf das eigene Spiegelbild zu erspüren, wird wiederum in »Kein Ziel« ironisch eine Absage erteilt: *Ich bin ein Wohnzimmerheld, dem es nur vorm Spiegel gefällt. Dann seh ich den, der mir gefällt, dann bin ich der Wohnzimmerheld.* Diese Befriedigung erscheint als bestenfalls fade Erlösung aus einem Zustand existenzieller jugendlicher Ziellosigkeit: *Ich komm nicht von der Stelle. Ich sitz hier in meiner Zelle. Ich warte auf die Tage, an denen ich mich selbst anklage.*

In »Unreif für die Zukunft« schließlich kommt der Erzähler zum Schluss: *Ich kann heute noch nicht sagen, was ich einmal werden will. Hinter meinem Rücken Deutschland, da wart ich doch lieber still.* Deutschland scheint diesem orientierungslosen Jungen keine Aussicht auf Besserung seiner Lage zu verheißen. Der Dichter, der diese Zeilen schrieb und sie auch singt, nennt sich Harry Rag, nach einem Song der Kinks. Er scheint, stellvertretend für den klügeren Teil der deutschen Jugend, besser als die Intellektuellen seines Landes verstanden zu haben, dass Identität ein zu fragiles Ding ist, um von ihr Orientierung zu erwarten. Ihr Album widmeten S.Y.P.H. Rudi Dutschke, der an Heiligabend 1979 an den Folgen eines im April 1968 auf ihn verübten Attentats starb. Ihren Kollegen Mittagspause richteten sie auf der Rückseite der Plattenhülle Grüße aus: »Hello to the MiPau.«

16 Jahre im Exil

»Das war ja 'ne einzigartige Situation, umgeben von Stacheldraht, inmitten eines kommunistischen Staates diese Türk-Kültür vorzufinden in voller Blüte«, hat Gabi Delgado-López seine Reiseeindrücke mit Mittagspause nach West-Berlin später kommentiert.

Diese in der Tat einzigartige Situation ist nicht zufällig entstanden. Gabi reflektiert in den »Kebabträumen« auch die historische Koinzidenz, die den Bau der Berliner Mauer und die Berliner Türken verbindet. Denn das Jahr 1961 war nicht nur das Jahr des Anwerbeabkommens Deutschlands mit der Türkei, sondern auch das Jahr des Mauerbaus.

Zwei Monate, nachdem die Führung der DDR im August 1961 der Massenflucht ihrer Bürger in den Westen Deutschlands durch Mauer und Stacheldraht ein Ende setzte, vereinbarte die Regierung der Bundesrepublik Deutschland die Entsendung türkischer Arbeiterinnen und Arbeiter in deutsche Fabriken. Wenn Gabi nun im Zentralkomitee der Sozialistischen Einheitspartei Deutschlands »Agent aus Türkei« vermutet, dann könnte er dabei auch dies im Sinn haben: Aus der DDR konnten seit 1961 keine Arbeitskräfte mehr nach Westdeutschland übersiedeln. Dafür kamen nun Arbeitskräfte aus der Türkei. Haben die türkischen Gastarbeiter das einem Agenten im ZK der SED in Ost-Berlin zu verdanken? Gabi überträgt hier das Motiv der jüdischen Weltverschwörung auf die türkischen Gastarbeiter und macht sich zugleich über derlei simple, allerorten eine Verschwörung witternde Welterklärungsversuche lustig: Die schlauen Türken haben die DDR zum Mauerbau inspiriert, damit sie ihre eigenen Leute nach Deutschland schicken können! Dass Mauerbau und Entsendeabkommen so schnell aufeinander folgen, kann doch kein Zufall sein!

Ein konkreter Zusammenhang besteht allerdings zwischen der Berliner Mauer und der Berliner Türk-Kültür: Die Insellage West-Berlins begünstigt eine illegale Einreise. Türkische Einwanderer können auf dem DDR-Flughafen Berlin-Schönefeld im Osten der Stadt landen. Als Ausländer können sie problemlos aus der DDR ausreisen und als Touristen mit der S-Bahn nach West-Berlin fahren.

Am zweiten Abend des Eröffnungsfestivals im SO36, in der Nacht zum 13. August 1978, wird eine Torte, die mit einer Mauer verziert ist, auf der Bühne angeschnitten und ans Publikum verteilt. Punkt zwölf Uhr nachts tragen die Veranstalter ein »politisches Statement« vor, von dem nicht viel mehr überliefert ist, als dass es abgegeben worden sein soll. Claus Ritter von der Düsseldorfer Band Male erinnert sich aber daran, wie die Punks danach gemeinsam zur nahe gelegenen Mauer zogen, »um gegen das Schandmal zu protestieren«. Die Mauer als »Schandmal« zu bezeichnen, gehört zum rhetorischen Arsenal rechter Revisionisten und Antikommunisten aus West-Berlin und der Bundesrepublik, die sich mit dem Bau der Mauer, von deren sozialistischen Erbauern »antifaschistischer Schutzwall« genannt, nicht abfinden wollen. Halten die Punks die Mauer wirklich für ein Schandmal? Wahrscheinlicher ist, dass sie sich über westdeutsche Rechte und Leute wie Martin Walser lustig machen, die in der Mauer die Ursache aller Probleme des Landes sehen. Die Existenz der DDR ist ein Fakt, mit dem sich viele Westdeutsche abgefunden haben – was nicht heißt, dass man die Herrschaft der alten Männer in Ost-Berlin gutheißen würde.

Was die Punks bei ihrem Spaziergang zur Mauer, sie ist nur fünf Gehminuten vom SO36 entfernt, nicht wissen können: Punk ist auch schon auf der anderen Seite der Sektorengrenze angekommen. »Der definitiv erste Punk 1977 in Ost-Berlin war Major. Und sie war ein Mädchen«, schreibt Michael Boehlke, unter dem Namen Pankow als Sänger der Ost-Berliner Punkband Planlos bekannt. »Ihre Wohnung wurde zum Szenetreff, das rief die Kripo auf den Plan, und sie wanderte in den Knast.« Die Mauer kann zwar DDR-müde Menschen an der Ausreise hindern, die Ankunft von Punk in Ost-Berlin, Leipzig und Karl-Marx-Stadt aber nicht aufhalten. Hüben wie drüben gibt es gute Gründe, sich gegen die gesellschaftliche Wirklichkeit aufzulehnen. Für die Punks in der DDR ist allerdings der Einsatz für rebellisches Verhalten höher.

»Als halber Mensch hat man Lust, Verbote zu übertreten, nicht ihnen zu folgen. Man ist im günstigsten Fall ein Empörer. Nicht Feinstaub, sondern Granulat im Getriebe eines Kontrollsystems zu sein – darin bestand ein einzigartiger Spaß. So gesehen waren die DDR-Insassen letztendlich wohl privilegiert«, schreibt Henryk Gericke, der als Punk in Ost-Berlin unterwegs und bei der Band The Leistungsleichen aktiv war. »Doch die Gefahr war nicht nur Teil des Spaßes, sie war auch der Stoff eines Dramas. Die Halbwüchsigen fanden sich als ›Kampfreserve der Partei‹ von einer ideologisch gerechtfertigten Haltetherapie zwangsumarmt. Zeigte diese nicht die gewünschte Wirkung, reagierte das Gesetz in seiner Willkür verlässlich und brachte das Ministerium des Inneren gegen die verlorenen Kinder in Stellung.«

Punk wird von den staatlichen Organen in der DDR nicht verstanden und sicherheitshalber brutal verfolgt. Halbstarke, Hippies und Punks werden »von einer elastischen Vielfalt berüchtigter Gummiparagraphen gemaßregelt«, erklärt Gericke. Darunter fallen § 220 Öffentliche Herabwürdigung, § 212 Widerstand gegen staatliche Maßnahmen, § 217 Zusammenrottung, § 215 Rowdytum, § 219 Ungesetzliche Verbindungsaufnahme, § 214 Beeinträchtigung staatlicher und gesellschaftlicher Tätigkeit.

Überwachung, Rekrutierung von »Inoffiziellen Mitarbeitern«, also Stasi-Spitzeln, aus der Punkszene durch das Ministerium für Staatssicherheit, Zugriffe, Verhaftungen, Zersetzung – Letzteres heißt konkret Psychoterror und Manipulationen, etwa das Streuen von Gerüchten im familiären Umfeld und im Freundeskreis der Zielobjekte: Das ist das Maßnahmenarsenal, mit dem der sozialistische Staat auf die Selbstentfaltung und die künstlerische Produktivität seiner jungen Bürger reagiert und so einer ganzen Generation deutlich macht, dass die DDR nicht nur eine spaßbefreite Zone ist, sondern dass der Staatsapparat das Leben eines oder einer jeden, der oder die sich nicht konform verhält, jederzeit zu Grunde richten kann.

Der Umgang der DDR mit Punk zeigt, wie verknöchert ihr System ist. Das Unverständnis und die Härte, mit der ihr Staatsapparat auf anfangs eher unpolitische Punks reagiert, zählen zu den Spatenstichen, mit denen sich die Sozialistische Einheitspartei ihr eigenes Grab zu schaufeln beginnt:

»Keine Szene wurde derart intensiv von der Staatssicherheit betreut wie die Punkszene, und keine Jugendbewegung zuvor war davon weniger zu beeindrucken«, schreibt Gericke. Das kann man auch ihrer Musik anhören. Die Aufnahmen werden größtenteils mit Kassettenrekordern gemacht und auch auf Kassetten vertrieben. Musik in einem staatlichen Studio aufzunehmen und bei der volkseigenen Plattenfirma Amiga zu veröffentlichen, ist nur möglich, wenn man sich der Kontrolle staatlicher Zensoren unterwirft, und das will kaum einer der Punks. Aber trotz scheppernder Sounds – die Sänger müssen mangels Mikrofonen in den Proberäumen oft vor dem Aufnahmegerät knien, um sich stimmlich gegen ihre elektrisch verstärkten Bandkollegen durchsetzen zu können – transportiert sich die Energie ihrer Musik.

1979 gründen sich die ersten Bands in der DDR, auch in der thüringischen Provinz. In der Lutherstadt Eisleben etwa gehen aus The Saxtons zwei weitere Bandprojekte hervor, Müllstation und Menschenschock. Menschenschock besteht aus zwei Mitgliedern, Volker Sachse alias Schera Rolfo Materialtod, der singt und Gitarre spielt, und Andreas Spitze alias Rocco Plasticmord, der wohl auf Eimern und Metallteilen trommelt. So zumindest hört es sich auf der Aufnahme ihres Songs »Jugend ohne Tugend« von 1980 an. Dessen Text besteht aus einer einzigen Zeile: *Wir sind die anarchistische Jugend ohne Tugend.* Der Bandname Menschenschock geht der Legende nach auf eine Kollision zweier Trabants in Eisleben zurück, die der flanierende Rocco Plasticmord allein durch sein verstörendes Aussehen verursacht haben soll. Da verlor angeblich jemand aus Schock die Kontrolle über sein Automobil, in Eisleben brach ein Verkehrschaos aus.

Punk aus der Deutschen Demokratischen Republik ist im

Westen auch nach dem Spaziergang der Festivalgäste des SO36 zur »Schandmauer« nur ein Gerücht. Man kann wenig später, in den frühen Achtzigern, darüber in der Zeitung lesen, hin und wieder ein paar dunkle Gestalten im Fernsehen betrachten; einzelne Songs werden von Reportern aus dem Land geschmuggelt und im Radio gespielt. Die vermutlich ersten Bands aus der DDR, die auf NDR2 im Jahr 1982 im Westen zu hören sind, heißen Menschenschock und Müllstation.

Ein Song wie »DDR Terrorstaat« verlässt aus naheliegenden Gründen den Berliner Proberaum dagegen nie: *DDR Terrorstaat, wir haben deine Scheiße satt. DDR, mein Vaterland, du raubst uns noch mal den Verstand*, wird da gesungen. Allein dieses Refrains wegen würde die Staatsanwaltschaft vermutlich ihr gesamtes Paragraphenarsenal zur Anwendung bringen. Wer hinter der Mauer solche Lieder schreibt und zum Besten gibt, landet unweigerlich im Knast. »DDR Terrorstaat« wird bei einer Session von Mitgliedern der gerade aufgelösten oder sich in Auflösung befindlichen Bands Betonromantik und Rosa Beton in Berlin-Mahlsdorf aufgenommen.

Von Rosa Beton existiert ein anderes Lied, dessen jugendlicher Erzähler dem Leben in der DDR ebenfalls nicht viel abgewinnen kann. »16 Jahre« wird im Kinderzimmer des damals 16 Jahre alten Thomas Wagner mittels einer Vierspurmaschine im Berliner Vorort Hönow aufgenommen. Thomas Wagner und sein Bandkollege Ronald »Mausi« Mausolf singen davon, zu einer Existenz in einem Bunker verbannt zu sein. Sie tun es in einem Duktus, als gehe es um eine verflossene Liebe. Eine simple Melodie schraubt sich über stoisch rumpelnde Beats, der eingängige Refrain des Lieds kann sofort mitgesungen werden: *Ich bin schon 16 Jahre im Exil. 16 Jahre sind schon viel zu viel.* Lakonischer kann man Teenagerfrust über das Leben im »ersten sozialistischen Staat auf deutschem Boden« nicht artikulieren: Hier fühlt man sich als Jugendlicher wie im Exil.

Rosa Beton treten nie auf. Aber eine von ihnen aufgenommene, mit einem selbst gestalteten Cover versehene und vervielfältigte Audio-Kassette – es ist die erste Punkveröffentlichung auf Tape in der DDR, die wie ein professionelles Produkt gestaltet ist – erfreut sich in Ost-Berlin einiger Beliebtheit. In Songs wie »16 Jahre« dürften sich viele Kinder der DDR wiedergefunden haben. »Ob zunächst nur gefühlt und später bewusst, die Verachtung der Punks richtete sich gegen eine Muster-Utopie, welche die Zukunft für alle Zeiten festschrieb«, schreibt Henryk Gericke. »Ihr ›No Future‹ hieß ›Too Much Future‹.«

Gabi Delgado-López kennt die DDR nur aus dem Fernsehen und seinem kurzen Aufenthalt am Grenzübergang Helmstedt. Ein Jahr, nachdem er »Kebabträume« zu Papier gebracht hat, schreibt Gabi noch ein Lied, das sich mit der deutschen Teilung und dem Kalten Krieg befasst: »Osten währt am längsten«. Der Text besteht ähnlich wie »Kebabträume« aus wenigen Zeilen: *Der Osten währt am längsten. Und der Osten ist am besten. Und der Westen ist am besten. Der Luxus ist im Westen. Der Westen ist zufrieden. Er leckt sich seine Wunden. Und der Luxus ist im Westen. Doch der Osten währt am längsten. Der Osten währt am längsten. Der Osten ist am besten. Der Westen ist am besten.*

Der Osten ist am besten, der Westen ist am besten: Das sind – kurz gefasst – die Erzählungen, die hüben wie drüben erzählt werden. Die Politologen nennen es Systemkonkurrenz.

Der offizielle Name des Mauerbaufestivals anlässlich der Eröffnung des SO36 im August 1978 lautet »Zwei Schräge Deutsche Nächte in Süd-Ost«. Das Wort »Deutsche« erscheint auf dem Konzertplakat in Frakturschrift. Deutschland ist ein Mythos, über den die Punks, anders als die deutschen Intellektuellen, die nun von dessen Größe und Tiefe, Geschichte und Identität raunen, nur lachen können.

Unsere deutsche Freunde

Gabriel Delgado-López ist zwanzig Jahre alt, als er seinen Text über die deutsche Angst vor der »Überfremdung« schreibt. Er wurde am 18. April 1958 in Córdoba geboren. Sein Vater ist Philosophielehrer und linientreuer Kommunist. Ein Jahr nach Gabis Geburt muss der Vater Spanien, wo noch bis 1975 der Diktator Francisco Franco regiert, aus politischen Gründen über Nacht verlassen. Gabis Mutter folgt dem Vater ein Jahr später nach. Ihren ältesten Sohn lassen die Eltern bei Großmutter Rosario Léon de Delgado zurück. Gabi erinnert sie später als elegante Dame. Er wächst in einem großen Haus mit zwei Innenhöfen und vielen Zimmern auf; es ist ein Frauenhaushalt, auch zwei seiner Tanten leben dort. Der Großvater ist während des Spanischen Bürgerkriegs erschossen worden. Einzige männliche Bezugsperson Gabis in der Familie ist Onkel Feliciano, ein Jesuit und Philologe. Vielleicht weil Gabis Eltern nach Deutschland gegangen sind, bringt Feliciano seinem Neffen die deutsche Kultur nahe: Bach, Händel, Hesse. Seine Eltern lernt Gabi als Stimmen am Telefon kennen, bis diese beschließen, ihn nach Deutschland zu holen. Dort hat Gabi inzwischen Geschwister bekommen. Sein jüngerer Bruder Eduardo ist gerade geboren worden, als der inzwischen achtjährige Gabi das Haus der Großmutter verlässt und »im fast asozialen Milieu der ersten Gastarbeiter« in Dortmund ankommt, wie Gabi es beschreibt.

Anfangs ist Gabis Vater illegal in Deutschland. »Mein Vater war ein gebildeter Mensch, konnte aber kein Wort Deutsch, so hat er als Hilfsarbeiter in den Kabelwerken Reinshagen angefangen. Als ich nach Deutschland geholt wurde, waren da mein Vater, meine Mutter, zwei Kinder, dann wurde das dritte geboren, in einem Zimmer, also unter inframenschlichen Bedingungen. Wie es heute ja vielen Leuten geht, die eben nicht mehr aus Spanien kommen, sondern aus Algerien oder Tunesien.« Familie Delgado-López lebt damals in einer Einzimmerwohnung mit Außentoilette, ein Vorhang trennt Eltern- und Kinderzimmer. Für die Nacht gibt es einen »Pisspott«.

Fühlt sich Gabi als »Ausländer«, als Kind, das mit acht eine neue Sprache in einem neuen Land lernen muss, ausgeschlossen? »Nein, als Kind hab ich mir darüber keine Gedanken gemacht. Ich hab aber sehr schnell gemerkt, dass ich mich durchsetzen muss. Dass ich mich schnell durchsetzen muss, stark und frech sein muss. Man muss sagen, zu der Zeit gab es noch weniger Ausländer. Und es war vielleicht nicht so schwierig, weil es einen gewissen Exotenbonus hatte. In meiner Klasse waren ich und ein Italiener die einzigen, auf der ganzen Schule gab's vielleicht acht Ausländer. Ich bin 1966 gekommen. Da hatten die Italiener schon als Gastarbeiter aufgehört, es war die Zeit der Spanier, Portugiesen und Griechen. Die Türken kamen erst später.«

Möglicherweise war Gabis Eindruck, dass die Türken später kamen, von der Tatsache geprägt, dass damals noch nicht so viele türkische Kinder in die Schulen gingen. In der Tat war Italien das erste Land, das 1955 mit der Bundesrepublik Deutschland ein Anwerbeabkommen schloss. 1960 folgten

Spanien und Griechenland, ein Jahr später die Türkei. 1963 wurden Verträge mit Marokko, Portugal und Südkorea, 1965 mit Tunesien und 1968 schließlich mit Jugoslawien unterzeichnet.

Neun Jahre nach Gabi, im Jahr 1975, kommt ein türkisches Kind nach Deutschland. Der Junge heißt Mehmet, wird aber Ata gerufen, weil es schon so viele Mehmets in der Familie gibt. Sein Vater ist ein türkischer Gastarbeiter. Er soll wie seine Kolleginnen und Kollegen zwei Jahre bleiben und dann wieder in die Heimat zurückkehren. Nach drei Jahren ist er immer noch in Deutschland. Nun holt er Atas Mutter zu sich. Jetzt ist ihr Plan, noch ein weiteres Jahr zusammen in Deutschland zu arbeiten. Sie kehren danach auch wirklich in die Türkei zurück – um ihren Sohn abzuholen. Es ist eine typische deutsche Geschichte, die Geschichte von Einwanderern, die selbst noch nicht wissen, dass sie welche sind. Im Sommer 1975 kommt Ata, er ist zwölf Jahre alt, in Bremerhaven an, wo seine Eltern leben.

Der Vater findet wenig später einen neuen Job in Köln bei der Klöckner-Humboldt-Deutz AG. Er zieht um, und bald kommt der Rest der Familie aus Bremerhaven nach. Als Ata eines Tages mit Freunden durch die Kölner Innenstadt spaziert, kommen sie unweit vom Ebertplatz an einer großen Brandmauer vorbei, auf der geschrieben steht: »Ausländer raus«, daneben geschmiert ein Hakenkreuz. Ata ist schockiert, das kennt er aus Bremerhaven nicht. Später sieht er vor manchen Gasthäusern und Discos Schilder: »Türken unerwünscht!« Man erklärt ihm, dass solche Sprüche in vielen westdeutschen Städten zu lesen und zu hören sind.

Als Ata von den Eltern nach Deutschland geholt worden

ist, hat ihn der Vater gefragt, was er sich wünsche. Ata weiß genau, was er als Willkommensgeschenk haben möchte: »Kauf mir ein Saz!« Saz ist der Überbegriff für die Gruppe der Langhalslauten, Ata bekommt eine Bağlama. »Mein Vater sagte: Aber das kannst du doch nicht spielen. Ich sagte: Egal, ich lerne. Nach sechs Monaten konnte ich schon auf der Bühne spielen. Ich habe in Bremerhaven, Oldenburg, Delmenhorst und Hamburg Konzerte gegeben, 1976 war das«, erzählt Ata.

Wenn er auftritt, nennt sich Ata nun Ozan Ata Canani. »Ozan« bedeutet Dichter, Poet oder Sänger. »Canani« heißt laut Ata: »Der mit dem Herzen gibt und nimmt.« Mit 15 hat er eine eigene Band, mit der er bei türkischen Hochzeitsfeiern, Verlobungsfeiern und Beschneidungsfesten auftritt. »Da kamen hin und wieder Leute zu mir, die gefragt haben: Worum geht es denn in diesem Lied? Da hab ich gesagt, um Sehnsucht, Liebe, dies und jenes. Das waren deutsche Gäste, die zu türkischen Feierlichkeiten eingeladen waren. Und eines Tages sagte einer: Warum singst du das nicht auf Deutsch? Das war die Idee, auf Deutsch zu singen. Die Sprüche ›Ausländer raus‹ und ›Türken unerwünscht‹ waren dann der Auslöser. Damals habe ich gelesen wie verrückt, um mein Deutsch zu erweitern. Und einmal sah ich ein Heft von der IG Metall, auf dem stand: ›Arbeitskräfte gerufen, Menschen gekommen!‹ Ich habe dann nachgeforscht, um herauszufinden, wer das gesagt hat. Es war Max Frisch. Das war der Ausgangspunkt von ›Deutsche Freunde‹.«

Seine Bağlama spielt Ata elektrisch verstärkt, die Musik seines Liedes »Deutsche Freunde« ist anatolischer Partysound, Musik, die man auf Hochzeiten spielt und zu der getanzt wird. Der Text des damals Fünfzehnjährigen ist auf Deutsch geschrieben, folgt aber einem Schema gesungener türkischer

Lyrik, bei dem der Refrain immer wieder zwischen die Zeilen der Strophen eingeschoben und so vorweggenommen wird.

Arbeitskräfte wurden gerufen
Unsere deutsche Freunde
Aber Menschen sind gekommen
Unsere deutsche Freunde
Nicht Maschinen, sondern Menschen
Aber Menschen sind gekommen
Unsere deutsche Freunde, Freunde, Freunde
Sie haben am Leben Freude
Aus Türkei, aus Italien
Aus Portugal, Spanien
Griechenland, Jugoslawien
Kamen die Menschen hierher
Unsere deutsche Freunde
Kamen die Menschen hierher
Unsere deutsche Freunde, Freunde, Freunde
Sie haben am Leben Freude
Als Schweißer, als Hilfsarbeiter
Als Drecks- und Müllarbeiter
Stahlbau- und Bandarbeiter
Sie nennen uns Gastarbeiter
Unsere deutsche Freunde
Sie nennen uns Gastarbeiter
Unsere deutsche Freunde, Freunde, Freunde
Sie haben am Leben Freude
Und die Kinder dieser Menschen
Sind geteilt in zwei Welten
Ich bin Ata und frage euch
Wo wir jetzt hingehören

Unsere deutsche Freunde
Ich bin Ata und frage euch
Wo wir jetzt hingehören
Unsere deutsche Freunde, Freunde, Freunde
Sie haben am Leben Freude.

Mit den »deutschen Freunden«, das betont Ata damals wie heute, wenn er danach gefragt wird, meine er nicht das deutsche Volk, sondern die Politikerinnen und Politiker, die damals in Bonn saßen: »Gemeint war: ›Ihr habt am Leben Freude, aber ihr wisst ganz und gar nicht, wie die Leute am Arbeitsplatz arbeiten.‹ Ich war selbst Arbeiter, ich hab auch jede Menge Drecksarbeit gemacht.«

Die »deutschen Freunde« in Bonn werden Atas Lied nicht gehört haben. Aber die Regierung entscheidet 1978, als Gabi Delgado-López und Ata Canani ihre Lieder schreiben, einen Ausländerbeauftragten zu ernennen. Der erste Leiter des Amts des Ausländerbeauftragten der Bundesregierung, Heinz Kühn, veröffentlicht im Jahr darauf ein Memorandum. Es befasst sich mit Stand und Weiterentwicklung der Integration der ausländischen Arbeitnehmer und ihrer Familien in der Bundesrepublik und spricht aus, was längst klar ist: Deutschland ist faktisch ein Einwanderungsland.

1978 ist also das Jahr, in dem zwei der signifikantesten deutschen Popsongs der Nachkriegszeit über Deutschland als Einwanderungsland geschrieben werden. Beide behandeln das Leben der Gastarbeiter in Deutschland. Da hören die Gemeinsamkeiten aber auch schon auf. Gabi Delgado-López nimmt in seinem Text zu den »Kebabträumen« satirisch die mehrheitsdeutsche Perspektive der Angst vor den unheimlichen Fremden ein. Sein Text ist im Geist von Dada und Punk geschrieben. Ata beschreibt in »Deutsche Freunde« das Problem dagegen vom Standpunkt eines Menschen aus, der das Kind eines Gastarbeiters ist, was er deutlich macht, indem er am Ende fragt: *Ich bin Ata und frage euch, wo wir jetzt hingehören.* Gabi Delgado-López kommt aus einer bürgerlichen, katholischen, andalusischen Familie. Sein Vater ist Kommunist. Ozan Ata Cananis Vater ist ein konservativer, frommer, muslimischer Mann, der nicht möchte, dass sein Sohn Musiker wird. Er sieht in Ata einen künftigen Hodscha.

Ozan Ata Canani will mit seinen Liedern in die Fußstapfen seines großen Vorbilds Aşık Mahzuni Şerif treten, mit dem Ata, das Wunderkind an der Bağlama, mit 13 schon auf Tour gehen darf. Atas Vater findet das nicht gut, er verbietet ihm das Musizieren. Doch Ata spielt bald wieder, nun mit seiner eigenen Band, und nimmt einige türkischsprachige Kassetten auf, die abseits des deutschen Mainstreams in türkischen Musikshops, in Gemüse- und Elektroläden verkauft werden, aber auch ihren Weg in die Türkei finden.

Gabis »Kebabträume« wird Anfang der 1980er zu einem veritablen Volkslied. Bei Mittagspause, der Band, die es als erste live spielt und aufnimmt, trägt es den Titel »Millitürk«. Die Doppelsingle von Mittagspause erscheint 1979 bei dem Label Pure Freude, das die Betreiberin des Ratinger Hofs, Carmen Knoebel, eben gegründet hat, um den jungen Bands, die in ihrer Kneipe spielen, eine Plattform zu geben. Pure Freude ist eine der ersten unabhängigen Plattenfirmen, die im Gefolge des Punk in Westdeutschland, Österreich und der Schweiz gegründet werden, die Doppelsingle von Mittagspause ist wiederum eine der ersten Punkplatten, die in Westdeutschland veröffentlicht werden. In Düsseldorf sind Mittagspause allerdings die Kollegen von Male zuvorgekommen, die sich nun rühmen können, in allem die Ersten gewesen zu sein. Punk mit deutschen Texten hört damals nur eine überschaubare Minderheit. Unter dem Titel »Militürk« erreicht Gabis Song die Deutsch sprechende Jugend Mitteleuropas erst durch *Monarchie und Alltag*, das erste Album von Fehlfarben, bei denen Peter Hein nach dem Ende von Mittagspause singt.

Monarchie und Alltag erscheint im Oktober 1980. Doch erst knapp ein Jahr später steigt es in die deutschen Charts ein. Das Album erreicht Platz 37 und hält sich 24 Wochen. Es wird zum ultimativen Album der Neuen Welle. »Das beste Buch des Jahres 81 ist eine Schallplatte: *Monarchie und Alltag* von Fehlfarben«, schreibt Peter Glaser später darüber in seinem in der Anthologie *Rawums. Texte zum Thema* erschienenen Text »Zur Lage der Detonation – ein Explosé«.

Das als Single ausgekoppelte, an den Discosound von Chic angelehnte Stück »Keine Atempause (Geschichte wird gemacht)« wird später zur Hymne der Hausbesetzerbewegung in West-Berlin und anderswo und zum Hit, den halb Teenager-Deutschland mitsingen kann. Doch der heimliche Hit des Fehlfarben-Albums heißt »Militürk«, nun nur noch mit einem L geschrieben.

Albrecht Koch hat »mindestens« vierzig Cover-Versionen von »Kebabträume« gezählt. Darunter findet sich die kuriose Version der Leverkusener Punkband OHL, die sich vermutlich an einer in der Musikzeitschrift *Sounds* mit einigen Fehlern abgedruckten Textfassung orientiert. Dort ist nicht von »Kebabträumen«, sondern von »Kinderträumen« die Rede, und aus »Türk-Kültür« ist eine ominöse »Türkentür« geworden.

Aşk, Mark ve Ölüm

Als Gabi Delgado-López und Ata Canani ihre Lieder über das Einwanderungsland Almanya schreiben, ist die deutschsprachige Popkultur noch stark durch den Schlager geprägt, dessen Exotismus die Charts und öffentlichen Radioprogramme schon lang beherrscht. Seit den 1950ern begannen die Westdeutschen in jene Länder zu reisen, aus denen die Gastarbeiter kamen, um in deutschen Fabriken zu arbeiten. Die Sehnsucht nach dem Urlaub im Süden reflektierte der Schlager, dessen Interpreten häufig ebenfalls aus diesen Ländern kamen. Deutscher Schlager wurde von Italienerinnen, Griechen, Französinnen, Jugoslawen, Tschechen, Israelis, Norwegerinnen und einem falschen Russen gesungen, von Caterina Valente, Nana Mouskouri, Esther & Abi Ofarim, Mireille Mathieu, Milva, Karel Gott, Bata Illic, Daliah Lavi, Gitte, Vicky Leandros, Ivan Rebroff und so weiter – bezeichnenderweise aber nie von Türkinnen oder Türken.

Die türkische Sängerin Nilüfer versucht es als Miss Nilüfer auf dem deutschen Markt und bringt 1974 eine Single auf Deutsch heraus. Sie kann in der deutschen Schlagerwelt nicht Fuß fassen. Eine andere türkische Sängerin ist erfolgreicher als sie. Yüksel Özkasap, die »Nachtigall von Köln«, verkauft Millionen von Schallplatten vor allem in Deutschland, aber auch in der Türkei. Allerdings singt Özkasap auf Türkisch und ihre Zielgruppe sind die türkischen Gastarbeiterinnen und Gastarbeiter in Deutschland.

Yüksel Özkasap ist mit Yılmaz Asöcal verheiratet, dem Inhaber des deutschen Plattenlabels Türküola, das man als das erste unabhängige Plattenlabel in Deutschland bezeichnen könnte. Yılmaz Asöcal war bereits vor dem Anwerbeabkommen zwischen der Bundesrepublik und der Türkei nach Köln gekommen. Um sein Studium zu finanzieren, arbeitete er als Dolmetscher für die Unternehmen, die türkische Gastarbeiter einstellten. Weil »die Türken« von den Deutschen nur als billige Arbeitskräfte, nicht aber als potenzielle Kunden betrachtet wurden, kam Asöcal auf die Idee, diese Lücke zu füllen. Schon 1964 gründete er das Unternehmen Türkisch-Deutsch-Export, das allerdings weniger im Ex-, als vielmehr im Importgeschäft tätig war und die von türkischen Kunden begehrten Waren nach Deutschland brachte. Noch wichtiger als Gewürze und Käse waren Lieder, an denen es den Menschen, die aus Anatolien gekommen waren, mangelte. Asöcal gründete eine Plattenfirma, die bald zum wichtigsten Label für türkischsprachige Musik in ganz Europa wurde. Seit 1968 veröffentlichte Türküola über 1000 Alben, Singles und Kompilationen, die auch in eigenen Läden im gesamten Bundesgebiet und in den Niederlanden verkauft wurden.

Yüksel Özkasap war der Star von Türküola und wäre die naheliegende türkische Vertreterin in der internationalen Welt des deutschen Schlagers gewesen, aber die meisten Deutschen kannten sie nicht. Die Musik der aus der Türkei stammenden Menschen erschien nur bei ihren eigenen Plattenlabels, Hits wurden in den deutschen Charts nicht gelistet und waren im Radio nur in jenen Sendungen zu hören, die den Gastarbeitern gewidmet waren. Diese Segmentierung des Musikmarkts war das logische Ergebnis der Ignoranz der Mehrheitsgesellschaft, die sich für die Lieder der neuen Nachbarn nicht interessierte.

Die türkischen Nachbarn spielen, obwohl sie als Personen kaum in Erscheinung treten, auf dem 1980 veröffentlichten Debütalbum von Ideal aus Berlin eine wichtige Rolle. Die Mitglieder von Ideal ernten, was die deutsch singenden Punks gesät haben. Sie sind um die dreißig und haben bis vor kurzem in Jazzkapellen gespielt. Innerhalb kurzer Zeit werden sie zu einer der erfolgreichsten Bands der Neuen Welle.

Das Stück, das Ideal bekanntmachen wird, heißt »Berlin«. Die selbstverständliche Beschreibung des deutsch-türkischen Zusammenlebens in ihrem Lied beantwortet die Frage, ob Deutschland ein Einwanderungsland ist oder nicht, wenn auch die darin auftretenden Türken, die Gewürze ihrer Küche, ihre Musik und der Koran nur als exotische Facette der großen Stadt erscheinen, die Ideal besingen. Am Anfang heißt es: *Kottbusser Tor, ich spring' vom Zug. Zwei Kontrolleure ahnen Betrug. Im Affenzahn die Rolltreppe rauf. Zwei Türken halten die Beamten auf. Oranienstraße, hier lebt der Koran. Dahinten fängt die Mauer an.* Wenig später riecht es in Ideals Kreuzberg nach *Oliven und Majoran*, was sich gut auf *Koran* reimt.

1973 befragte der Beirat für Ausländerfragen am Bezirksamt Kreuzberg deutsche Einwohner Kreuzbergs, was sie dazu bewegte, aus dem Viertel wegzuziehen. »Danach störte die Kreuzberger zuvörderst der ungewohnte Lärm der Zugereisten. Berliner fühlen sich – so die weitere Reihenfolge der Beanstandungen – vom ›Geruch fremdartiger Küchengewürze‹ behelligt und beanstanden die fremden Bräuche auf dem Etagenklo«, wie der *Spiegel* berichtet. Die Ich-Erzählerin von Ideals »Berlin« sieht die Sache mit den fremden Gerüchen und dem Lärm anders. Nach Hause zurückgekehrt, berichtet sie: *Fenster auf, ich hör' Türkenmelodien. Ich fühl' mich gut, ich steh' auf Berlin.*

Die fremden Gerüche lassen die Deutschen nicht los. Als 1982 die Arbeitslosenzahlen stark steigen, wird in der deutschen Presse tagein, tagaus über das »Ausländerproblem« berichtet. Wolfgang Pohrt kommentiert die deutsche Empfindlichkeit gegenüber als »fremd« markierten Gerüchen so: »Der Geruch von Hammel und Orient, den die Reporter mit nie erlahmendem Eifer stets aufs Neue bei Türken erschnuppern, ist eigentlich nur dann mitteilenswert, wenn bereits der Umstand befremdlich erscheint, dass Türken kochen, dass sie essen, dass es sie überhaupt gibt. Die Existenz der Türken als selbstverständlich vorausgesetzt, ist auch der Geruch von Hammel und Orient nicht mehr erstaunlich, weil es bei allen Menschen nach den Speisen und Gewürzen riecht, die sie kochen und essen. Dass Türken manche Gerichte mögen und sich bei anderen weigern, sie auch nur in den Mund zu nehmen, dass Türken sich also anmaßen, beim Essen wählerisch zu sein, ist ein Luxus oder eine Eigenwilligkeit, die sie sich mit allen anderen kultivierten und zivilisierten Menschen teilen«, analysiert Pohrt in seinem Text, der im Essayband *Endstation* bei Rotbuch erschien. »Wenn der Reporter gerade darin die Fremdheit sieht, ist das sein Problem.«

Im selben Jahr, als Pohrt sich über »Hammel und Orient« erschnuppernde deutsche Reporter lustig macht, erscheint das dritte Album von Ideal, *Bi Nuu*, auf dem ein Lied mit dem Titel »Aşk, Mark ve Ölüm« zu hören ist. Es ist das zweite Stück einer deutschsprachigen Popband, das einen türkischen Text hat. Zwei Jahre zuvor hat die Berliner Rockband Bel Ami, die sich nach einem West-Berliner Nobelbordell benannte, eine türkische Fassung von »Berlin bei Nacht« aufgenommen: »Gece Berlin'de«.

In »Aşk, Mark ve Ölüm«, auf Deutsch »Liebe, D-Mark und Tod«, nehmen Ideal den Faden von »Berlin« wieder auf. Nun wird aber nicht mehr aus einer deutschen Perspektive auf die türkischen Gastarbeiter geschaut. Das Lied handelt von der falschen Liebe zur Deutschen Mark, und der Ich-Erzähler ist ein Türke: *Kara sevda uzun sevda. Mark dediğin yalan sevda. Köşeyi döndüm tam. Ölüm çıktı karşıma. Aşk Mark ve ölüm. Aşk ne güzel umut dolu. Yıllar geçti yüzüm soldu. Mark dediğin yalan sevda. Hayaller hep tuz buz oldu. Ağla tepin bağır çağır. Alçak sesle yüksek sesle. Her yan duvar her yan sağır. Ölüm ucuz gelir bize.*

Auf der Innenhülle des Ideal-Albums sind alle Texte abgedruckt. Auch der von »Aşk, Mark ve Ölüm«, aber ohne deutsche Übersetzung. Den Text hat Aras Ören, der erste deutsche Dichter türkischer Sprache, geschrieben, der viele Jahre lang selbst in Kreuzberg lebte. »Annette Humpe von Ideal rief mich an. Den Titel ›Liebe, D-Mark und Tod‹ hat sie vorgegeben«, hat er vor einigen Jahren erzählt. »Wir haben gesagt, wenn jemand das verstehen will, wissen will, wovon dieses Lied handelt, muss er zur nächsten Dönerbude oder zu seinem Nachbarn gehen. So lernt man sich näher kennen. Das Lied beschreibt die damalige Situation der Gastarbeiter, ihr Schicksal. Ich dachte beim Schreiben an bestimmte türkische Volkslieder, in denen es heißt: ›Ich hab so viel geackert, und als ich endlich ein bisschen Geld zusammen hatte, kam der Tod.‹«

Wer zur nächsten Dönerbude oder zu seinem Nachbarn

geht und sich den Text übersetzen lässt, wird mit einem Lied voller Bitternis und Enttäuschung über Deutschland konfrontiert: »Düstere Liebe, lange Liebe. Was man D-Mark nennt, ist eine falsche Liebe. Ich hatt's fast geschafft, da stand der Tod vor mir. Die wahre Liebe ist schön und ewig. Jahre sind vergangen, mein Gesicht ist älter geworden. Die D-Mark ist eine falsche Liebe. Meine Träume sind zerschlagen. Ich heule, schreie und zerschlage mit lauter Stimme, mit leiser Stimme die Wände überall. Alles ist taub. Der Tod kommt billig zu uns.«

Es liegt nah, im Erzähler von »Aşk, Mark ve Ölüm« einen Gastarbeiter zu sehen, der zu lange in Deutschland geblieben ist. Der fern der Heimat vor Verzweiflung schreit, um sich am Ende eingestehen zu müssen: »Der Tod kommt billig zu uns.«

Annette Humpe hatte den Titel für das Lied vorgegeben, das Aras Ören dann auf Türkisch schrieb. Sie dachte bei Liebe, D-Mark und Tod aber nicht allein an die Gastarbeiterinnen und Gastarbeiter: »Ich habe meine eigenen Themen, die ich wichtig finde für mein Leben«, erzählte sie den *taz*-Mitarbeitern Jochen und Qpferdach schon gegen Ende des Jahres 1980. »Es geht für mich eigentlich immer nur um Liebe, Geld und Tod. Das sind drei Sachen, die mich letztlich berühren, ja. Aber nicht nur mich, das bild' ich mir nicht ein, das seh' ich in anderen auch, nur ist es oft verschwommen und verdeckt. Aber das ist die grundsätzliche Trilogie, auf die es sich reduziert. Alles. Ich mein' bei Geld, da krieg ich immer ein hämisches Grinsen ab, wenn ich das sag', aber wenn ich hingucke, was die Leute so machen, damit der Schotter stimmt, das ist tierisch. Das mit dem Geld stimmt.«

Liebe, Geld und Tod machen in der Tat keine Unterschiede zwischen den Menschen. Ihre Macht üben sie auf alle aus, unabhängig von Herkunft, Sprache, Hautfarbe, Alter, Geschlecht, sexueller Orientierung, körperlicher Unversehrtheit oder was auch immer die Menschen sich an Merkmalen ausdenken, um sich von anderen abzugrenzen. Das Geld ist auch für die Deutschen eine falsche Liebe.

Aras Örens Text bezog sich nicht nur auf bestimmte türkische Volkslieder, wie er erzählte, sondern offensichtlich auch auf in Deutschland erschienene Lieder von aus der Türkei stammenden Gastarbeiterinnen und Gastarbeitern. Die tieftraurigen Gurbetçi-Lieder heißen so, weil sie von »Gurbet«, der Fremde, handeln. Sie erzählen von der Verbitterung der Menschen, die ihre Eltern, Frauen und Kinder zurückgelassen haben und nach Deutschland gingen. »Sie haben uns gesagt, Deutschland ist ein gutes Land, Deutschland ist mit uns befreundet. Ihr werdet gutes Geld verdienen«, erzählte Metin Türköz, der erste Aşik, also der erste Barde unter den türkischen Gastarbeitern, dem Filmemacher Cem Kaya. »In Deutschland wurden wir aber bitter enttäuscht. Was hier geschah, wurde meine Inspiration.« Metin Türköz schrieb Lieder, die davon erzählten, was er in Deutschland erlebte.

Türköz drückte in seinen Liedern aus, was die Arbeiterinnen und Arbeiter denken, »aber nicht sagen konnten«. Auch viele andere Lieder der türkischen Sängerinnen und Sänger, die in Deutschland entstehen, sind ein Mittel, die eigene Stimme zu erheben, sich miteinander zu verständigen und Erfahrungen zu teilen, zu lachen, zu feiern und sich über die Deutschen lustig zu machen: *Hey, du ungehobelter Deutscher, nicht mal deine Frau hört dir zu*, singt Metin Türköz in »Almanlar hav ab cekti«, an dessen Anfang eine deutsche Männerstimme zu hören ist, die den Türken runtermacht:

Was willst du eigentlich noch hier? Du sollst malochen wie ein Schwein. Und wenn dir das nicht passt, mach' dass du nach Hause kommst, hol' dir die Papiere. Türköz erwidert auf Türkisch, er sei wegen des Abenteuers gekommen, Geld bedeute ihm nichts. Der Deutschen Mark, der »falschen Liebe«, bringt Metin Türköz also angeblich keine Gefühle entgegen. Er interessiert sich nicht einmal für sie. So kann man die Beleidigungen deutscher Vorarbeiter und Meister, denen die Deutsche Mark heilig ist, auch kontern.

Metin Türköz kommt 1962 als Gastarbeiter nach Deutschland. Tagsüber arbeitet er als Schlosser in der Kölner Ford-Fabrik. In seiner Freizeit spielt er die Bağlama und singt. Nach einem Konzert fragen Leute, die ihn gehört haben, bei Türküola, ob sie seine Platten kaufen können. Metin Türköz bekommt einen Vertrag bei der Kölner Plattenfirma. 1967 erscheint seine erste Single. Auf der A-Seite ist »Turist« zu hören, auf der B-Seite »Almanya Destanı« – Deutschland-Elegie. Dieser ersten Schallplatte werden noch viele folgen: 71 weitere Singles und 13 Alben. Auf Discogs.com, der größten internationalen Schallplattenbörse im Internet, wird Metin Türköz heute korrekt als »German songwriter of Turkish origin« bezeichnet. Seine Lieder sind Akte der Selbstbehauptung und des Widerstands eines Gastarbeiters. Zugleich sind es Werke eines deutschen Dichters, die mit Humor die diskriminierenden und ausbeuterischen Verhältnisse anklagen.

In der »Deutschland-Elegie« ruft Türköz – wie in der deutschen Nationalhymne und in den »Kebabträumen« von Gabi Delgado-López – gleich zweimal Deutschland an: *Almanya, almanya! Türk gibi işçi bulaman ya.* Deutschland, Deutschland, einen Arbeiter wie einen Türken findet man nicht. Der Sänger klagt: »Das Schlimmste ist, dass du die Sprache nicht verstehst. Sie fluchen über dich, und du sagst: ›Ja.‹ Sie beleidigen dich, und du sagst: ›Ja.‹ Das einzige Wort, das wir kannten, war ›ja‹.«

1973 ist Schluss mit Ja sagen. Gastarbeiterinnen und Gastarbeiter organisieren Streiks, unter anderem bei Ford in Köln, wo Metin Türköz als Schlosser zu arbeiten angefangen hatte. Wenn Türköz singt, dass man nirgends so gute Arbeiter finden könne wie die Türken, dann spricht daraus nicht nur der Stolz, sondern auch die Erfahrung, dass die türkischen Arbeiterinnen und Arbeiter auch beim deutschen Management als fleißig, akkurat und schnell gelten.

Der sogenannte »Türkenstreik« in den Kölner Ford-Werken dauert nur eine Woche, von Freitag, den 24. August, bis Donnerstag, den 30. August 1973. 2500 türkische Arbeiter sind verspätet aus den vierwöchigen Werksferien zurückgekommen. Der Personalvorstand von Ford, Horst Bergemann, will 300 Arbeiter fristlos entlassen, die schon im vergangenen Jahr nach ihrem Urlaub in der Türkei nicht wieder rechtzeitig am Band gestanden sind. In den Jahren zuvor haben Arbeiter, die zu spät aus dem Sommerurlaub zurückkehrten, die fehlende Zeit durch Zusatzschichten ausgeglichen. Jetzt aber soll ein Exempel statuiert werden. Dabei ist die meist mit dem Auto unternommene Reise in die Türkei schwer zu planen, dauert jeweils mehrere Tage – und bringt oft die im Autoradio laufenden Kassetten zum Schmelzen, weswegen im Lauf der Jahre eigens hitzebeständigere Tapes entwickelt werden. Das rettet die Lieblingsmusik vor dem Verstummen, was die Reise erträglicher macht, aber nicht schneller.

12 000 Arbeiter, die aus der Türkei stammen, sind in den Ford-Werken in Köln-Niehl beschäftigt. Sie machen mehr als

ein Drittel der Gesamtbelegschaft aus und werden fast ausschließlich an den Fließbändern der Endmontage eingesetzt, wo die deutschen Kollegen nicht gern arbeiten. An der Bandstraße verdienen die meisten Türken einen Stundenlohn zwischen 7,15 und 8,24 Mark, während die Deutschen als Facharbeiter zwischen 8,98 und 10,59 Mark bekommen.

Als klar wird, »dass die durch die Entlassungen entstehende Mehrarbeit auf die Verbliebenen umverteilt werden sollte, wächst der Unmut unter den Arbeitern«, schreibt Serhat Karakayalı in seinem vom Netzwerk *Kanak Atak* veröffentlichten Text über den Streik bei Ford in Köln von 1973. »Viele fluchen laut vor sich hin, die Stimmung ist gereizt, aber die Arbeit geht weiter. Bis ein Türke mit dem Ruf ›Kollegen, wie lange sollen wir uns das gefallen lassen?!‹ die Barriere durchbricht. Innerhalb weniger Minuten streikt die gesamte Endmontage-Halle. Im Laufe des Tages zieht ein Demonstrationszug durch das ganze Werk. Am Abend dieses 24. August versammeln sich einige Tausend auf dem Werksgelände, zu diesem Zeitpunkt standen drei Forderungen im Zentrum: Zurücknahme der Entlassungen, eine Mark mehr pro Stunde für alle und die Herabsetzung der Bandgeschwindigkeit.«

Wenig später skandiert Bahar Targün, der in Deutschland studiert hat und nun in den Ford-Werken arbeitet, auf dem Werkshof durchs Megafon *»Altı hafta Urlaub«* und *»Bir mark zam«* – sechs Wochen Urlaub und eine Mark mehr. Bahar Targün ist der Erste, den die Arbeiter ins Streikkomitee gewählt haben. Anders als bei einem von der Gewerkschaft ausgerufenen Streik übernachten viele Türken, einige Italiener und Deutsche im Polsterlager des Werks.

Bundeskanzler Willy Brandt wendet sich in einer Fernsehansprache an die Streikenden. Denn in der zweiten Augusthälfte 1973 wird auch bei vielen anderen Unternehmen in der Bundesrepublik »wild« gestreikt. Brandt fordert sie dazu auf, sich den Gewerkschaften unterzuordnen: »Wer hat denn in jahrzehntelangen Kämpfen die Rechte der Arbeitnehmer durchgesetzt und erweitert?«

Die Streikenden sehen das anders, es sind ja Gewerkschaft und Betriebsrat, die dem Streik in den Ford-Werken die Legitimation entziehen, indem sie von kommunistischen Aufwieglern sprechen. Die Geschäftsleitung beendet den Streik schließlich mit Hilfe der Polizei. Im Gefolge einer »Gegendemonstration« von »Arbeitswilligen« in Meisterkitteln strömen Polizisten auf das Werksgelände und beginnen die »Rädelsführer«, also die Mitglieder des Streikkomitees, zu verhaften. »Als die Türken am Donnerstag weiterstreiken wollten, rückte ein tausend Mann starker Trupp deutscher Arbeiter mit dem Ruf ›Wir wollen arbeiten‹ gegen Tor 3, griff sich den redegewandten türkischen Einpeitscher Baha Targün und schlug ihn zusammen«, heißt es im *Spiegel.* Bis in den Abend des Donnerstags sind sogenannte »Arbeiterschutzstreifen« auf dem Kölner Gelände von Ford unterwegs, um Versammlungen aufzulösen.

Baha Targün kam 1969 nach Deutschland, um zu studieren. 1973 arbeitete er erst als Dolmetscher, danach als Angestellter der Dresdner Bank und schließlich bei Ford. »Die Aufenthaltsgenehmigung des vielseitigen Volkstribunen aber war am 6. August, während er in Anatolien Urlaub machte, abgelaufen«, schrieb der *Spiegel.* Baha Targün kehrte trotzdem nach Deutschland zurück und wurde am 21. August 1973, also erst wenige Tage vor dem Streik, bei Ford eingestellt. Einen Tag zuvor hatte ihm die Stadt Köln bereits eine »Rückweisungsbescheinigung« ausgehändigt: Bis zum 5. September sollte Targün Deutschland verlassen haben. »Nach Streikende tauchte der Türke unter«, wusste der *Spiegel* zu berichten. »Der Streikführer hat kaum eine Chance, illegal in Deutschland leben zu können – jeder kennt ihn.« Baha Targün ist in der Tat inzwischen ein bekannter Mann, weil deutsche Zeitungen in ihm die Personifizierung des kommunistischen türkischen Agitators sehen.

Der *Spiegel* fasst in seiner Ausgabe vom 9. September 1973 zusammen: »Der Türkenstreik bei Ford endete mit einem Sieg der Deutschen: Von den besonderen Forderungen der Gastarbeiter wurde bis heute kaum eine erfüllt. Nur wenige Stunden der Solidarisierung mit deutschen Arbeitskollegen hatten den Ford-Türken, 38 Prozent der Gesamtbelegschaft und 90 Prozent der Fließband-Kulis, vorgegaukelt, aus dem menschlichen und räumlichen Ghetto ausbrechen zu können, das sie seit Jahren umgibt. Doch Anlass und Ablauf des Ford-Streiks zeigten den Muselmanen, dass sie in Deutschland allenfalls wohnhaft, nicht aber heimisch waren.«

Auch das Kölner Boulevardblatt *Express* zeigt Verständnis für die Streikenden: »Zwar ist der Türke kein böser Türke. Doch ist er ein enttäuschter Freund, fast schon ein enttäuschter Liebhaber.«

Andere Boulevardblätter sind weniger verständnisvoll. *Bild* schreibt während des Streiks von »6–8 Kommunisten, die sich getarnt in Monteursmänteln in das kilometerweite Werksgelände eingeschlichen haben«. Studentische Agitatoren aus diversen kommunistischen Sekten und einige Anarchisten tummelten sich in der Tat auf dem Werksgelände, aber die türkischen Arbeiter mussten nicht erst von deutschen Bürgerkindern agitiert werden. Deutlicher werden andere Überschriften in der rechten Presse, in denen von »Türken-Terror bei Ford« gesprochen wurde. Der Boulevard fragt sich besorgt: »Übernehmen die Gastarbeiter die Macht?« Als Polizisten mit ihren Knüppeln dem Ausstand ein Ende bereiten, ist für *Bild* die Sache klar: »Das sind keine Gäste mehr.« Eine weitere Überschrift stilisiert das Ende des Streiks gar zum Etappensieg im nationalen Befreiungskampf. In Ermangelung neuer Nachrichten von der Ostfront heißt es nun aus Köln: »Deutsche kämpfen ihre Fabrik frei.«

1973 ist Gabi Delgado-López 15 Jahre alt. Die Streiks bei Ford, BMW, Opel und anderswo sind im Sommer dieses Jahres das heißeste innenpolitische Thema und wir dürfen annehmen, dass ihm, der eine Weile Mitglied in der maoistischen Liga gegen den Imperialismus war und Sohn eines linientreuen Kommunisten ist, diese Arbeitskämpfe nicht entgangen sind. Vor dem Hintergrund der Ereignisse und ihrer medialen Begleitung bekommen die Zeilen von Gabis »Kebabträumen« noch einmal eine weitere mögliche Bedeutung: Mitte der 1970er sind »die Kommunisten« und »die Gastarbeiter« für die Boulevardpresse ein und dasselbe.

»Arbeiterschutzstreifen«, die gegen türkische Arbeiterinnen in deutschen Fabriken vorgehen – das klingt nach den 1940er Jahren. Wenn nach Beendigung des Streiks davon die Rede ist, dass deutsche Arbeiter »ihre« Fabrik freigekämpft hätten, klingt die Ideologie der Volksgemeinschaft an: Der Klassenkampf zwischen Kapital und Proletariat soll nach nationalsozialistischer Lehre im nationalen Sozialismus aufgehoben sein, weil Arbeiter und Kapitalisten in erster Linie Deutsche – und also keine Arbeiter und Kapitalisten sind, die sich in einem Interessenskonflikt befinden. Nun haben

Türkenkommunisten – oder Kommunistentürken? – die deutsche Harmonie zwischen »Arbeitergebern« und »Arbeitnehmern«, wie sie im sozialpartnerschaftlichen Jargon der Bundesrepublik heißen, gestört: »Übernehmen die Gastarbeiter die Macht?« Gabis *Agent aus Türkei* sitzt nicht nur in den Imbissstuben West-Berlins und hat das ZK der SED in Ost-Berlin unterwandert, sondern arbeitet auch am Band bei BMW, Opel und Ford.

Nach einem spontanen Streik seiner Belegschaft im Sommer 1973 sagt der Vorstandsvorsitzende der Balcke-Dürr AG, Erich Kaulbach: »Vielleicht ist auch die vorübergehende Arbeitsniederlegung eine Form des mündigen Bürgers, seine Meinung zu sagen.« Die politisch Verantwortlichen dagegen halten spontane Meinungsäußerungen am Fließband für potenziell kriminell und staatsfeindlich. Der SPD-Innenminister von Nordrhein-Westfalen, Willi Weyer, lässt die bestreikten Betriebe jedenfalls von Kriminalpolizei und Beamten des Verfassungsschutzes beobachten.

Opel-Ochs am Band

Als Gastarbeiterinnnen und Gastarbeiter 1973 in ganz Deutschland streiken, lebt Aras Ören schon seit einigen Jahren in West-Berlin. Anfangs teilt der Dichter das Schicksal der Gastarbeiter. Er muss in der Fabrik arbeiten, um seinen Lebensunterhalt zu verdienen: »Ich habe die letzte Generation von Proletariern erlebt. Lohn kriegt man freitags in die Tüte und dann, gleich nach der AEG, geht es ins Restaurant gegenüber. Irgendwann nach dem fünften, sechsten Bier oder Schnaps kommt die Frau mit dem Hund: ›Herbert, gib mir die Tüte.‹ Das war eine proletarische Kultur, ich bin glücklich, das erlebt zu haben. Jeder Pfennig wird gezählt, die Marken aus dem Geschäft werden geklebt. Diese Klasse gibt es nicht mehr. Das war eine sterbende Klasse.«

Als Gabi Delgado-López die Kreuzberger Türk-Kültür studiert, hat Aras Ören bereits zwei der drei Langgedichte seiner *Berliner Trilogie* geschrieben. Darin besingt er unter anderem die Kreuzberger Naunynstraße – unweit vom SO36 gelegen – und lässt einen türkischen Arbeiter an seinen deutschen Kollegen schreiben: »Herr Fabrika Kollege! Auslender schlecht, du sagen – warum? Deutch Schlecht, auslender sagen – warum? Ich menş, Du menş, Du arbeiter! Wir machen suzammen geld für di fabrika direktör.«

Der Einfluss Brechts auf Örens Gedichte ist unübersehbar, aber auch die alte Idee der kommunistischen Linken, wonach alle Probleme der Moderne durch die Abschaffung der Ausbeutungsverhältnisse verschwinden würden. Wenn die Arbeiter erst einmal verstanden hätten, dass ihre Arbeitskraft ausgebeutet wird, würde es keine Xenophobie und keinen Rassismus mehr geben. Aber die deutschen Arbeiter wollen in den 1970ern keine Arbeiter mehr sein. Sie streben einen bürgerlichen Lebensstil an, und den können sie sich dank Wirtschaftswunder inzwischen auch leisten: Kühlschrank und Waschmaschine sowieso, inzwischen aber auch Fernseher, Stereoanlage, Auto, Urlaub. Und jene Leute, die sich von den Türken »überfremdet« fühlen, wollen nicht einsehen, dass sie nur die Sache mit der Ausbeutung falsch verstanden haben.

In ihrem Stück »Türkenblues« von 1980 erzählt die Hamburger Punkband Abwärts von der Globalisierung und den Migrationsströmen nach Europa. Obwohl das Stück mit einer Aufnahme eines möglicherweise türkischen Instrumentalstücks beginnt, in die langsam der Song von Abwärts hineingeblendet wird, kommt in diesem Lied kein einziger Türke vor, aber ein Mann aus Nordafrika, und wenn Sängerin Margita Haberland von ihm erzählt, kann man sich ebenfalls an Brecht erinnert fühlen: *Ich traf meinen Bruder in der Sahara. Er fragte mich nach einem Transistorradio und einem Arbeitsvertrag in der Bundesrepublik in irgendeiner Fabrik. Mein bester Bruder in der Sahara, willst du auch ein Stück vom großen Kuchen? Vom großen Bruder?*

Als im Jahr 1982 die Arbeitslosenzahlen steigen, kommt die Bundesregierung zum Schluss, dass der Einwanderung Einhalt geboten werden müsse. »Mir kommt kein Türke mehr über die Grenze«, sagt Bundeskanzler Helmut Schmidt im Sommer dieses Jahres. Bald darauf wird seine sozialliberale Regierung gestürzt, allerdings aus anderen Gründen.

Der neuen, schwarzgelben Regierung aus Union und FDP reicht es nicht, weitere Einwanderung zu verhindern. Am 1. Oktober 1982 wird Helmut Kohl zum Bundeskanzler gewählt. Vier Wochen später trifft er sich mit der britischen Premierministerin Margaret Thatcher. Kohl erklärt ihr, über die nächsten vier Jahre werde es notwendig sein, die Zahl der Türken in der Bundesrepublik um fünfzig Prozent zu reduzieren, aber er könne dies noch nicht öffentlich sagen. So steht es im geheimen Gesprächsprotokoll der Briten, das inzwischen der Öffentlichkeit zugänglich ist. Es sei unmöglich für Deutschland, die Türken in ihrer gegenwärtigen Zahl zu assimilieren, erklärt Kohl seiner Kollegin. Deutschland habe dagegen kein Problem mit den Portugiesen, den Italienern, selbst den Südostasiaten, weil diese Gemeinschaften sich gut integrierten.

Ein Jahr später lässt Kohls Regierung seiner Ankündigung Taten folgen und führt die sogenannte Rückkehrprämie ein. 10 500 D-Mark plus eingezahlte Rentenbeiträge sollen türkischstämmige Menschen dazu animieren, in ihr Heimatland zurückzukehren. Manche Familien nehmen das Angebot an und mieten sich gemeinsam mit anderen einen Güterwaggon, um ihren Hausrat zurück in die Türkei zu bringen und dort ein weiteres Mal ein neues Leben zu beginnen. Doch die meisten bleiben.

Vor dem Hintergrund der Diskussionen um die Rückkehrprämie und von Parolen wie »Kanaken raus«, die nun zu hören sind, entsteht 1983 das Lied »Opel-Ochs am Band« der hessischen Band Nur so. »Opel-Ochs am Band« ist ein entspanntes Reggaestück, das den Wunsch der Regierung Kohl und vieler Deutscher zu Ende denkt, die Gastarbeiter und ihre Kinder mögen dahin verschwinden, wo sie hergekommen sind. Dann, schließen Nur so, müssen die Deutschen bald wohl wieder selber bei der Müllabfuhr und an den Bändern des Opelwerks Rüsselsheim arbeiten: *Deutsche Land schöne Land für Mann, türkisch Mann, Opel-Ochs am Band. Schraube drehe, Müll abfahre, Türke schufte viele Jahre. Türkisch Mann war stets bereit für deutsche Drecksarbeit. Keine Freude, keine Spaß und immer Schweinefraß. Gewohnt in der Baracke, beschimpft mit »du Kanake«. Sorgen nun riesengroß, denn viele arbeitslos. Deutschmann ruft »Türke raus«, soll gehen schnell nach Haus. Wer macht die Drecksarbeit in dieser neuen Zeit? Deutschmann muss selber machen, Türke tot sich lachen. Deutsche Lande, schöne Lande, viel Geld in Hand. Deutsche Land schöne Land für Mann, deutsche Mann, Opel-Ochs am Band.*

Zwar liegen die Sympathien von Nur so bei den türkischen Arbeitern, dennoch würde man der Band heute vermutlich nicht mehr durchgehen lassen, dass sie als Deutsche das leicht gebrochene Hessisch der türkischen Opel-Arbeiter imitieren und auch sie nicht von ihrem Spott ausnehmen. Ähnlich verhält es sich bei »Achmed kommt und geht«, einem Lied, das der bayerische Satiriker Gerhard Polt schon 1980 schrieb. Aus der Perspektive Achmeds wird erzählt, dass seinem Chef die Sozialabgaben zu teuer werden und dieser seinen türkischen Arbeiter nun loswerden will: *Achmed muss nach Hause. Weil Chef sein nicht mehr sosyal.* Das Ende vom Lied: Achmed darf doch bleiben, nachdem er das Angebot seines Chefs angenommen hat und zukünftig schwarz arbeitet.

Gerhard Polt beschrieb nüchtern die ökonomische Lage:

Sogenannte »Arbeitgeber« nutzten in der Bundesrepublik die angespannte Lage, um ihre nichtdeutschen Arbeiter zu erpressen. Der Witz seines Lieds besteht darin, so zu tun, als seien die türkischen Arbeiterinnen und Arbeiter auch noch dankbar dafür, überhaupt in Deutschland arbeiten zu dürfen. Die Band Nur so argumentiert dagegen wie wohlmeinende Linke, die glauben, den Leuten erklären zu müssen, dass sie nach der von ihnen gewünschten »Rückführung« der Gastarbeiter wieder selbst die Drecksarbeit erledigen müssten, als wüssten diese das nicht selbst.

Wolfgang Pohrt hat auf dieses Missverständnis mit einer Analyse geantwortet, die weiterhin aktuell bleibt: »So dumm, wie die Deutschen in der Ausländerdebatte argumentieren, kann niemand sein, ohne handfeste Gründe zu haben, so dumm sein zu wollen. Man hat die Psyche der Deutschen so sorgfältig studiert wie ihre Geschichte, und unter anderem hat man auch eine ›Sündenbock-Theorie‹ erfunden. Sie besagt, dass die Bevölkerung die wirklichen Gründe der Wirtschaftskrise nicht begreifen könne und nun glaube, die Ausländer seien an der Misere schuld.«

In Wahrheit sei es umgekehrt, argumentiert Pohrt. Die Leute wüssten schon, dass es ihnen ohne Ausländer nicht besser, sondern schlechter ginge, weil sie dann selbst ganz unten wären. »Sie wissen genau, dass sie von der Vertreibung der Ausländer nicht den geringsten Nutzen hätten. Nicht die Ausländer sind der Sündenbock für die Wirtschaftskrise, sondern die Wirtschaftskrise ist willkommener Vorwand und Alibi, irgendwelche Minderheiten zu verfolgen. So rennt man, wenn man mit Vernunftgründen gegen die Ausländerhatz polemisiert, nur offene Türen ein. Dass jeder Punkt, von den Arbeitsplätzen bis zur kulturellen Überfremdung, eine faustdicke Lüge ist, wissen die vermeintlich Unwissenden selbst am besten. Diese Leute haben ein Interesse daran, dumm zu sein oder wenigstens so zu erscheinen, weil die Dummheit jene Schlechtigkeit begründet und entschuldigt, zu der sie Lust hätten: die Vertreibung, das Pogrom.«

Die Punks von morgen

Dass die Fremde auch ein Haus sei, hatte Aras Ören in einem fiktiven Brief eines jungen Mädchens namens Emine aus Kreuzberg an den türkischen Generalkonsul geschrieben: »Als ich herkam, war ich fünf Jahre alt. Seit zehn Jahren bin ich hier, meine Brüder sind in Berlin geboren. Wo ist jetzt meine Fremde, wo meine Heimat? Die Fremde meines Vaters ist meine Heimat geworden. Meine Heimat ist die Fremde meines Vaters. Streichen Sie bitte meinen Namen im Pass meines Vaters. Ich möchte meinen eigenen Pass in der Tasche haben.« Von sich selbst sagt Aras Ören, er sei der Erste gewesen, der den Deutschen wie den Gastarbeitern klargemacht habe, dass sie einer Illusion aufsäßen. »Ich habe schon 1972 in einer *Aspekte*-Sendung gesagt, da war von Integration noch keine Rede: ›Ein Fluss kehrt nicht zurück zu seiner Quelle.‹ Ich war der Erste, der entdeckt hat, dass es keine Gastarbeiter sind, sondern dass es eine Einwanderungswelle ist. Denn langsam wurden die Kinder geboren. Die Situation konnte nicht so bleiben: Entweder wir sitzen in diesem Stuhl oder in einem anderen. Die Einwanderer können mit ihrer alten Identität und ihrer mitgebrachten Kultur nichts mehr anfangen. Es muss eine neue Kultur und eine neue Identität entstehen.« Auch Aras Ören glaubt wie die Menschen der 1970er

Jahre, die Zeitungen lesen, an die Macht und Notwendigkeit einer Identität. Wenn die vorhandenen Identitäten nicht zu den Menschen passen, müssen neue erfunden werden.

Ramon Luis, George Nicolaidis und Gabi Delgado-López haben ihre eigene Antwort auf das vermeintliche Identitätsproblem gefunden: Sie werden Punks. Die neueste Jugendkultur versteht Anderssein nicht als Mangel, sondern zelebriert es als coole Geste.

Eine Identität zu haben, bedeutet seit Erikson, sich im Einklang mit den Normen der Gesellschaft oder einzelner Gemeinschaften und Gruppen zu entwickeln. Wer Punk wird, feiert hingegen sein Nicht-identisch-Sein. Punk ist eine antiidentitäre Bewegung, die all jene willkommen heißt, die entweder nicht in der Lage sind oder schlicht keine Lust darauf haben, die bestehenden Identitätsangebote anzunehmen. Punk formuliert seine eigenen Regeln und räumt sich den Weg frei.

Hollow Skai, der in Hannover das Punk-Fanzine *No Fun* herausgibt, zitiert gern aus einem kurzen Text von Walter Benjamin, der den Titel »Der destruktive Charakter« trägt: »Der destruktive Charakter kennt nur eine Parole: Platz schaffen; nur eine Tätigkeit: räumen. Sein Bedürfnis nach frischer Luft und freiem Raum ist stärker als jeder Hass. Der destruktive Charakter ist gar nicht daran interessiert, verstanden zu werden. Bemühungen in dieser Richtung betrachtet er als oberflächlich. Der destruktive Charakter lässt sich missverstehen. Weil er überall einen Weg sieht, hat er auch überall aus dem Weg zu räumen. Der destruktive Charakter lebt nicht aus dem Gefühl, dass das Leben lebenswert sei, sondern dass der Selbstmord die Mühe nicht lohnt.«

Wer Punk wird, erfindet sich neu – in der Negation, in radikaler Distanz zu den Normen einer Gesellschaft.

So verwundert es nicht, dass sich viele Punks der ersten Stunde neue Namen geben. Ramon Luis war mit seinen Eltern in den frühen Siebzigern aus Spanien nach Köln gezogen. Als er mit seinem Kölner Schulkameraden Franz Bielmeier im Frühjahr 1977 das Fanzine *The Ostrich* gründet und die Band Charley's Girls erfindet, geben sich beide neue Namen. Franz Bielmeier nennt sich nun Mary Lou Monroe, kurz Monroe. In seinem neuen Namen trifft sich Marilyn Monroe mit Lou Reed, dem Charley's Girls auch ihren Bandnamen verdanken: »Charley's Girl« heißt ein rätselhaftes Stück auf Lou Reeds Album *Coney Island Baby*. Ramon Luis geistert als Dory Ann Gray durch das Blatt, eine Hommage an Dorian Gray, die berühmte Figur Oscar Wildes, des britischen Bohemians, der wegen seiner Homosexualität ins Zuchthaus geworfen wurde und Zwangsarbeit leisten musste. In ihrem Fanzine arbeiten die beiden jungen Männer am Mythos ihrer Band, lange bevor diese auf einer Bühne steht.

Als Charley's Girls sich anschicken, von einer bloßen Behauptung zu einer wirklich existierenden Band zu werden, präsentieren sich die Bandmitglieder in der vierten Ausgabe von *The Ostrich*, die im Herbst 1977 erscheint, mit Porträts aus dem Fotoautomaten. Allesamt tragen sie englische Frauennamen. Punk zu sein erzeugt offenbar eine eigene Form von Queerness. Unter den Fotos werden die jungen Helden – oder Heldinnen? – in kurzen Listen durch ihre Ausstattung charakterisiert, als seien sie Models in einem Versandkatalog, Comicfiguren oder Barbiepuppen: Sänger Janie J. Jones – so nennt sich Peter Hein nach einem Song vom ersten Album von The Clash – trägt demnach rotes Jackett, weiße

Brille, Rifle Jeans, rotes T-Shirt, weiße Sneakers, Büroklammern. Mit Letzteren verziert Janie gerne seine Jacketts.

Gitarrist Dory Ann Gray bevorzugt dagegen Levi's Jeans, gelbe Sneakers, schwarze Lederjacke, grünes Halsband, gelbe Brille, weißes T-Shirt und EK I. Ein spanischer Junge in Deutschland trägt ein Eisernes Kreuz? Klingt merkwürdig, ist aber in der neuen Jugendbewegung nicht außergewöhnlich. In wohl jeder deutschen Großstadt gibt es inzwischen eine Punkgang, die aber meist nicht aus mehr als ein paar Dutzend Leuten besteht. Bei den jungen Punks sind Eiserne Kreuze beliebte Accessoires. In einem Land voller alter Nazis und ehemaliger Wehrmachtssoldaten sind diese Tapferkeitsauszeichnungen I. und II. Klasse auf jedem Flohmarkt zu bekommen. Ramon Luis fliegt wegen des Tragens eines solchen Kreuzes von seiner Hauptschule in Köln-Deutz.

Drummer Lucy Lawrence Jones ist von der Wrangler-Fraktion. Er trägt zum schwarzen Jackett ein weißes Hemd mit grünem Schlips und einen Ohrring. Ob in Düsseldorf, Zürich, Wien oder Hannover – das am häufigsten getragene Kleidungsstück männlicher Punks ist das Jackett, man trägt auch gern Krawatte, wenn auch betont unordentlich, als Parodie auf den weiterhin gültigen bürgerlichen Dresscode in Büro und Sparkassenfiliale.

Bassist Paul Phoebie Newman raucht Zigaretten der Marke Reval, das tun normalerweise nur alte Männer, und auch er hat sich ein Loch ins Ohr stechen lassen für einen Ohrring, und auch das tun junge deutsche Männer im Jahr 1977 üblicherweise nicht, außer sie sind schwul oder Zimmerleute. Auch Mary Lou Monroe trägt Jackett, präziser ein »graues Freizeit-Jackett« zur Levi's. Dazu »diverse Nadeln«, womit Sicherheitsnadeln gemeint sein dürften.

Werfen wir noch mal die »Kebabträume« auf den Plattenteller. Das Lied wird zur ersten Punkhymne, weil junge Leute den Text sehr gut verstehen – die meisten zumindest. Dass das aber nicht selbstverständlich ist, zeigt sich, als Michael O. R. Kröher und Diedrich Diederichsen im Jahr 1980 einen Vortrag halten. Was dann geschieht, ist in einer offenkundig auf wahren Begebenheiten beruhenden Kurzgeschichte von Kröher mit dem Titel »Das Debakel von Mainz« nachzulesen, die in der 1984 erschienenen, von Peter Glaser herausgegebenen Anthologie *Rawums. Texte zum Thema* zu finden ist. In diesem »Nachtrag zu einem Vortrag«, wie der Untertitel lautet, berichtet Kröher darüber, wie er mit seinem Kollegen Diedrich Diederichsen, beide arbeiten beim Musikmagazin *Sounds*, im Juni 1980 zu einem dreitägigen Festival des Verbands Deutscher Studentenschaften in Mainz reist. Dazu ist es gekommen, weil ein Vertreter des Liberalen Hochschul-Verbands in der Redaktion von *Sounds* angerufen hat: »Zwecks Ausgewogenheit des Programms, das zum damaligen Stand der Planung hauptsächlich aus konventioneller Liedermacherei und Deutschrock bestand, wollte er fragen, ob wir nicht jemand wüssten, der über die neuen Strömungen in der Musik, über radikale Kunstavantgarde und über Aufbruch zu neuen Ufern im Allgemeinen referieren könnte.« Die beiden Neue-Welle-Experten machen sich also auf den Weg nach Mainz. Ihr Vortrag soll allerdings, anders als verabredet, bereits 25 Stunden zuvor stattgefunden haben, wie sie kurz nach ihrer Ankunft am frühen Sonntagnachmittag feststellen müssen.

Es gilt für die beiden Helden also noch einige Hürden zu überwinden, um ihre Mission zu erfüllen. Den beiden Jungintellektuellen gelingt es, ihren Vortrag noch kurz vor Festivalende auf allen Bühnen ankündigen zu lassen. Sein Titel lautet: »New Wave – womit man rechnen muss«. Schließlich finden sich gut dreißig Leute in einem Hörsaal ein, um zu erfahren, womit denn nun zu rechnen sei. Vorher haben Kröher und Diederichsen von einem Mitglied einer ortsansässigen New-Wave-Combo erfahren, dass Deutsch Amerikanische Freundschaft tags zuvor auf dem Festival ausgebuht worden seien. »Die wären beinahe geteert und gefedert worden. Schließlich sei das restliche Programm des Festivals ganz anders, mehr so wie bei ›Künstler für den Frieden‹.« Und so erhebt nach dem Vortrag der beiden New-Wave-Experten auch sogleich ein Student die Stimme und klagt über den reaktionären Charakter dieser Musik: »Einer von den langmähnigen Studniks in bestickter Indienbluse hatte am Tag zuvor die Deutsch Amerikanische Freundschaft gesehen und deren Lied ›Wir sind die Türken von morgen‹ gehört. Er fand das diskriminierend. Ausländerfeindlich. Gabi Delgado, der Sänger der DAF, sei doch selber Ausländer, sagte ich. Der Student reagierte überhaupt nicht. Wie die von der DAF allein schon aussähen, meinte er nur. Dieser Messer-Haarschnitt, die Knobelbecher und die schwarzen Hemden, der blanke Faschismus, fuhr er fort. Ihr sei das alles viel zu technisch, platzte eine Studentin dazwischen, diese ganzen Synthesizer, die Computer, alles programmierbar, elektronisch. Maschinenmusik. Damit wolle sie nichts zu tun haben. Da ginge ihr der Mensch verloren.«

So ähnlich sehen das wohl auch viele andere der »fusselbärtigen Hippies« im Saal, von denen aber immerhin einer behauptet, Punk sei fortschrittlich. Das wiederum bestreitet heftig einer, der mit seiner Kleidung aus der Masse der alternativen Frauen und Männer mit den langen Haaren heraussticht: »Im Unterschied zu deren Weichzeichner-Konturen hatte er ein messerscharfes Profil, trug einen präzisen Astronauten-Stiftenkopf und hatte eine extrem hippe Intellektuellenbrille aus weißem Plastik auf. Sein grünes Lacoste-Hemd saß eng am dürren Brustkasten. Es war der Pyrolator, der Keyboardspieler von Der Plan.«

Mit einem Konzert von Der Plan endet das Festival des Verbands Deutscher Studentenschaften und der Reisebericht der Hamburger New-Wave-Experten. Wie nun bereits zu erwarten war, können die Studentinnen und Studenten auch mit der Synthesizer-Musik von Der Plan und Liedern wie »Da vorne steht 'ne Ampel« wenig anfangen. Die Einzigen, die diese Musik genießen können, sind die Kinder. Eine ganze Kindergang versammelt sich nach und nach vor der Bühne. Das sind die Punks von morgen.

Im SO36 haben derweil die Türken die Macht übernommen. Zu Beginn des neuen Jahrzehnts führen zwei Kreuzberger Türken den Ort, an dem im August 1978 das erste deutsche Punkfestival stattfand. Es heißt nun Merhaba SO36.

ICH SING EIN DEUTSCHES LIED

Io volo con tappeto magico over Germany

Harald inHülsen reist mit dem Zug von Frankfurt am Main nach Limburg. In dem kleinen Ort Niedernhausen steigt er um. In der »Herrenabteilung« des dortigen Bahnhofsklos entdeckt er direkt neben einer Klobrille eine auf die Wand geschriebene Suchanzeige: »Willst du mit mir wichsen? Dann schreibe deine Telefonnummer hier neben. Ich schaue morgen wieder nach.« Direkt darüber steht der Spruch: »Se Wirtschaftswunder beste Punk Gruup von Welt.« Das ist ein Zeichen, das Harald inHülsen zur Kenntnis nimmt, versteht und in seine Reportage einbauen wird, wenn er wieder zuhause ist. Denn in Limburg an der Lahn ist er mit eben dieser »Punk Gruup« verabredet. Als er dort ankommt, wird er von vier jungen Männern, die sich den Namen The Wirtschaftswunder gegeben haben, am Bahnhof abgeholt. Das Erste, was dem Journalisten auffällt, ist: Bis auf Jürgen Beuth, das ist der Schlagzeuger, sind alle frisch rasiert. Dann begibt er sich mit der Band in die Gaststätte Schwarzer Herzog, ein »gutbürgerliches Esslokal«. Denn die Eisdielen der Stadt sind entweder zu voll oder zu laut. InHülsen notiert: »Drei Wirtschaftswunder bestellen sich Zwiebelsuppe und Schweineschnitzel. Das Gespräch kann beginnen.«

Warum fährt der Journalist des *Musikexpress* in die Provinz, um diese Band zu interviewen? Und warum will er sich mit ihr in einer Eisdiele treffen? Antwort eins: The Wirtschaftswunder sind vielleicht nicht »beste Punk Gruup von Welt«, aber eine der besten und originellsten Bands, die zu dieser Zeit unter der Genrebezeichnung Neue Deutsche Welle zu hören sind. Gerade hat das Wirtschaftswunder aus der »mitteldeutschen Kleinstadt« seine zweite, selbstbetitelte LP bei der großen Plattenfirma Polydor veröffentlicht. Im Stil der Zeit zeigt das Cover des Albums ein Schwarzweißfoto der vier Bandmitglieder, die allesamt Hemden tragen und expressionistisch und auch sehr androgyn geschminkt sind. Eines der ersten Statements, das inHülsen im Schwarzen Herzog aufs Band gesprochen bekommt, stammt von Sänger Angelo Galizia, der sagt: »Neue Deutsche Welle, das ist für mich schon längst vorbei.«

Doch warum sollte es zum Interview ursprünglich in eine Eisdiele gehen? Zum einen gibt es in kleinen und mittelgroßen Städten in der Bundesrepublik Anfang der 1980er Jahre nur drei Orte, an denen man sich nachmittags zusammensetzen, reden und trinken kann: Restaurants, Kneipen und Eisdielen. Zum anderen heißt eins der Stücke auf dem Debütalbum der vier jungen Männer »Eis«.

Zwei Jahre vor Harald inHülsens Besuch, als in Westdeutschland, in der DDR, in der Schweiz und in Österreich junge Leute Punk als Ausdrucksmittel für sich entdeckten, Bands gründeten und Musik mit deutschen Texten zu spielen begannen, hatte die Limburger Band im Vierspurstudio im Keller des Gitarristen Tom Dokoupil, der noch bei seinen Eltern wohnte, ihr erstes Album aufgenommen. Der Titel des Albums, *Salmobray,* geht auf ein Missverständnis zurück. Seine Bandkollegen hatten Angelos Vorschlag nicht verstanden: »Ich habe mich von dem großen König von Israel, Salomo, inspirieren lassen. So entstand der Titel unserer LP, *Pregate Salomo*«, erzählt Angelo heute. Er hatte den Vorschlag nicht auf Italienisch gemacht, sondern auf Englisch, und aus »Salomo's Prayer« wurde *Salmobray*.

Das Album war – wie die zweite Single der Band, »Der Kommissar« – bei Alfred Hilsbergs Label ZickZack in Hamburg erschienen. Die Single und das Album standen monatelang weit oben in den »Alternative Charts« des Musikmagazins *Sounds*. Die Limburger waren Stars der Neuen Welle, bevor sie kommerzialisiert wurde. The Wirtschaftswunder traten in ganz Deutschland auf. Ihre Konzerte waren Ereignisse. Ihr Lied »Eis« handelt davon, dass ein Sohn den Vater bittet, ihm ein Eis zu kaufen: *Papi, ich habe keine Geld.* Zur Auswahl stehen gleich mehrere Eisdielen: *Eissalon Turin, Eissalon Venedig, Eissalon Mailand, Eissalon Napoli, Eissalon Rom.*

Die italienischen Gastarbeiter schenkten den Deutschen Pasta, Pizza und Gelato. Sie brachten den Deutschen auch bei, wie Kaffee schmecken soll und dass man ihn mittels einer Espressomaschine herstellt. Noch bevor es in Deutschland Imbissstuben gab, in denen Kebab am Spieß gedreht wurde und türkische Spione Deutschland unterwanderten, boten Italiener nach alter Handwerkstradition hergestelltes Eis an. Ihre Eissalons benannten sie nach den Städten, aus denen sie kamen – oder die den Deutschen italienisches Flair versprachen. Eiscafés mit Namen Venezia dürfte es in Deutschland viele gegeben haben. Ob aber wirklich welche existierten, die Turin hießen, ist eine andere Frage. Einen besonderen Dreh bekam dieser Text selbstredend durch die Tatsache, dass Angelo Galizia ihn vortrug. Für den Reporter inHülsen ist

Angelo »der Italiener mit dem Fluß-Gesang«. Er spreche »eine eigenwillige Sprach-Montage zwischen italienisch-deutsch und freiem Wortgebrauch«. Angelo lebt, wie inHülsen herausfindet, seit elf Jahren in Limburg.

Angelo war 1971 seinem Vater aus der sizilianischen Stadt Biancavilla nach Limburg gefolgt. »Was meine Familie betrifft, so waren sie ganz normale Menschen. Mein Vater war bereits in den 1960er Jahren in Deutschland. Mein Vater hat mich dann gefragt, willst du mal nach Deutschland kommen? Ich habe gesagt, ja. Ich war 17, fast 18 Jahre alt. Ich war jung und neugierig. Deutschland war für mich die Wiege des Wirtschaftswunders«, erzählt Angelo.

»Angelos Familie gehörte zur ersten Gastarbeitergeneration, die in Limburg in der Altstadt gewohnt haben. Damals waren die Häuser in der Altstadt noch nicht saniert. Sie hatten keine richtigen Toiletten, das waren harte Bedingungen«, sagt der Keyboarder der Band, Mark Pfurtscheller. Viele der Italienerinnen und Italiener, die in der Limburger Altstadt wohnen, stammen wie Angelo und sein Vater aus Biancavilla. Die Situation der Gastarbeiter hat die Band in »Heimweh«, dem letzten, sehr langsamen und dramatischen Stück von *Salmobray*, auf knappe Weise so charakterisiert: *Ich komm von Süd und such mein Glück. Heimweh, Heimweh. Bei euch in Nord. Oh wie kalt. Bei euch in Nord. Heimweh, Heimweh. Biancavilla I come back.* Das ist der gesamte Text, damit ist das Wesentliche gesagt.

Auf ihrer zweiten Single haben The Wirtschaftswunder einen Ausländer auftreten lassen. Über der Titelmelodie der damals beliebten Fernsehserie *Der Kommissar* ist ein Dialog aus einer Episode zu hören. Die Fragen des Kommissars, gespielt von Erik Ode, sind im Original zu hören, doch die Antworten des Verdächtigen, Dr. Tucher, wurden durch Antworten von Angelo Galizia ersetzt. Das macht einen Unterschied ums Ganze. Plötzlich war nicht mehr ein privilegierter deutscher Doktor des Mordes verdächtig, wie so oft in deutschen Krimis, die gern in Villenvierteln spielten, sondern ein nicht besonders gut Deutsch sprechender Ausländer. Wer wollte, konnte aus dieser musikalischen Klamotte schon damals einen Verweis auf Racial Profiling durch deutsche Polizisten herauslesen. Kommissar Keller: *Hat sie immer lange Kleider getragen?* Angelo Galizia: *Ja, sie war doch eine Hippiemädchen.* Kommissar Keller: *Hatten Sie einen Streit, gestern Abend?* Angelo Galizia: *Ja, wir haben uns gestritten wie die Verrückt. Aber ich konnte nichts dafür. Sie ist mir weggelaufen, aber ich habe nicht totgemacht!* Auf die Frage, ob er selbst als »Ausländer« in Deutschland Probleme hatte oder ob er sich gut aufgenommen fühlte, antwortet Angelo heute: »Ich wurde vom deutschen Volk akzeptiert. Sie mochten mich.«

Auf ihrem zweiten Album widmen The Wirtschaftswunder den Gastarbeitern in Deutschland ein Lied. Es heißt »Tappeto Magico«, fliegender Teppich. Der Text besteht aus einer einzigen Zeile: *Io volo con tappeto magico over Germany.* Mark, der das Stück geschrieben hat, meint heute: »Die Idee mit dem fliegenden Teppich ist ein schönes Bild für die Sogwirkung von Deutschland in einer Zeit hoher Arbeitslosigkeit. Das war schon damals klar, es gibt die Festung Europa, und die Mauern werden immer höher. Man kommt nur noch mit dem fliegenden Teppich hier rein. Ich hab eine arabisierte Klarinette gespielt, Angelo die entsprechende Melodie gesungen. Er hat meinen Text übersetzt und ergänzt.« Angelo sagt: »Ich habe ein bisschen orientalisch gesungen. Wir haben das für die Ausländer gemacht, die Türken.«

The Wirtschaftswunder verstehen sich selbst als internationale Band, weil drei der vier Bandmitglieder nicht aus Deutschland kommen. »International« klingt kosmopolitisch, weltläufig, mondän, und es ist ein Wort, das man in Deutschland damals auch im Zusammenhang mit dem Schlager oft hört. Dabei handelt es sich bei dieser Gruppe doch um eine ehemalige Schülerband aus der Provinz, die noch kurz vorher Crypton hieß und Jazzrock spielte. »Wir haben uns damals als internationale Band gesehen, aber eigentlich hätten wir sagen müssen: Wir sind eine Migrantenband«, sagt Mark Pfurtscheller. »Was man heute Migranten nennt, waren damals ›die Ausländer‹. Du konntest hundert Jahre in Deutschland sein, du bist immer der Ausländer.« Ob das auch für ihn selbst gilt, lässt er offen.

»Mein Vater ist Österreicher, meine Mutter stammt aus Schleswig, die Großmutter aus Hamburg. Meine Eltern sind Mitte der 1950er Jahre ausgewandert. Ich bin in Toronto geboren. Meine Eltern waren zehn Jahre in Kanada. Wir sind dann nach Deutschland remigriert, als ich sieben war. Dass wir aus Kanada kamen, sieht man am Fotoalbum. Das ist von einem Tag auf den anderen nicht mehr in Farbe, sondern schwarzweiß. In Deutschland gab es keine Farbfilme in den 1960ern, oder es war zu teuer, ich weiß es nicht.«

Mark wundert sich als junger kanadischer Einwanderer auch, warum im deutschen Fernsehen Serien laufen, die er alle längst gesehen hat. »Ja, stell dir vor, alle Comic-Serien, die hier Jahre später im TV liefen, hab ich als Kind in Toronto gesehen. Dort gab's zig Fernsehkanäle und das Programm ging schon morgens los. Dann kam ich hier an und die Kinderstunde fing um 16 Uhr an. Vorher war Testbild. Bugs Bunny, Paulchen Panther, das kannte ich alles schon. Ich fragte mich, was ist denn hier los, sind die alle dumm? Als Kind dachte ich, die wissen ja gar nix. Das war ein anderer Background. Ich habe mich nicht sehr deutsch gefühlt, als ich hier ankam. Da war alles anders, das war komisch. Merkwürdigerweise hat sich das als Kind und Jugendlicher auch im Freundeskreis gezeigt, dass ich gut mit ›Zugezogenen‹ zurechtkam und mich mit ihnen anfreundete. Das ist hier eine Kleinstadt und meine Eltern haben im Neubaugebiet ›Schläfer‹ gebaut. Entstanden nach dem Krieg mit der Heimkehrersiedlung. Dort haben dann vor allem Bundeswehrangehörige, ›Heimkehrer‹ und neu Zugezogene gewohnt. Wir waren die ›Schläferkinder‹ und nicht wie selbstverständlich integriert.«

Angelo Galizia stammt aus Sizilien, Mark Pfurtscheller ist Kanadier und Tom Dokoupils Eltern sind während des Prager Frühlings 1968 mit ihren Kindern aus der sozialistischen Tschechoslowakei nach Deutschland geflohen. Er ist staatenlos. Nur der Schlagzeuger der Band, Jürgen Beuth, hat eine ungebrochen deutsche Biographie.

Angelo arbeitet als Achtzehnjähriger zuerst in der Blechwarenfabrik Limburg, die heute noch existiert. »Dann hab ich dort keinen Bock mehr gehabt, hab mich kündigen lassen und bin in eine andere Fabrik gegangen. Aber abends wollte ich immer in die Disco gehen«, erzählt er. »Damals hat mir Soul gefallen. Ich habe viele schwarze Leute aus der U.S. Army kennengelernt, die aus Wiesbaden gekommen sind. Wir tanzten zu James Brown und den Temptations. In der Disco Zoom habe ich dann Mark kennengelernt.«

»Das Zoom war eine New-Wave-Punk-Disco, zu der alle Punks von Kassel, Frankfurt, Wiesbaden, Koblenz kamen – zufällig in unserer Stadt, aus der wir kamen«, sagt Mark. Gemeint ist das rheinland-pfälzische Städtchen Diez, das direkt ans hessische Limburg grenzt. Der Betreiber des Zoom, der sich für die neue Musik begeistert, ist dort sein eigener DJ. Seine Musikauswahl beeinflusst eine ganze Generation in Limburg und der weiteren Umgebung. Neben The Wirtschaftswunder entstehen einige andere Bands in Diez und Limburg. Am bekanntesten werden Die Radierer und Korpus Kristi.

Das Zoom nimmt eine abgebrochene Tradition auf. In den 1970ern treten wichtige Krautrockbands wie Grobschnitt, Guru Guru oder Birth Control und der deutsche Popstar Udo Lindenberg im Limburger Georgshof auf. Das geht so lange, bis in der Innenstadt ein Karstadt gebaut und der alte Georgshof dafür kurzerhand abgerissen wird. Ein typischer Vorgang in den siebziger Jahren des vergangenen Jahrhunderts. Bauliche Strukturen, die bis ins Mittelalter zurückreichen, müssen modernen Kaufhäusern weichen.

1978 berichtet der *Spiegel* über Punk. Mark Pfurtscheller liest den Artikel. Wie viele Punks der ersten Generation hat er vorher schon Lou Reed und Patti Smith gehört. »Ich habe dann versucht, alles zu bekommen, was man hier kriegen kann. Punk ist nicht im Radio gelaufen und auch in den Plattenläden war es erst schwierig. Ich glaube, das ging erst 1979 los, dass man hier diese Platten kaufen konnte.«

Mark und seine Kollegen haben allerdings eine Quelle, die Punk aus erster Hand erlebt hat; Toms älterer Bruder, Jiri Georg Dokoupil, Maler bei der Gruppe Mülheimer Freiheit, die sich zu den Neuen Wilden zählt, war 1978 für längere Zeit in New York. Danach erzählt auch er seinem Bruder und dessen Freunden von der neuen Musik. Er arbeitet mit am Konzept der Band und gestaltet das Cover des ersten Albums, das in erster Auflage noch per Siebdruck hergestellt wird.

»The Wirtschaftswunder ist entstanden, als wir mit 14, 15 eine Band als Schüler hatten. Tom war eine Klasse unter mir, Jürgen war in Limburg auf der Schule«, erzählt Mark. »1978 hab ich mir meine erste Sicherheitsnadel durchs Ohr gesteckt, quasi berauscht von alldem. Da fing Punk an. Das wilde Andere. Da habe ich für mich gemerkt, dass die Musik, die wir bis dahin gemacht haben, nicht das ist, was wir sind. Wir waren eher brav, wobei brav das falsche Wort ist, die Musik war auch schon wild, aber das war eher Musik-Musik. Jazzrock. Das war vielleicht nicht verkehrt für die Musik, die wir später mit The Wirtschaftswunder gemacht haben, weil wir dadurch ein gewisses solides Handwerk an Instrumentenbeherrschung hatten. Es fiel uns dann leichter, schrägen Krach zu machen, wo wir später hinwollten.«

Bald nachdem sich Mark und Angelo beim Tanzen im Zoom getroffen haben, kommt Angelo, der ein paar Jahre älter ist als die anderen, zu einer Probe der Band. Danach ist er der neue Sänger. »Ich wollte schon immer auf der Bühne stehen. Ich wollte singen, was Neues herausbringen«, sagt er.

The Wirtschaftswunder schneiden sich die Haare kurz und kaufen Secondhand-Anzüge. Sie komponieren Popsongs mit mitreißenden Melodien, denen sie experimentelle Stücke voller Dissonanzen und schräger Harmonien folgen lassen.

»Man kann ein einzelnes Stück deswegen auch nicht unbedingt für sich nehmen«, erklärt Mark. »›Le Rose‹ etwa ist zwar ein Liebeslied, aber es kam immer nach ›Stop talking!‹ oder einem ähnlichen Stück. Sodass die Leute erst still stehen, dann können sie wieder zappeln, dann wieder nachdenken. Es ging darum, das Puristische, Minimalistische zum Vorschein zu bringen. Lieber eine Stunde Vollgas, als zwei Stunden irgendwie rumzubringen.«

In der Tradition von Punk, die besagt, dass das Nötigste nicht nur ausreicht, um eine Idee zu formulieren, sondern eine Idee umso deutlicher präsentiert werden kann, wenn auf jede überflüssige Note verzichtet wird, sind manche Stücke der Band nur ein bis zwei Minuten lang. Sie haben in der Dramaturgie eines Albums oder eines Konzerts eine Funktion: »Das waren ›Brecher‹ oder ›Trenner‹«, sagt Mark. »Auf dem zweiten Album gibt es eine Schnulze, ›Mach dir das Leben so schön‹, das war auch so ein Brecher, um den Schalter umzulegen, um Tabula rasa zu machen.«

Die vier jungen Männer schreiben eingängige Refrains zum sofortigen Mitsingen, verwirren ihre Zuhörer jedoch einen Moment später mit eher rätselhaften, manchmal dadaistischen Texten. Oft lässt sich nicht so recht sagen, was ironisch gemeint ist und was ganz naiv eine Szene beschreibt oder ein Gefühl wiedergibt: *Die Sonne scheint. Die Leute sind alle wach. Die gehen schon alle einkaufen. Ich weiß nicht warum, aber! Die Leute sind interessant. Wir sind die besten Leute, oh Leute, was in Welt es gibt. Wir sind wie der Sonnenschein.*

The Wirtschaftswunder blicken auch verwundert und entfremdet auf die deutsche Ordnung einerseits und das zunehmend medial, über Fernsehen und Werbung vermittelte Gesellschaftstheater: *Geldschein, Sonnenschein. Parkschein, Totenschein. Jagdschein, Krankenschein. Gutschein, Heiligenschein. Heutzutag is alles nur Schein. Am liebsten wär ich scheintot.*

Und sie singen über das Tanzen: *Komm, Mädel, tanz mit mir.* Denn das machen sie ja selbst häufig. »Wir waren jeden Tag tanzen«, sagt Mark. »Das war auch ein Aspekt von The Wirtschaftswunder, dass es zwar schräg sein sollte, aber jedes dritte, vierte Lied sollte zum Tanzen sein.« Sieht man sich alte Filmaufnahmen ihrer Auftritte an, zeigt sich, dass Mark Pfurtscheller mit dem Keyboard, Angelo Galizia mit dem Mikro und Tom Dokoupil mit seiner Gitarre tanzt. Letzterer fällt vor lauter Energie auch schon mal auf der Bühne hin, als die Band 1982 bei *Bios Bahnhof* im Fernsehen auftritt. Alfred Biolek hat die neue deutsche Musik entdeckt und in diesem Jahr auch Ozan Ata Canani in seine Sendung eingeladen, der mit seiner Band dort »Deutsche Freunde« spielt.

Auf YouTube ist ein Konzert im Messinghof in Kassel dokumentiert, das The Wirtschaftswunder 1980 gaben. Alle tragen Hemd und Krawatte, das ist anfangs ihre Uniform. Angelo Galizia hat einen gutsitzenden Anzug an, der wenige Jahre zuvor noch modern gewesen sein dürfte. Während des Konzerts stülpt er Mark Pfurtscheller eine Plastiktüte über den Kopf, während dieser verschiedene Synthesizer betätigt, wobei ihm hin und wieder Tom Dokoupil zur Hand geht, der ansonsten wie ein Berserker mit seiner Gitarre herumtobt. Ein Konzert von The Wirtschaftswunder ist eine Performance, die durch die ungebändigte Energie dieser jungen Männer vorangetrieben wird. Dokoupil trägt helle Hosen und einen Blouson, der möglicherweise Jürgen Teipel – bei einem anderen Konzert im Jugenzentrum Milb in München-Milbertshofen – zu der Beschreibung inspiriert, die Band habe »wie eine Mischung aus Madness und SED-Politbüro« ausgesehen. Auf dem Weg zur Bühne »frästen« sie sich in Teipels Erinnerung durchs Publikum, »lediglich durch schiere Präsenz, durch ein Selbstbewusstsein, das aber natürlich nicht angeboren war oder wie der heilige Geist über sie gekommen war, sondern weil es ein entsprechendes Konzept gab. Eines der Verstörung, der Andersartigkeit.« Auf der Bühne dann Performance: »Trillerpfeifen, Salutieren, Axtkampf, Metall zerflexen, Leute verunsichern.« So erinnert es Teipel anlässlich der Wiederveröffentlichung von *Salmobray* im Herbst 2021.

In Kassel nimmt Angelo Galizia bei dem Stück »Metall«, zu dem ihn seine Zeit in der Blechwarenfabrik inspiriert hat, eine Flex in die Hand, geht aber dann zu zögerlich vor, weil er zu sehr auf seinen Gesang konzentriert ist. Tom Dokoupil wird ungeduldig und nimmt seinem Sänger das Gerät aus der Hand. Dann malträtiert er mit der Flex eine Metallsäule und lässt die Funken ins Publikum fliegen, das aus jungen Freaks und einigen Punks besteht, die hin- und hergerissen zu sein scheinen, wie sie das alles finden sollen. Angelo Galizia tanzt und singt dazu: *Ich liebe Metall. Es ist so hart. So hart wie Stahl. So hart wie ich.* Währenddessen Jürgen Beuth stoisch und präzise sein Schlagzeug spielt und dann doch lächeln muss. Dass ein junger italienischer Gastarbeiter in einem schicken Anzug Anspielungen auf Adolf Hitlers Forderung macht, die deutsche Jugend solle hart wie Kruppstahl sein, und sich selbst als hart wie Metall bezeichnet, ist eine Ironie, die den Anwesenden vielleicht nicht entgangen ist. Am Ende ihres Konzerts haben The Wirtschaftswunder noch einen Imperativ für die Kasseler Jugend parat: *Stop talking! Stop talking! Stop talking! Stop talking!*

Die Neue Jugend lebt in allen Städten

Jürgen Engler hört durch seinen Vater vom Punk. Er spielt schon in einer Band, aber Mitte der 1970er Jahre hört Engler noch die Kinks, die frühen Who und Stones, »das harte Programm. Das waren die Einflüsse, aber das haben wir viel schneller interpretiert. Wir haben sogar eine Version von ›Satisfaction‹ gespielt, aber die war fünfmal so schnell wie das Original.« Das Bedürfnis nach Härte und Schnelligkeit ist schon da, es fehlt nur der Funke, der die Lunte zündet und die Explosion verursacht. Jürgen Englers Vater ist gelernter Maschinenschlosser. In amerikanischer Gefangenschaft machte er einen Führerschein für LKW und begann danach, als Fernfahrer zu arbeiten. Nach dem Krieg gab es zuerst nur Schutt wegzufahren, erzählt er seinem Sohn. »Da hat er einen Job gehabt und ist dabeigeblieben«, erinnert sich Jürgen. Die Mutter ist Hausfrau, die Familie lebt in einer Sozialwohnung. »Das war okay, genau das Richtige für die Entwicklung.« An einem Sonntag des Jahres 1976 überreicht Vater Engler seinem Sohn einen Artikel über Punk. »Ich weiß auch nicht, wie er darauf kam, er hat das morgens in der Zeitung gelesen und meinte: ›Is dat nix für dich?‹ Und hat mir das rübergegeben. Da stand ›Punk Rock ist Musik aus Londons Gossen‹. Dann habe ich mir das durchgelesen. Es ging über Bands wie The

Damned und The Clash, Sex Pistols. Die Musik konnte man nicht kaufen, aber ich hatte die Namen schon mal gehört. Ich habe gelesen, dass die Musik schneller, harter Rock 'n' Roll ist und die Texte gesellschaftskritisch sind. Ich dachte, hört sich an wie wir! Wir müssen also eine Punkband sein. Wir hatten noch keine Schublade dafür, die gab's damals noch nicht. Irgendwie hab ich gedacht, wir sind eine Punkband, muss wohl so sein. Ich hatte damals schon zerrissene Jeans getragen, das war nicht ungewöhnlich, aber mit der Gesinnungshaltung dahinter war es schon was anderes. Das kam nicht aus dem Hippielager, sondern aus einem anderen Bewusstsein. Es ging um Auflehnung gegen die Gesellschaft. Wir wollten alles anders machen. Wir wollten alles radikal ändern.«

1976 nennen Jürgen Engler und seine Freunde ihre Band Male. Jetzt spielen sie in ihrem Proberaum erste Punksongs, und im März 1977 stehen sie damit zum ersten Mal auf der Bühne. Die anderen Bands, die in der Aula ihres Gymnasiums im Düsseldorfer Stadtteil Bilk auftreten, orientieren sich an den Stars der Ära, Pink Floyd und Genesis. »Damals war die Szene in Deutschland noch ziemlich Hippie«, sagt Engler. Male sind anders.

In der Aula ihres Gymnasiums singen Male noch auf Englisch, ein paar Monate später fangen sie an, deutsche Texte zu schreiben. In einem Interview mit *The Ostrich* sprechen sie jetzt von einer »Neuen Welle«. Male sind eine der ersten Bands in Deutschland, die im Geist von Punk auf Deutsch singen, vielleicht sind sie sogar die erste, wie sie selber nicht müde werden zu behaupten, aber sie sind nicht die Einzigen. In Düsseldorf und Umgebung formieren sich innerhalb kurzer Zeit neue Bands, die ebenfalls auf Deutsch singen, als sei es das Normalste von der Welt. Es dauert zwar eine Weile, bis die ersten Singles, Alben und Kassetten bei unabhängigen Plattenlabels erscheinen, aber währenddessen rollt die Neue Welle weiter und reißt immer mehr junge Leute mit. 1979 erscheint das Male-Album *Zensur & Zensur* bei dem Label Modell Musik des Düsseldorfer Plattenladens Rock-On, die Doppel-Single von Mittagspause bei dem Label Pure Freude, das Carmen Knoebel gegründet hat, und Anfang 1980 das erste Album von S.Y.P.H. aus Solingen, ebenfalls bei Pure Freude. In anderen Städten sieht es ähnlich aus. Irgendwo findet sich immer eine Kneipe oder eine Disco, in der Punk gespielt wird, und bald eröffnen Plattenläden, die ein Sortiment für die neueste Jugendbewegung führen. In Hamburg heißt der Laden Rip Off, in Berlin Zensor. Burkhardt Seiler alias Der Zensor beschriftet eines Tages eine Kiste mit der neuen Musik mit der Bezeichnung »Neue Deutsche Welle«, und ungefähr zur selben Zeit popularisiert Alfred Hilsberg eben diesen Begriff in seinen Artikeln über die neue Bewegung für das in Hamburg erscheinende Musikmagazin *Sounds*. Auch Jürgen Kramer hat das Schlagwort von der Neuen Welle in seinem Fanzine *Die 80er* verwendet.

Es gibt banale Gründe dafür, auf Deutsch zu singen. Punk legt nahe, Texte über den eigenen Alltag zu schreiben und über die Stadt, in der man lebt. »Sie sind genau die Art von Literatur, die die Kids wollen«, schreibt Rosa, Autor und Mitherausgeber der *Gegendarstellung* aus Hannover, über die neuen Fanzines, die noch schneller entstehen als die ersten Bands. »Ihr eigenes Leben, gedruckt auf Papier, man kann es kaufen. Erkenntnisse aus einem Zusammenstoß mit einem Proleten werden den Leuten mitgeteilt, von denen man meint, sie müssten es wissen, und auch, was auf der letzten

Party am Rande geredet wurde.« Es sind »Alltags-Stories«, die in den Zines veröffentlicht werden und laut Rosa von dem handeln, »was wirklich passiert«.

Auch die Lieder der neuen Bands handeln davon, was wirklich passiert, und es erscheint ihnen als selbstverständlich, dass das, was in den Medien verhandelt wird, insofern ebenfalls wirklich passiert, als darüber geredet wird. Oder anders gesagt: Die Medien werden als Teil der Wirklichkeit betrachtet, was gerade nicht heißt, dass man alles glaubt, was in der Zeitung steht. Eine beliebte Methode der frühen deutschen Punklyriker besteht darin, Schlagzeilen aus Boulevardzeitungen zu verwenden – oder Slogans zu erfinden, die so klingen, als könnten sie auch in der *Bild* stehen. Warum sollte man das aus seiner Alltagssprache ins Englische übersetzen? Selbst wenn man wollte, stellt sich die Frage, ob man es könnte.

Es liegt zwar nahe, die Texte zur eigenen Musik in der Sprache zu schreiben, die man spricht, aber selbstverständlich ist es nicht. »Wir meinten mit ›Neue Welle‹, dass wir was Neues gemacht haben«, sagt Jürgen Engler. »Das war Neuland. Niemand hat damals so plakative Texte geschrieben, kurz, knapp, prägnant, ironisch. Das waren sloganhaft kurz gefasste Texte, die auf den Punkt waren, aber auch Interpretationen offen ließen und nicht einfach nur Geschichten erzählten, wie Udo Lindenberg das machte. Lindenbergs ›Malocher aus dem Ruhrgebiet‹ ist eine coole Nummer. Aber wir haben keine Geschichten erzählt.« Die Neue Welle heißt so, weil die Kombination aus zeitgemäßer Popmusik und sloganhaften Texten, in denen sich Alltag und medial vermittelte Realität miteinander mischen, neu ist. In ihren Liedern werden weder Geschichten auf die Lindenberg'sche Art erzählt, noch wird in ihnen die Liebe besungen wie im Schlager. Sie blicken aber auch nicht im Stil von Liedermachern sozialkritisch auf »die Gesellschaft«, was nicht heißt, dass sich diese Perspektive und der dazugehörige Jargon nicht auch in manchen deutschen Punksongs finden würde. Ist das der Fall, kann man darauf wetten, dass diese Punks zur Uni gehen.

Kiev Stingl ist eigentlich zu alt, um Punk zu sein. Er wurde 1943 geboren. Aber er kann für sich in Anspruch nehmen, Lyrik zu schreiben, die es nicht nur mit den Texten der Neuen Welle aufnehmen kann, sondern einige ihrer Motive vorwegnimmt. Kiev Stingl hat 1975 bei Achim Reichels Label Ahorn sein erstes Album *Teuflisch* veröffentlicht, dessen Texte noch von Stingls Liebe zu Arthur Rimbaud und Rolf Dieter Brinkmann durchdrungen sind. 1979 erscheint sein zweites Album *Hart wie Mozart*, Stingls neue Lyrics sind nun auf der Höhe der Zeit. Sie setzen sich aus präzise formulierten Zeilen weniger zu Geschichten als zu starken assoziativen Bildern zusammen. Wie beim ersten Album geht es auf *Hart wie Mozart* um Sex und Außenseiter, jetzt aber auch um Medien und Reklame, um Popikonen und ein Lebensgefühl, das von Punk und New Wave beeinflusst ist. Das Cover des Albums zeigt ein dem *Spiegel* nachempfundenes Magazin, dessen Titel *Kiev Stingl* in der Type des *Spiegel*-Logos gesetzt ist. Die Justiziare des *Spiegel* begreifen nicht, dass dem Magazin damit ein Denkmal gesetzt wird. Die Plattenfirma wird verklagt. Das Album muss mit einem neuen Cover versehen werden.

In Stingls Popdeutsch sind englische Vokabeln und Formeln ganz selbstverständlich integriert. Stingl ist der erste auf Deutsch singende Künstler, der sich dem Modernsein widmet, wobei unklar bleibt, ob es sich dabei um ein Bekenntnis, eine im Modus der Ironie vorgetragene Kritik oder beides zugleich handelt. In »Wir sind modern« geht der Dichter auf aktuelle Ereignisse wie die Affäre um den Sex-Pistols-Bassisten Sid Vicious ein, der im New Yorker Chelsea Hotel im Drogenrausch seine Freundin und große Liebe Nancy Spungen erstochen hat: *Moderne Wünsche, die meinen dich. Wir lieben Neon, das kühle Licht. Romantische Stimmen träumen uns nicht. Männliche Liebe, weiblich modern. Ich seh dich, treff dich, ich bin dir fern. Ich wünsch dich nicht anders. Ich wünsch dich modern. Sid Vicious mit Messer, modern. Telefon-Sex, modern. Tote Monroe, modern. Made in Make-up, modern. Lila Nina, modern. Wir sind modern.*

Als Alfred Hilsberg 1979 in Hamburg das Festival »Into the Future« organisiert, spielt dort auch Kiev Stingl, der somit als Pate des Punks offiziell anerkannt wird. Als Stingl ein Jahr später auf Tour geht, liegen ihm die Punks nicht nur metaphorisch zu Füßen, weil der »Provokateur«, wie ihn der *Spiegel* nennt, sie dazu auffordert: »Kniet nieder!« Stingl hat sich seine Verehrung durch die Punks erarbeitet. Er liebt es zu provozieren und er hasst das Establishment. Er bleibt aber auch unter den Punks ein Außenseiter. »Einige behaupten, ich sei meiner Zeit voraus gewesen, ich habe eher den Eindruck, ich war jenseits der Zeit. Natürlich hat die Zeit Spuren hinterlassen, aber im Grunde bin ich in meinem Leben wie ein Solitär durch eine Wüste gegangen«, hat er später gesagt.

Den neuen Trend zum deutsch Singen treiben Bands wie Male und Mittagspause voran. Ein Konzert reicht, und schon ist wieder jemand von der Idee beseelt, dass er oder sie das auch kann.

Fred Hüttig fährt Ende 1978 von Frankfurt zum Weihnachtsfestival nach Düsseldorf. »Mittagspause haben dort mit Male, S.Y.P.H. und Croox gespielt. Der Laden, in dem das Festival war, hieß Dreieckstuben, der war irgendwo in der Innenstadt. War größer als der Ratinger Hof, und es war gut voll. Damals stand Gabi Delgado-López als zweiter Sänger auf der Bühne. Er hatte einen Overall mit vielen Reißverschlüssen an, ist auf der Bühne rumgesprungen und hat Background gesungen. Ich kannte ihn schon vom Namen her, weil er für *The Ostrich* geschrieben hat, seine Artikel waren mir aufgefallen.«

Als Fred Hüttig vom Düsseldorfer Weihnachtsfestival zurückkehrt, hat er gelernt, dass die Düsseldorfer Ende 1978 modisch weiter als die Frankfurter sind: »Mein Kumpel noch mit Hundehalsband, Peter Hein schon mit Anzug und ein paar Badges dran. Du bist damals auf den Flohmarkt gegangen, hast dir ein Jackett gekauft und das dann entsprechend behandelt, dass es punkmäßig aussah, etwa Reißverschlüsse drangenäht oder eine Menge Badges drangehangen. Ich hab alte Jacketts von meinem Vater übernommen und hinten was draufgesprüht: ›Another Subculture going bad‹ oder ›No fun‹. Das war alles do it yourself. Ich hab auch T-Shirts selber bemalt. Cover von Punkplatten mit Edding nachgemalt. Du konntest dir anfangs nichts kaufen. Es gab in Frankfurt Fiorucci. Sie haben dort irgendwann Designklamotten von der King's Road verkauft, die waren teuer. Da hab ich mir einmal eine PVC-Hose gekauft und eine Sonnenbrille. Ende 78, Anfang 79 kamen die Wochenendpunks mit dreißig, vierzig Sicherheitsnadeln an der Jacke daher. Da wollte ich mich dann abgrenzen. Ich hab also immer Jacketts getragen, manchmal auch Anzughosen dazu, und die Haare waren kurz. Bei Konzerten manchmal Hut – rude boy style – oder Fliegerjacke, das war der Vorläufer der Bomberjacke. Die originalen Skinheads haben schwarze Musik gehört.«

Entscheidender als die stilistischen Neuerungen, die er aus Düsseldorf mitnimmt, ist für Fred Hüttig aber die Erkenntnis, dass man Punksongs auch auf Deutsch texten kann: »Vorher hab ich versucht, englische Texte zu schreiben, aber mein Englisch war nicht besonders gut. Als ich vom Weihnachtsfestival aus Düsseldorf zurückgekommen bin, hatte mich das so beeindruckt, dass Male, Mittagspause und S.Y.P.H auf Deutsch gesungen haben, dass ich sofort angefangen habe, auf Deutsch zu texten.«

Kurz zuvor hatte Fred Hüttig eine Band namens Loikoplast gegründet. »Danach ging's über in eine andere Band, das war TBC«, erzählt er. »Aber da waren wir auch nicht zufrieden, weil die Leute konnten nicht richtig spielen.« Auch Musti Üngör war unglücklich mit seiner Band Scrap. »Eines Tages haben wir Musti einen Song von uns vorgespielt mit deutschem Text«, sagt Fred. »Das hat ihm gefallen und dann kam es zu einer Zusammenkunft von zwei Bands.« Die neue Band nennen sie Bildstörung. »Musti hat die Musik geschrieben, ich die Texte. Der hat Songs aus dem Ärmel geschüttelt. Er konnte nur Rhythmusgitarre, aber das hat absolut ausgereicht.«

Fred schreibt jetzt deutsche Texte, die von Filmen, Comics und vom Leben in der Gegenwart inspiriert sind. Die bekanntesten Songs von Bildstörung sind »Frankfurt Babylon« und »Retortenkinder«. In »Frankfurt Babylon« besingen Bildstörung die eigene Stadt. »Babylon« verweist auf die biblische Geschichte der nach Babylon verschleppten Israeliten, mit denen sich die Nachkommen von aus Afrika verschleppten Sklaven in Jamaika identifizieren. Die Hure Babylon ist in der Religion der jamaikanischen Rastafari – und also auch im Reggae – das Codewort für das kapitalistische und rassistische System der Unterdrückung. »Frankfurt Babylon« ist eine Hommage an den Reggae, und Frankfurt erscheint wie ein modernes Babylon. Das Leben in der Stadt wird trotz aller Entfremdung gefeiert: *Die Stadt ist voll Asphalt. Sie macht vor keinem Halt. Abgase verpesten die Luft. Ich liebe diesen Duft.*

In »Retortenkinder« lässt sich Fred von Retortenbaby Louise Brown inspirieren, die eben in Oldham, Greater Manchester, geboren wurde: *Retortenkinder wurden mit künstlichen Samen erschaffen. Die ersten menschlichen Versuchsaffen. Retortenkinder, ihre Hormone wirbeln wie wild. Ein polystyrenes Modell-Bild.* Polystyrene ist das englische Wort für Polystyrol, in Deutschland besser bekannt unter dem Markennamen Styropor. Dass das Wort hier, im Kontext eines in vitro gezeugten Kinds, als Adjektiv erscheint, betont den Umstand, dass es sich um eine künstliche Befruchtung handelt. Es dürfte sich jedoch auch um eine Hommage an Poly Styrene handeln, die Sängerin der britischen Punkband X-Ray Spex.

Retortenkinder sind 1978 keine Fiktion mehr, zugleich stehen sie im Text von Bildstörung metaphorisch für das Leben bundesdeutscher Durchschnittsmenschen, denen Fred Hüttig ein anderes Lied widmet, in dem es heißt: *Wir werden erzogen zum Durchschnittsmensch.* Das, sagt Fred, »fasst im Prinzip meine Erziehung zusammen, was meine Eltern wollten: mich zum Durchschnittsmenschen erziehen. Mein Vater war Berufsschullehrer, meine Mutter war Hausfrau. Sie haben beide den Krieg erlebt. Mein Vater war auf einem U-Boot. Als ich das erste Mal angefangen habe, als Punk rumzulaufen, wollte mich mein Vater nicht aus dem Haus lassen, weil er Angst hatte, dass mich die Nachbarn so sehen. Die konnten das überhaupt nicht verstehen, obwohl es meinen Vater interessiert hat. Dem habe ich immer Aufnahmen und Platten vorgespielt.« Auch »0,0 % Unterschied«, den Titel hat Fred einer Werbeanzeige entnommen, handelt vom vorbestimmten Leben in einer deutschen Mittelklassefamilie: *Mein Leben verläuft in geregelten Bahnen, was dahinter vorgeht, kann keiner ahnen.* Es ist ein Leben, mit dem sich die Neue Jugend, die Fred ebenfalls besingt, nicht identifizieren kann: *Die Neue Jugend lebt überall, in allen Städten.*

Warum ist vorher noch niemand auf die Idee gekommen, *so* auf Deutsch zu singen und dafür einen adäquaten musikalischen Ausdruck zu finden? Viele der neuen Stücke orientieren sich in Klang und Rhythmik am Sound und am Groove der deutschen Sprache. Es gibt immerhin bereits Kraftwerk aus Düsseldorf, die mit ihren Synthesizern eine neue deutsche Heimatmusik produzieren wollen und die deutsche Autobahn besingen: *Wir fahrn, fahrn, fahrn auf der Autobahn.* Wer »Autobahn« beim Autofahren, womöglich auf der Autobahn, hört, erlebt den interessanten Effekt, Musik zu hören, die kommentiert, was man gerade tut. Das Auto ist im Deutschland der 1970er der König unter den Objekten. »Autobahn« ist anders als die meisten Lieder auf Deutsch, die zu dieser Zeit im Radio gespielt werden. Es gibt in ihm weder ein Ich noch ein Du, kein Sie oder Er. Nur die Autobahn, das Autofahren, einen Panoramablick ins weite Tal und den *Glitzerstrahl* der Sonne – und das kollektive Wir der Autodeutschen. »Autobahn« klingt etwas altmodisch, wie ein Kinderlied, das schon sehr lang gesungen wird. Vor allem aber besticht die Einfachheit, die der vieler früher Punktexte in nichts nachsteht. Fünf Zeilen, die kommentarlos vom Fahren auf der Autobahn handeln und das starke, schöne Gefühl der Bewegung in einem schnellen Objekt ausdrücken. Doch da enden die Parallelen auch schon. Die Album-Version von

»Autobahn« ist eine ganze Schallplattenseite lang, die Single-Version dreieinhalb Minuten. Am 12. Mai 1975 wurde das Lied erstmals in den deutschen Charts gelistet, zwei Jahre nach der Ölkrise. Kraftwerk versuchen modern zu klingen, sind aber im Herzen Nostalgiker.

Die zweite wichtige deutsch singende Band der 1970er sind Ton Steine Scherben aus West-Berlin, die der linken Szene als mobiles musikalisches Einsatzkommando dienen. Die Scherben sollten jederzeit und überall ohne Gage auftreten und auch in ihren Texten stets die Revolution im Blick behalten.

»Ton Steine Scherben waren weit vorne«, sagte Gabi Delgado-López vor einigen Jahren bei einem Interviewtermin. »Ich finde ein paar Sätze von ihnen super gut. Vor allem: *Macht kaputt, was euch kaputt macht.* Das ist genau meine Meinung: Macht kaputt, was euch kaputt macht, Kinder. Macht das aber wirklich!« Robert Görl fragte daraufhin Gabi: »Und von wem kam der Spruch *Keine Macht für niemand*? Das geht fast ins Spirituelle: Keine Macht für niemanden.« Gabi antwortete: »Auch von denen. Das ist der zweite Satz. Das war super. Das Schlechte an Ton Steine Scherben waren die deskriptiven Texte. Ich zitiere: *Der Mariannenplatz war blau, so viel Bullen waren da. Und Mensch Meier musste weinen, das war wohl das Tränengas.* Das ist scheiße. Ich will nur zeigen, dass ich die Texte alle noch auswendig kann. Ich kann mir Texte sofort merken. Ringelnatz oder Ton Steine Scherben. Sie waren auch völlig independent. Es war super, dass sie nicht bei der Ariola waren, wenn die sie überhaupt genommen hätten. Auch das Produktdesign war gut. Diese Papphülle mit drei Scheiben drin! Konnte man nur in diesen Autonomenläden kaufen. Damals gab es besetzte Häuser und Häuserkampf. Es gab Läden wie vom Schwarzen Stern Bielefeld, das war eine Krawalltruppe, heute würde man sagen schwarzer Block. Ich war beim Schwarzen Stern Bielefeld und habe mir Ton Steine Scherben, *Keine Macht für niemand*, zusammen mit dem *Handbuch für Hausbesetzer* gekauft. Als Bundle.«

Ein anderer Sänger, mit dem viele Punks der ersten Stunde etwas anfangen können, ist Drafi Deutscher. »Anfang der 80er galt Drafi als Vorläufer der Neuen Deutschen Welle«, schreibt der Musiker, Journalist und Pophistoriker Albrecht Koch in seinem 1987 erschienenen Buch über »20 Jahre deutschsprachige Popmusik«, das den Titel *Angriff auf's Schlaraffenland* trägt. Wenn Mittagspause ein Konzert geben, spielen sie in der Tat gern Deutschers berühmtestes Lied »Marmor, Stein und Eisen bricht«, den Hit des Jahres 1965. Deutscher galt als Schlagersänger, er sang über die Liebe. Aber er tat es auf eine Weise, die Teenager verstanden: *Kann ich einmal nicht bei dir sein. Dam dam. Dam dam. Denk daran, du bist nicht allein. Dam dam. Dam dam. Marmor, Stein und Eisen bricht, aber unsere Liebe nicht. Alles, alles geht vorbei, doch wir sind uns treu.*

Die Musik, die Deutscher mit seiner Band dazu spielte, war Rock 'n' Roll. Auf dem Sound der Gitarre, die einsam die Strophen begleitet, liegt ein Halleffekt. Zwar singt Drafi Deutscher von Treue und macht seiner Geliebten einen Heiratsantrag, aber seine Musik, die zum Refrain des Lieds explodiert, spricht die Sprache der Promiskuität. Wer zu diesem Lied tanzt, performt bereits den Akt, der allen Teenagern im Sinn steht. »Er war der erste deutsche (Schlager-)Sänger, von dem man behaupten konnte, dass er einen Unterleib besitzt, und das stellte ihn in eine Reihe mit den großen Rock 'n' Rollern Chuck Berry und Jerry Lee Lewis, denen ja bekanntlich auch ihre Liebe für minderjährige Teenager zum Verhängnis wurde.« Was ist das Verhängnis, von dem Albrecht Koch hier spricht? »Deutscher wurde wegen ›Verleitung Minderjähriger zur Unzucht‹ verurteilt. Er war von Kindern angeblich nackt am Fenster stehend gesehen worden. Die Springer-Blätter stürzten sich auf das gefundene Fressen und damit war es vorerst aus mit seiner Sängerkarriere.«

Flieger, grüß mir die Sonne

1982 wird im öffentlich-rechtlichen Fernsehen der Bundesrepublik die Sendung *Dreiklangsdimensionen* ausgestrahlt. Untertitel: »Eine deutsche Musikrevue. Teil 1«. Das klingt altmodisch, so hießen bei den Großeltern Musikabende, bei denen verschiedene Interpreten auftraten. Im Vorspann folgen die Namen der Mitwirkenden dieser Musikrevue: »Mit Andreas Dorau, Lorenz Lorenz, Palais Schaumburg, Der Plan, Der Körper und die Seele, DAF.« Der Bayerische Rundfunk hat eine kuriose Mischung aus Stars wie Deutsch Amerikanische Freundschaft und Andreas Dorau, Untergrundhelden wie Palais Schaumburg und dem im Rest der Republik unbekannten Münchner Lokalmatador Lorenz Lorenz zusammengecastet. Dann erscheint ein junger Mann auf dem Schirm. Er trägt eine moderne Frisur, die Haare sind über den Ohren und im Nacken kurzrasiert, oben leicht toupiert. Sein T-Shirt ist schwarz, der Hintergrund ebenfalls, er sitzt wohl an einem Tisch. Wir sehen den jungen Mann von der Seite im Profil.

Dann wendet der junge Mann, es ist der Schauspieler Ian Moorse, der bei der Münchner Neue-Welle-Band Gorilla Aktiv den Synthesizer bedient, was die meisten Teenager vor dem Fernseher wohl nicht wissen, den Kopf nach rechts, blickt in die Kamera und beginnt mit seiner Moderation:

»Deutschland erwacht mal wieder und mit ihm die deutsche Musik.« Gleich mit dem ersten Satz werden die Lehrer, die Sozialarbeiter und die Eltern provoziert, sofern es sich bei ihnen nicht um alte Nazis oder jüngere autoritäre Charaktere handelt, von denen es genügend gibt. Aber auch die alten und jungen Deutschland-Fans dürfen sich auf den Schlips getreten fühlen, weil es eher unwahrscheinlich sein dürfte, dass der junge Mann ernst meint, was er sagt, was wohl bedeutet, dass er sich über sie lustig macht.

»Deutschland erwache!« war eine prominente Parole der NSDAP, derer sich der junge Mann im Fernseher nun, gut fünfzig Jahre später, nonchalant-ironisch bedient. Diesen Slogan hatte der nationalsozialistische Dichter Dietrich Eckart für die erste Strophe seines »Sturmlieds« formuliert, das in der Bundesrepublik Deutschland als Hymne der SA unter anderem wegen seines antisemitischen Inhalts verboten ist.

Vermutlich hat der Drehbuchautor der *Dreiklangsdimensionen*, der Münchner New-Wave-Schriftsteller Richard L. Wagner, dem jungen Mann diese Moderation geschrieben. Und dieser erklärt nun, was es mit dem Erwachen der deutschen Musik auf sich hat: »Was vor drei Jahren in den Kellern und Hinterhöfen von Düsseldorf, Hamburg und Berlin begann, ist heute fast etabliert: die neue deutsche Musik. Moderne Lieder, die guten und die bösen Tänze, die Rückbesinnung auf die Tradition der Dreißiger Jahre.«

Das ist nicht falsch, aber auch nicht ganz richtig. Die neue deutsche Musik und ihre modernen Lieder sind im Juli 1982 nicht nur fast, sondern unbestritten etabliert. Zwischen Sommer 1981 und Sommer 1982 haben sich Alben von Bands wie Fehlfarben, Ideal, Grauzone oder Deutsch Amerikanische Freundschaft (deren Style der Jungmoderator der *Drei-*

klangsdimensionen ganz offenkundig imitiert) so gut verkauft, dass sie die oberen Ränge der Deutschen Charts erklommen haben. Die neuen Bands haben auch schon vor gut vier Jahren in den Kellern und Hinterhöfen von Zürich, Wien, Hannover und München begonnen, auf Deutsch zu singen. Ob sie das taten, um an die »Tradition der Dreißiger« anzuknüpfen, darf bezweifelt werden. Diese Bands hörten Punk aus den USA und dem Vereinigten Königreich und entschieden sich um das Jahr 1978 herum in einem kollektiven Move, fortan auf Deutsch zu singen. Dennoch ist der Bezug auf die Dreißiger Jahre, der hier hergestellt wird, nicht ganz falsch.

Auf der Suche nach Traditionen, an die man anknüpfen kann, werden manche Bands der Neuen Welle in den 1930ern fündig. Extrabreit und Blümchen Blau covern Hans Albers' Hit »Flieger, grüß mir die Sonne«. Wenn die deutschen Extrabreit, sie kommen aus Hagen, und die österreichischen Blümchen Blau, sie kommen aus Wien, das »Fliegerlied« interpretieren, tun sie das auf ironische Weise und können darauf zählen, dass auch ihre jüngeren Zuhörerinnen und Zuhörer das einordnen können. Denn im bundesdeutschen Fernsehen der späten 1970er und frühen 1980er Jahre sind häufig Komödien aus den 1930er und 1940er Jahren zu sehen, die NS-Propagandaminister Goebbels in den Babelsberger Ufa-Studios produzieren ließ, um die Deutschen ein bisschen vom Krieg abzulenken. Wer Anfang der 1980er ein Teenager ist, kennt das Œuevre deutscher Leinwandhelden wie Heinz Rühmann und versteht also auch den Witz der United Balls aus München, wenn die unter Zuhilfenahme beliebter Harmonien der 1930er mit rollendem »R« und einigem *La la la la la* von einem Gänseblümchen singen, das der Erzähler für sein Mädchen pflückt. Denn um ihn herum *ist alles grau, grau, grau – war-*

um, weiß keiner so genau. Die Frankfurter Punkband Bildstörung wiederum hat ein Stück im Programm, das »A Message to You, Heinz Rühmann« heißt und dessen Text aus eben dieser Ankündigung besteht: *A Message to You, Heinz Rühmann.* Diese Zeile ist der gesamte Text.

Hans Albers sang »Flieger, grüß mir die Sonne« in dem im Jahr 1932 gedrehten Ufa-Science-Fiction-Film *F. P.1 antwortet nicht.* Die Musik hatte ein Schüler Arnold Schönbergs komponiert. Den Text dichtete der Wiener Walter Reisch, der 1933 wegen seiner jüdischen Abstammung aus Berlin in seine Heimatstadt zurückkehren musste und dann nach Hollywood ging. Dass die deutsche Poptradition abgebrochen und kaputt ist, wie oft beklagt wird, liegt daran, dass die oftmals jüdischen Komponisten, Texter und Interpreten der modernen Tanz- und Unterhaltungsmusik mit deutschen Texten, die es in den 1920er und 1930er Jahren gab, aus dem Land gejagt wurden. Nun hieß es: Swing tanzen verboten. Der Jazz, diese afroamerikanische Musik, galt den Nazis als »entartet«.

Der Abbruch der Tradition wurde der linken Poptheorie zum entscheidenden Bezugspunkt, wenn es darum ging, die Neue Welle einzuordnen. »Das Beste an bundesdeutscher Popmusik war ihre Sekundarität: ihr Bezugnehmen, Imitieren, Fixiertsein auf angloamerikanische Vorbilder«, schrieb Diedrich Diederichsen im Jahr 1990. Sein Text ist auf dem Innencover der Kompilation *Geräusche für die 90er* abgedruckt. Anlass für diese Veröffentlichung war das zehnjährige Jubiläum von *Geräusche für die 80er*, einer Zusammenstellung neuer deutscher Musik bei Alfred Hilsbergs Label ZickZack.

Wenn Diederichsen hier von bundesdeutscher Popmusik spricht, hat er vor allem die Neue Welle im Auge. Amerikanische Gegenkultur berufe sich auf Formen, die sich »jahrhundertealter Traditionen des Individualanarchismus wie der Arbeiterkultur oder schwarzer Kultur« verdankten, erklärte Diederichsen. Auch britische Popkultur berufe sich auf eine »jahrhundertealte Tradition von Unterhaltung durch Maskerade, von Inversion und Travestie«. Individualanarchismus feiert auch die Neue Welle, und sie bedient sich ebenfalls gern des Mittels der Travestie, wie man an den vielen jungen männlichen Punks in Düsseldorf und Hannover sehen kann, die sich Mädchennamen geben: Monroe, Janie, Dory Ann, Alice Dee, Rosa und Bärbel. Zur jahrhundertealten Tradition in den USA und in Großbritannien gebe es aber keine Entsprechung in Deutschland, schrieb Diederichsen, unter anderem, weil es »keine Kontinuität deutscher Geschichte, deutscher Populärkultur, deutschen Widerstands oder deutschen Dissens anderswo als bei Intellektuellen oder anderen wirkungslos Vergessenen gibt«.

Gleich dem Erinnern ist das individuelle und gesellschaftliche Vergessen Ergebnis einer Aktivität, die man in der psychoanalytischen Theorie als Verdrängung bezeichnet. Wenn »bundesdeutsche Popkultur« unter einer abgebrochenen Tradition leidet, dann auch, weil sich in Deutschland lange niemand für diese Traditionen interessiert hat.

Ich bin ein deklassierter Untermensch

Hans Benenowskis Mutter ist 16 Jahre alt, als er 1911 geboren wird. Seine Geschichte erzählte er später drei jungen Soziologen. Sie erschien 1983, kurz nach seinem Tod, in der Reihe *Erzähltes Leben.*

»Damals war es 'ne Schande, wenn ein Mädel ein Kind kriegt. Und dadurch wurde ich ins Waisenhaus gebracht.« Später kommt er ins Jesuitenkloster in Berlin-Moabit. Er und die anderen Jungen gehen in eine Schule im Viertel. Im Sommer barfuß, im Winter in Holzpantinen. Die Haare kurz geschoren, alle habe das Gleiche an: kurze Hose, Hemd, graue Jacke. Als er älter ist, lernt Hans Benenowski Maler in Michendorf. Geld gibt es keins. Die sechs Lehrlinge dürfen sich freuen, wenn der Lehrherr ihnen mal eine Mark gibt. Dafür verkaufen sie bei der erstbesten Gelegenheit ein Fass Farbe an einen Bauern. Der Diebstahl fliegt auf, es gibt Ärger.

Als Hans Benenowski 1930 nach Berlin zurückkehrt, hat er als Maler nur in der Saison Beschäftigung. Er ist jetzt 19 und bekommt 7,50 Mark Unterstützung pro Woche ausbezahlt. Fünf Mark kostet die Miete, für den Rest kann er sich ein Brot, billiges Wurstschmalz und vier Zigaretten für einen Groschen kaufen. Er wohnt wieder in Moabit, zum Arbeitsamt läuft er zwei Stunden zu Fuß. Es liegt in der Nähe vom Alexanderplatz, in der Rückerstraße.

Eine Szene aus der Rückerstraße erzählt Ernst Haffner in seinem Roman *Jugend auf der Landstraße Berlin*, der 1932 erschienen ist: »Rosenthaler Platz, Mulackstraße, dann in die Rückerstraße. Hinein in die Stammkneipe aller Cliquen rund um den Alexanderplatz, in die Rückerklause.« Wilde Cliquen werden damals die Jugendgangs der Stadt genannt. Um 1930 hat es in einigen deutschen Großstädten Wilde Cliquen gegeben. Soziologen haben ihre Zahl in Berlin damals auf sechshundert geschätzt. Ein ehemaliges Cliquenmitglied meinte später, mehr als vierzig seien es nicht gewesen. Wahrscheinlich liegt die Wahrheit in der Mitte.

»Trotz der frühen Stunde ist die Klause voller Gäste. Sie ist mehr als eine bloße Kneipe. Sie ist eine Art Zuhause für den, der es nicht hat. Lärmende Lautsprechermusik, lärmende Gäste«, schreibt Haffner in seinem Roman. Zu den Gästen der Rückerklause zählen auch arbeitslose Jugendliche, von denen viele auf der Straße leben und sich mit Gelegenheitsarbeiten und Kleinkriminalität über Wasser halten. In den Kneipen um den Alexanderplatz wärmt man sich im Winter mittels Koks (Rum mit einem Stückchen Zucker) und Korn mit'n Punkt (Kümmel mit einem Tropfen Himbeer) auf. »Hinten in einer der Nischen der Rückerklause sitzt ein blutjunger Cliquenbursche auf dem Schoß eines benebelten Freiers«, schreibt Haffner. »Zwei Kameraden des Burschen spazieren vor der Nische auf und ab und rufen ihrem Kumpan ein aufmunterndes ›Zieh, Schimmel, zieh!‹ zu. Zieh deinem Freier die Brieftasche und steck sie uns zu.«

Ernst Haffner scheint die Szenerie, die er beschreibt, genau studiert zu haben. Sein Roman ist voller Beobachtungen, die authentisch wirken. Er kannte sich bestens in der Spandauer Vorstadt aus. In seinem Roman erzählt er die Geschichte der fiktiven Clique *Blutsbrüder*, die vom »Cliquenbullen« Jonny angeführt wird. Er ist 21 und sorgt, so gut es geht, für seine acht Jungs, 16 bis 19 Jahre alt. Wenn Haffner über die Führungsqualitäten seines fiktiven Cliquenbullen sinniert, spricht aus ihm aber womöglich nicht nüchterne Beobachtung, sondern der faschistische Zeitgeist: »Das starke Kinn, die hervorstehenden Backenknochen wirken etwas brutal, zeugen wenigstens von Willenskraft. Seine Rede ist klug und wohlgesetzt, fast dialektfrei, und beweist, dass er jeden in der Clique geistig überragt.« Damit steht er bei Haffner im Gegensatz zu Ulli, der bald ohne Clique dasteht. »Ulli ist kein Führer, wie der Cliquenbursche ihn braucht und haben will. Geistige Überlegenheit besitzt er nicht. Das empfindet jeder Junge in seiner Primitivität instinktiv und fühlt sich zu solcher Führung nicht hingezogen.« Noch ist der Führerstaat nicht da, aber seine Ideologie scheint sich der tendenziell linke Schriftsteller Haffner bereits zu eigen gemacht zu haben.

Als der Roman erschien, schrieb Siegfried Kracauer begeistert, Haffners Schilderungen beruhten spürbar auf eigener Anschauung und brächten »das hier und dort Erlebte auf den Nenner einer Fabel, die uns zwanglos durch das unterirdische Großstadtlabyrinth führt. Ich muss gestehen, dass ich selten Schilderungen des ›Milieus‹ gelesen habe, die so spannend geschrieben sind«.

Der Roman ist tatsächlich fabulös, weil Haffner weder die politischen Zustände der Zeit beschreibt, noch seine Clique als Teil der jugendlichen Subkultur porträtiert, die man damals mit den Cliquen verbunden hat. Die echten Berliner Cliquen gaben sich Namen wie Schwarzflaggen, Modderkrebs, Roter Schwur oder Wald- und Wiesenpenner. Sie trugen Krachlederne und Hosenträger, Seppelhüte oder Mützen. Grün-Weiß war die Farbenkombination, auf die sich alle Cliquen einigten. Es gab Läden, die auf ihre subkulturelle Uniform spezialisiert waren. Man demonstrierte mit ihr Stil, war »sauber angezogen« und »hielt auf Reinheit«, wie Hans Benenowski erzählte. Wenn die Cliquen im Berliner Umland wanderten oder auf Straßen und Plätzen herumhingen, Musik machten und sangen, hatten sie grün-weiße Fahnen mit ihren Emblemen dabei.

In der Gegend ums Arbeitsamt in der Rückerstraße haben sich im Sommer »die jungen Leute dann meistens getroffen und sich gesagt: ›Mensch, scheiß was auf Arbeit, wir fahren heute raus‹«, erzählte Hans Benenowski, der ein Jahr lang selbst zu einer Wilden Clique gehörte, die sich Zigeunerblut nannte. Sie fahren in die Nähe der Pfaueninsel, dort stellen sie ihre Zelte auf. Manche Cliquenmitglieder verbringen den ganzen Sommer da. Man teilt sich alles und kocht gemeinsam. Ins Umland wird meist schwarz gefahren, den Schaffner schiebt die Horde einfach beiseite.

Die meisten der Berliner Cliquen waren proletarisch, sie entstanden in den Arbeitervierteln von Neukölln, Kreuzberg und Moabit, auch wenn der eine oder andere Junge aus besseren Verhältnissen sich vom wilden Appeal der Cliquen angezogen fühlte. Wer Geld hatte, brachte es schnell zum Cliquenbullen, weil er die Freunde unterstützen konnte, die kein Geld hatten und hungerten. »Im Winter kamen die Wilden Cliquen nicht so viel zusammen«, erzählte Benenowski. Wer keine Wohnung hat, döst in den überfüllten Etablissements in der Spandauer Vorstadt vor sich hin. Hans Benenowski und seine Freunde vom Zigeunerblut lassen sich in Bars am Kurfürstendamm von schwulen Männern aushalten. Einmal manipulieren sie einen Wermutautomaten im Automatenrestaurant Quick am Bahnhof Zoo und trinken, bis der Barmann merkt, was los ist.

Die Wilden Cliquen setzten sich vom bürgerlichen Mainstream der wandernden Jugendbewegung ab. Die meisten Mitglieder von Benenowskis Clique Zigeunerblut kamen aus »problematischen Verhältnissen«, wie Soziologen und Pädagogen das nennen. Manche haben Väter und Mütter, die trinken und arbeitslos sind. Manche haben keine Eltern oder welche, die sich nicht um sie kümmern. Sie werden in Fürsorgeanstalten kaserniert und gedrillt, bis sie flüchten. Haffner beschreibt seine Clique der *Blutsbrüder* als Teil des »Hungerheers der sechs Millionen«, gemeint sind die Arbeitslosen in den Jahren nach der Weltwirtschaftskrise. In Berlin lebten damals Tausende Jugendliche auf der Straße. Haffner erzählt von der »schlesischen Olga«, die manchen Jungen auch übernachten lässt, wenn er die vier Groschen für den Strohsack in ihrem schimmligen Hinterzimmer nicht zahlen kann. Dafür muss er im Bett der alten Frau schlafen. Wenn es kein Geld für eine Übernachtungsgelegenheit gibt, wandern die *Blutsbrüder* durch die Straßen und schlafen morgens auf den Bänken der Wartehalle der Erwerbslosenhilfe in der Chausseestraße, im Jargon »Ewige Hilfe« genannt. Unter Führung ihres Cliquenbullen Jonny entwickeln sie sich zu einer kriminellen Gang, die professionell Taschendiebstahl betreibt und Autos klaut. Erst treibt sie die blanke Not dazu, dann wollen sie auf das süße Leben nicht mehr verzichten.

Dabei machen nicht alle mit. Willi Kludas hat keine Lust auf eine kriminelle Karriere. Er ist aus einer Fürsorgeanstalt getürmt, weil er an seinem zwanzigsten Geburtstag eine Ohrfeige von seinem Erzieher bekommen hat. Mündig werden die Jugendlichen erst mit 21. Die Anstalt erscheint Willi wie ein Gefängnis. Er organisiert eine stille Revolte, dann haut er ab. Erst im offenen Waggon eines Güterzugs, der ihn nach Köln bringt. Dann unternimmt er eine lebensgefährliche Reise auf der Achse unter einem Waggon des D-Zugs von Köln nach Berlin. »Dein Freiheitsdrang, dein Sehnen, einmal ein Mädel im Hausflur abzuknutschen, durch die lichterglänzenden Straßen zu gehen als freier Mensch, kein Zögling mehr zu sein, dem man beliebig Ohrfeigen verabfolgen kann. Alle diese Gelüste, die eine fürsorgende Erziehung von dir fernhielt, um einen Menschen nach ihrem Geschmack aus dir zu machen, musst du jetzt mit einer Nacht erkaufen, in der der Tod dir nicht eine Sekunde vom Nacken weicht«, schreibt Haffner. Die Jungen träumen von romantischem Sex, für den es keinen Platz gibt in den überfüllten Wohnungen und den Fürsorgeanstalten. In den Anstalten werde »systematisch jede Regung einer Individualität grausam zerstört«, schreibt Haffner. »In der Anstalt, die der drohenden Verwahrlosung ein Ende bereiten soll, hören und lernen die Zöglinge von den Kameraden, wie man am gefahrlosesten zu Geld kommt. Wie man mit den einfachsten Mitteln Nachschlüssel anfertigt, wie und wo man in Berlin auf den Strich geht.« Wer aus der Fürsorge flieht, hat keine Papiere und kaum eine Möglichkeit, legal zu Geld zu kommen.

Auf dem Weg zu ihren Fahrtentreffpunkten zogen die Cliquen »unter wehender Fahne. Sie trugen eine Teufelsgeige vor sich her und eine Kesselpauke. Die Mädchen marschierten in kurzen dünnen Hosen mitten unter ihnen«, heißt es in Albin Stuebs Roman *Romantisches Vorspiel.* Meistens waren in den Cliquen aber die Jungs unter sich. Ihre Musik hat Stuebs so beschrieben: »Gegen Abend saßen sie um ihre Fahne und machten Musik. Die harten Bässe ihrer Gitarren untermalten dumpf das schrille Geschrei der Mandolinen. Sie spielten laute, flotte Marschmusik, der allzu harte Rhythmus zerstörte alle melodischen Effekte.« Sie sangen dazu Texte, die eher Raps als Liedern glichen, ohne Anfang und Ende, in denen Versatzstücke bekannter Stücke gegeneinander geschnitten, spielerisch verändert, obszön zugespitzt und mit eigenen Reimen ergänzt wurden. Hellmut Lessing und Manfred Liebel befragten für ihr Buch *Wilde Cliquen* ein anderes Cliquenmitglied, das sich fünfzig Jahre später noch an eines dieser Stücke erinnerte und es den Interviewern vorsang. Darin hieß es unter anderem:

Im tiefen Keller sitz ich hier, so Hochparterre links.
Ich sende diese Blumen dir, geh weg, du Aas, du stinkst.
Sankt Paraplü, Sankt Paraplü,
Was kommt dort von der Höh',
Lass Heinrich deine Hosen runter,
Wir gehn jetzt p.a.p.
Meine Herren, meine Herren,
Meine Herren, wir sind vergnügt,
wir sind vergnügt, wir sind vergnügt,
Und haben es gar nicht nötig,
Wir sind vergnügt, wir sind vergnügt,
Meine Herren, wir sind vergnügt.
Die Feuerwehr, die Feuerwehr,
Die kommt jetzt grad von Kreuzberg her
Und fliegt mit einem Schwung
Die Friedrichstraße rum.

Pump ma mal, pump ma mal,
Wat de ma pumpst is ganz egal,
Pump ma mal, pump ma mal,
Pump ma mal 'ne Mark.
Oder ich hau dir in die Fresse,
Dass du durch die Scheibe fällst,
Und Jesus seine Jünger für 'ne Räuberbande hältst.

Den Funktionären der sozialdemokratischen und kommunistischen Arbeiterorganisation erschienen die Wilden Cliquen als lumpenproletarisch-undiszipliniert, den faschistischen Führern als Verbrechergesindel und Verkörperung proletarischer Aufsässigkeit und den professionellen Fürsorge-Pädagogen als verwahrlost und unerziehbar, schreiben Lessing und Liebel. In diesen Negativurteilen drücken sich für die beiden Autoren wesentliche emanzipatorische Elemente der Wilden Cliquen aus: Sie wollten weder ihre Disziplinierung durch das Fürsorgesystem hinnehmen, noch sich von den Jugendorganisationen vorschreiben lassen, was sie zu tun oder zu lassen hätten. »Sie wollten sich nicht kommandieren lassen«, meinte Benenowski dazu knapp.

Die Cliquen machten sich über die organisierte Jugend lustig, egal ob es die sozialdemokratische Arbeiterjugend oder die Naturfreunde waren. Wenn sie auf solche Gruppen trafen, riefen sie spöttisch: »Latsch, latsch, die Heide brennt!« Latschen war nicht ihr Ding. »Man hat bei den Cliquenabenden draußen vor der Stadt getanzt und gesprungen, und es wurden die unmöglichsten Lieder gesungen und Alkohol konsumiert; das war bei der organisierten Jugend nicht statthaft, man hat das nicht geduldet«, erzählte Hans Benenowski, der mit »organisierter Jugend« die Kommunistische Jugend und die Sozialistische Arbeiter-Jugend meinte. Trotzdem waren die meisten der Cliquen linksorientiert, »radau-kommunistisch«, wie sie ein Beobachter nannte.

Nachdem der SA-Mann Horst Wessel 1930 ermordet worden ist, marschiert die SA durch Berlin-Moabit, wo viele Kommunisten wohnen. Der 19 Jahre alte Hans Benenowski steht auf dem Balkon und wirft mit dem, was zur Hand ist – unter anderem Kohlen, die in der Wohnung gelagert sind – nach den SA-Leuten auf der Straße: »Da flog alles Gerümpel runter. In kurzer Zeit hast du von den SA-Leuten nichts mehr gesehen. Der Göring hat noch Dresche gekriegt, den haben sich ein paar vorgenommen, da war er noch nicht so dick. ›Deutschland erwache – Juda verrecke‹, man kann sich gar nicht vorstellen, was da los war. Und dann kamen die Panzer von rechts, dann wurden Barrikaden gebaut, Kopfsteinpflaster rausgerissen, Türen rausgetragen, aller Unrat, der in den Kellern war, auf der Straße wurde Feuer gemacht.« 1930 kommt es ständig zu gewalttätigen Auseinandersetzungen zwischen Nazis auf der einen und Kommunisten und Sozialdemokraten auf der anderen Seite.

Benenowski, der schon als Lehrling in die Kommunistische Jugend eingetreten war, verbrachte ein Jahr in einer Clique, »weil mir meine Organisation nicht radikal genug war«. Dann erzählte er aber auch, er habe den Auftrag der Partei gehabt, »einen Teil nach links diszipliniert zurückzuführen«, weil mit den Cliquen anarchistische Tendenzen ausgebrochen seien. Manche Wilde Cliquen kooperierten mit den Kommunisten, um durch massive Präsenz Wohnungsräumungen durch die Polizei zu verhindern. Während aber die Kommunistische Jugend verbotene Demonstrationen durchführte, wo man wie bei einem Flashmob pünktlich und diszipliniert gemeinsam auf der Straße erschien und nach zehn Minuten wieder verschwand, randalierten Mitglieder von Wilden Cliquen oft nach solchen Demonstrationen und mussten deswegen herbe Verluste hinnehmen. Viele wurden verhaftet.

Haffners Roman über die Wilden Cliquen erschien im selben Jahr wie Karl Aloys Schenzingers Roman *Der Hitlerjunge Quex*, der wenig später verfilmt wurde. Dessen Protagonist findet die Wilden Cliquen abstoßend. Er sehnt sich nach Ordnung. In Hans Benenowskis Kiez, dem »Revolutionskiez« um die Beusselstraße, organisierte die Gestapo 1933 Säuberungsaktionen und suchte dabei auch nach Leuten aus der Jugendbewegung und den Cliquen. Cliquenmitglieder wurden verhaftet und übel zugerichtet, manche wanderten in den Knast. Mit der Machtübernahme durch die Nazis endete die Ära der Wilden Cliquen, ihre jüdischen Mitglieder verschwanden am schnellsten. Die jüngeren Mitglieder wurden in die Hitlerjugend gezwungen. Einige ehemalige Cliquenmitglieder sah Benenowski später in SA-Uniform wieder, dann wechselte er schnell die Straßenseite.

Schenzingers *Hitlerjunge Quex* basierte auf der Geschichte des ermordeten Hitlerjungen Herbert Norkus. Er hatte am 24. Januar 1932 in Moabit mit seiner Gruppe Flugblätter für eine nationalsozialistische Propagandaveranstaltung verteilt, was junge Kommunisten verhindern wollten. Norkus wurde zusammengeschlagen und starb an Stichwunden. Hans Benenowski tauchte danach unter, wurde aber entdeckt und acht Wochen lang in Untersuchungshaft festgehalten: Er hatte mit einem der jungen Kommunisten, die Norkus getötet hatten, regelmäßig in Hinterhöfen gesungen, um Geld zu verdienen. Er wurde mangels Beweisen freigesprochen. Das Edelweiß, eines der Erkennungszeichen der Berliner Cliquen, wurde nach 1933 zum Symbol jugendlichen Widerstands gegen die Nazis.

Auch Walter Kolbenhoffs Roman *Untermenschen* erzählt von Jugendlichen in Berlin kurz vor und kurz nach der Machtübernahme der Nazis. Er erschien 1933 in Wilhelm Reichs Trobris Verlag in Kopenhagen, wo der Kommunist Kolbenhoff auf der Flucht vor den Nazis gestrandet war. Gleich am Anfang der Geschichte charakterisiert der vagabundierende Ich-Erzähler sich und seine jugendlichen Freunde so: »Wir leben wie Ratten in dunklen Kellern, die nichts kennen als den Hunger. Haben Ratten Gesetze, haben Ratten eine Moral? Wir beißen um uns, wir sind egoistisch, wir sind verschlagen und grausam und wir wollen gar nicht anders sein, denn alles andere ist Lüge.« Der Erzähler ist kein Mitglied einer Clique, sondern einer Gang, deren Mitglieder in dieselbe Klasse gehen und für ihre Vergehen von ihrem Lehrer, den sie Spinne nennen, regelmäßig verprügelt werden. Vor dessen Hieben mit einem dünnen Stock haben sie keine Angst, bei Auseinandersetzungen auf der Straße geht es härter zu: »Wir haben Angst vor der Spinne, weil sie das andere Leben ist, das Leben der strafenden erwachsenen Götter. Das sind keine Menschen wie wir, die Erwachsenen, die niemals stehlen, die uns peinigen dürfen, weil sie keine raffinierten Lügner sind und keine kleinen Mädchen nackt ausziehen. Sie sind niemals Kinder gewesen und gleich so, wie sie uns jetzt strafen, geboren worden. Oder sie kommen aus einem Land, in dem es keine Kinder gibt.«

Als der Erzähler nach langen Reisen, die ihn, wie seinen Autor, um die halbe Welt geführt haben, ins inzwischen von den Nationalsozialisten beherrschte Berlin zurückkehrt, trifft er seinen alten Freund Otto wieder. Otto ist ein Intellektueller der Straße, er analysiert die gesellschaftliche Situation präzise. »Der größte Teil der Menschheit lebt nicht menschenwürdig. Warum wehren sie sich nicht? Warum schlagen sie nicht um sich?«, fragt Otto. Aber um Kommunist zu werden, ist er zu zynisch. Er glaubt nicht an die Revolution. »Ich wehre mich allein. Ich bekämpfe diese irrsinnige Welt von mir aus. Ich bin ein deklassierter, in die Gesellschaft nicht hineinpassender Untermensch.«

Otto bezeichnet sich als Untermenschen, also mit eben dem Wort, das die Nazis vor allem für Juden und andere Angehörige von in ihren Augen minderwertigen Rassen gebrauchen. Der Kommunistischen Partei Deutschlands gefiel Walter Kolbenhoffs Buch nicht: zu nah an der Wirklichkeit, zu wenig revolutionär. Sein Mentor Wilhelm Reich war schon vorher in Ungnade gefallen, nun machte die Partei Kolbenhoff den Prozess. Er wurde ausgeschlossen.

Die Wilden Cliquen, Leute wie Otto und seine Freunde, waren die Punks der späten Weimarer Republik. Sie bekämpften das Disziplinarregime des Staats, sie machten sich über die herrschende bürgerliche Jugendkultur lustig. Sie hielten sich von den Jugendorganisationen der linken Parteien fern, waren aber zur Stelle, wenn es darum ging, auf der Straße gegen staatliche Repression und Wohnungsräumungen zu kämpfen. Sie spielten laute und schnelle Marschmusik, deren harter Rhythmus »alle melodischen Effekte zerstörte« und sangen: *Pump ma mal 'ne Mark.*

Die Popstars dieser Zeit hießen Zarah Leander, Marlene Dietrich oder Bert Brecht. Brecht hatte mit der *Dreigroschenoper* so viel Geld verdient, dass er in einem schwarzen Mercedes herumfuhr. Auf Fotos posierte er in einer schwarzen Lederjacke und mit extrem kurzgeschnittenen Haaren. Mit der

Lederjacke sah er auf den ersten Blick aus wie einer der vielen Kommunisten aus dem roten Wedding. Beim genaueren Hinschauen zeigt sich: Die klassenbewusste Proletarierkleidung ist ein teures Designerstück. Brecht kleidet sich im Stil der Straße, aber nach dem letzten Schrei der Mode.

In Walter Kolbenhoffs Roman findet sich diese Passage: »Unser Leben gleicht einer Grammophonplatte. Mit unerbittlicher mathematischer Grausamkeit werden die Kreise kleiner und kleiner. Bis die Platte plötzlich aufhört, Musik von sich zu geben und in ein sinnloses Krächzen übergeht.«

Im Jahr 1977 wurde der Phonograph Thomas Alva Edisons hundert Jahre alt. Im selben Jahr entdeckten junge Leute in Mitteleuropa eine neue Musik, die sie dazu animierte, sich darüber in Fanzines mit Gleichgesinnten zu verständigen und Bands zu gründen. Die Neue Welle war wirklich neu, weil ihre Protagonisten das Gefühl hatten, eine eigene Kultur erst erfinden zu müssen. »Das war Neuland«, wie Jürgen Engler sagte. Der Noise der radau-kommunistischen Wilden Cliquen, die im Berlin der 1930er Jahre zu den harten Bässen der Gitarre ihre Mandolinen schrill schreien ließen und dazu rappten, war vergessen.

Züri brännt und Wien is hin

Für »eine kleine innerdeutsche Reformation« hält das Autorenduo Döpfner & Garms die Neue Deutsche Welle, weil sie »die deutsche Sprache im Rock- und Popmusikbereich emanzipiert« habe. 1984 veröffentlichen Mathias Döpfner und Thomas Garms als Döpfner & Garms ihre Studie mit dem Titel: *Neue Deutsche Welle.* Die im Untertitel gestellte Frage *Kunst oder Mode?* beantworten die beiden zwar nicht, sie äußern sich aber zum nationalen Kulturgut NDW. »Denn es war vor allen Dingen eine neue Sprachwelle, die da die Bundesrepublik mit plötzlich wiedererwachendem Selbstbewusstsein überspülte. Eine längst fällige Innovation. Mit der Landessprache tat man sich ja in der deutschen Rockgeschichte bisher bekanntlich schwer. Als Folge der kaum zu bewältigenden NS-Vergangenheit befanden sich die meisten deutschen Rockmusiker der sechziger Jahre in einer unüberwindbaren nationalen Identitätskrise.«

Dass die deutschen Rocker der Sixties nicht an einer »nationalen Identitätskrise« litten, sondern gute Gründe dafür hatten, auf Englisch zu singen, zeigte Albrecht Koch drei Jahre nach Döpfner & Garms in *Angriff auf's Schlaraffenland*, seiner Geschichte deutschsprachiger Popmusik. Der Titel des Buchs zitiert ein Stück der Neue-Welle-Band Die Radierer.

Die Radierer wurden 1978 von Jürgen Beuth, dem späteren Schlagzeuger von The Wirtschaftwunder, und C.B. Bodenstein, der danach unter anderem bei Korpus Kristi spielte, in Limburg gegründet. Der Radierer-Song »Angriff auf's Schlaraffenland« beschreibt die Bombardierung des Schlaraffenlands mit Napalm, weil dessen geizige Bewohner ihre Süßwaren nicht teilen wollen. Nach erfolgreichem Bombardement wird das Schlaraffenland geplündert. Nun können Eis, Salinos, Krokant und *Gummibärchen für die Heimat* geraubt werden: *Diese miese Süßwarenkrise, ja, sie endet doch noch angenehm. Danke, danke, Bundeswehr! Und jetzt bitte das nächste Problem.* Da die Bundeswehr in den Überfall involviert ist, scheint es sich um einen bundesdeutschen Angriffskrieg aufs Schlaraffenland zu handeln. Mehr als einen Überfall auf ein Märchenland scheinen die Radierer der Bundesrepublik nicht zuzutrauen. Neid und das passiv-aggressive Gefühl des Zukurzgekommenseins scheinen in der Heimat BRD die vorherrschenden Emotionen zu sein: *Dass sie jetzt da unten brennen, das ist nur die gerechte Strafe. Denn sie wollten uns nichts geben, und wir sind doch keine Schafe.*

Was Döpfner & Garms als Leiden an einer unüberwindbaren nationalen Identitätskrise interpretieren, kann Koch plausibel erklären. Der Rock 'n' Roll der 1950er Jahre in Deutschland sei noch »ganz klar Importware« gewesen, meint er. »Deutsche Jugendliche versuchten erst gar nicht, Rock 'n' Roll selber zu machen. Die hiesigen Pseudo-Rock-'n'-Roller waren Berufsmusiker in Tanzmusikorchestern. Ein Rock-'n'-Roll-Fan gab sein mühsam erspartes Geld auch eher für eine Kreidler als für eine Gitarre aus.« Rock 'n' Roll war in Deutschland in der Hand der Schlagerbranche. Das änderte sich mit der zweiten Welle von Rock, dem Beat. Dessen britische Protagonisten waren Popfans, die »ihre Musik nun selbst machten«. Jugendliche Beatfans in Deutschland taten es ihnen nach. »Neben den wenigen Ausnahmen Manuela und Drafi Deutscher wollten die Beatmusiker und ihre Fans nichts mit den ›Schlagerfuzzis‹ zu tun haben und nutzten den englischsprachigen Gesang als gutes Mittel, sich von denen abzuheben.« Englisch zu singen war für deutsche Beatbands also kein Ausdruck einer »nationalen Identitätskrise«. Sie sangen auf Englisch, weil Englisch für sie gleichbedeutend mit nicht-provinziell und Deutsch die Sprache des Schlagers war. Sie litten nicht an einem identitären Mangel. Sie hatten schlicht keine Lust, sich mit der öden deutschen Mehrheitspopkultur gemein zu machen, die ihnen nicht geben konnte, was sie wollten. Sie wussten, wer sie waren.

Die These der kleinen innerdeutschen Reformation als Reaktion auf eine nationale Identitätskrise ist auch deshalb problematisch, weil die Neue Deutsche Welle zwar das Wort Deutsch im Namen trägt, damit aber die Sprache und nicht das Land gemeint ist. Das Deutsche in der Welle so missverstehen kann nur, wer seine bundesdeutsche Brille nicht absetzen will. Denn die Neue Welle ist nicht auf die Bundesrepublik Deutschland beschränkt.

Im magischen Jahr 1977 lassen sich nicht nur Male und Charley's Girls aus Düsseldorf vom ersten Album von The Clash inspirieren. In Zürich hören die Dogbody's den Clash-Song »London's Burning« und wenig später haben sie ein Stück in ihrem Programm, das den Titel »Züri brännt« trägt. Darin heißt es, nah am Original der Londoner Vorbilder: *Grau sind d'Hüüser, grau sind ihr, blau isch d'Uniform vo de Schmier. Züri brännt vo Aaschiss ab.*

Die *Schmier*, das ist in der Deutschschweiz wie im alemannischen Teil Süddeutschlands das Wort für Polizei. *Aaschiss* steht für Langeweile, Lustlosigkeit und Lethargie. Als Zürich während der Opernhauskrawalle des Jahres 1980 wirklich brennt, findet d'Bewegig, also die Bewegung linker Hausbesetzer und Anarchos, in diesem Lied ihren mächtigsten Slogan: Züri brännt! TNT, die Nachfolgeband der Dogbody's, spielt das Stück zwar auf einer Demo der Bewegung, wird aber von langhaarigen Aktivisten misstrauisch beäugt. Ist es die harte, schnelle Musik, die den Leuten missfällt? Oder ist es die Tatsache, dass TNT-Sängerin Sara Schär ganz unalternativ Minirock und Make-up trägt?

Auch in Wien ist 1977 die Langeweile groß. *Gebts mir a Schlagzeiln, friss eich aus d'Händ. I tua mi langweiln, macht's dem a End'*, singt Robert Wolf von der Band Chuzpe. Die Langeweile soll mit Medienkonsum vertrieben werden, und die Medien liefern ja auch gern: *Leut schickts eicher Hirn spaziern, tuats Medienfutter konsumiern. Aus Tote druckns no an Schas und produziern draus Nervengas.* Tod und Elend sind mediales Futter, das sich gelangweilte Österreicher als kleinen Snack zu Gemüte führen: *Grad Tote eignen sich sehr klass zum Produziern von Nervengas.* Nach *Nervengas* verlangt es auch Chuzpe, als seien sie selber kaputte TV-Junkies: *I brauchs, I brauchs.*

Chuzpe sind in Wien die erste Punkband. »Ich bin im zweiten Bezirk in Wien aufgewachsen«, sagt Robert Wolf. »Das ist immer schon ein sehr jüdischer Bezirk gewesen, und ich hab das alles als Kind sehr naiv angeschaut: Das Gewand der Orthodoxen hat mir gefallen und ich hab mich mit der jüdischen Kultur auseinandergesetzt. Die Judenschule lag auch im zweiten Bezirk, an der ich immer vorbeiging.« Chuzpe ist die jiddische Form des hebräischen Worts Chutzpa, das Frechheit – gern auch eine charmant vorgetragene – bedeutet. Robert Wolf entwirft ein Logo für die Band, dessen Lettern an hebräische Buchstaben angelehnt sind.

»Die ursprüngliche Idee von Chuzpe war, Musik im Stil von Velvet Underground zu machen mit morbiden wienerischen Texten. Da ist dann Punk dazwischengegrätscht«, erinnert sich Robert Wolf. »Offiziell haben wir Ende 1976 gesagt, jetzt machen wir eine richtige Band. Vorher waren das ein lockerer Kreis von Leuten, die Musik machen wollten, Dilettanten und Anfänger. In meiner Wohnung ist ein altes Schlagzeug gestanden und da haben wir über Nummern von Brian Eno, wie ›Baby's On Fire‹, oder Bob Dylans ›Maggie's Farm‹, also Nummern, die auf zwei Akkorden basiert sind, scheppernde Sessions gespielt. Das war der Anfang.«

An den Titel des ersten richtigen Punksongs, den der Plattensammler Robert Wolf im Radio, in der Sendung *Musicbox* auf Ö3 hört, kann er sich nicht mehr erinnern, wohl aber an den zweiten: Es ist »New Rose« von The Damned, 1976 erschienen. Wenig später lässt er sich im Plattenladen das erste Album von den Ramones vorspielen, das es in Wien nur als Importware zu kaufen gibt. Es ist ihm zu teuer und er verlässt den Laden. Doch die Echos des Ramones-Songs »Blitzkrieg Bop« hallen nach und entfalten in seinem Kopf eine Wirkung, der sich Wolf, der seit eh und je Fan radikaler Rockmusik ist, nicht entziehen kann. Er macht kehrt und kauft sich die Scheibe.

Die Musik von The Damned und den Ramones, von Patti Smith und Blondie macht aus den jungen Außenseitern Punks: Also geben sie sich neue Namen. Aus Robert Wolf wird Robert Räudig, Christian Brandl nennt sich erst Christian Kruzifix, dann Christian Chromosom. Rudi Barcal heißt jetzt Rudi Rüpel. Als viertes Bandmitglied kommt Albert Griemann dazu, der Bass spielt und sich nun Ali Krawalli nennt. Angeblich wird er nur rekrutiert, weil er eine Lederjacke besitzt, ein unter den Bohemians der Stadt begehrtes Accessoire.

Für Chuzpe ist von Anfang an klar, auf Wienerisch zu singen, »weil wir mit dieser Sprache, mit diesem Dialekt aufgewachsen sind«, sagt Robert Wolf. »Damals war es noch nicht so wie heute, dass die Jugendlichen hier in Wien perfektes Hochdeutsch sprechen. Damals war das die Umgangssprache. Und es gab schon Beispiele dafür, im Dialekt zu singen, die bekanntesten waren Wolfgang Ambros und Georg Danzer. Das war aber nicht unsere Musik, weil uns die zu lasch war. Es gab aber vorher auch schon einige Beatbands, die man in Deutschland nicht kennt, The Malformation oder The Madcaps, die wienerisch gesungen haben zu harter Rockmusik. Auch Drahdiwaberl gab es schon seit den späten 1960ern. Das erste Konzert mit denen hab' ich 1970/71 in einem Jugendzentrum gesehen. Wir haben nicht bei null begonnen.«

Wien, das ist für die Punks eine »tote Stadt«, die ihnen nichts zu bieten hat. Chuzpe fühlen sich darin gar wie lebendig begraben, behaupten sie, und so heißt auch eines ihrer Stücke. *I mechert ned sein wie des Fette vom Schwein, latschert und waach. Wie a madige Leichn lebendig begrabn in an hinichn Magn*, singt Robert Räudig. Der Erzähler des Lieds hat zwar *a Handvoll Schlüsseln in der Hand, doch nirgendwo a Schloss. A Halbstarker suacht's Paradies und lebenswert is nur der Tod.* Wer interessiert sich im Wien des Jahres 1977 für die Bedürfnisse junger Leute? Die Antwort auf das Begehr von Robert und seinen Freunden können sie sich selber geben: *Scheiß auf dei Energie, scheiß auf dei Phantasie, spar dir dei Anarchie. Setz auf die Agonie, setz auf die Apathie, dafür belohn ma di.*

Der Bassist von Drahdiwaberl heißt Falco. Er schreibt ein Stück namens »Ganz Wien«, das sich einer anderen Facette der »toten Stadt« widmet, dem weit verbreiteten Drogenkonsum: *Heroin und Kokain, Codein und Mozambin machen uns hin, hin, hin.* Mozambin ist weder eine legale noch eine illegale Droge. Mozambin ist eine Droge, die Hans Hölzel erfunden hat. Hans Hölzel erfindet aber nicht nur Wörter. Er erfindet Falco als Kunstfigur. Wenn er auf der Bühne steht, untermalt Falco jede Zeile, die er singt, mit einer eigens dafür choreographierten Geste. Und wenn er singt, benutzt Falco seine eigene Kunstsprache – eine Melange aus Hochdeutsch, der Wiener Mundart und dem sogenannten Schönbrunner Deutsch der vormals noblen Wiener Gesellschaft, das er durch nasale Aussprache noch als besonders blasé akzentuiert. Dazu mixt er englische Wörter und Phrasen aus Hochsprache und Slang.

Falco ist der Erste, der die jüngsten Formen des Rap aus dem New Yorker Stadtteil Bronx kongenial ins Deutsche überträgt. *Two, three, four. Eins, zwei, drei. Na, es is nix dabei, na, wenn i eich erzähl' die G'schicht. Nichtsdestotrotz, i bin es schon gewohnt, im TV-Funk da läuft es nicht. Tscha. Sie war jung, das Herz so rein und weiß, und jede Nacht hat ihren Preis. Sie sagt: »Sugar Sweet, ya got me rappin' to the heat!« Ich verstehe, sie ist heiß. Sie sagt: »Babe, you know, I miss my funky friends.« Sie meint Jack und Joe und Jill. Mein Funkverständnis, ja, das reicht zur Not. Ich überreiß', was sie jetzt will.*

Der Prophet gilt im eigenen Lande nichts. *Der Kommissar*, Falcos erste Single, wird im österreichischen Radio lange nicht gespielt. Aber Kurtis Blow, einer der wichtigsten New

Yorker Rapper, gibt Falco den Ritterschlag: Er erkennt Falco als einen der ihren an.

Falco gibt seinen jungen Hörerinnen und Hörern Tipps für Kontakte mit dem Kommissar: *Wenn er di anspricht und du weißt warum, sag ihm dei Leben bringt di um.* Dass einen das eigene Leben umbringt, hatten Chuzpe schon drei Jahre zuvor in dem sichtlich von den Lyrics der Ramones inspirierten Stück »Panik/Alanig« formuliert. Darin besingen sie die Entfremdung vom Leben der Eltern und die Unzufriedenheit mit Schule und Lehre: *Papa aus Plastik, Mama aus Gummi. Panik! Halt des net aus, Pulsadern auf. Alanig! Schul haut mi nieder, Lehr macht mi auf. Panik! Tua mi net buckn, Schlafpulver schluckn. Alanig!* Falco findet für diese Wortkombination später in einem seiner Songs Verwendung: *Die Titanic sinkt in Panik ganz alanig – aber gut. Denn wer sich retten tut, der hat zum Untergang kan Mut.*

In »Junge Römer« singt Falco eine ganze Passage auf Italienisch. Für die Zeile *Junge Römer tanzen anders als die andern* bedient er sich ebenfalls bei Chuzpe, die sich inzwischen in eine New-Wave-Band verwandelt haben und sich auf ihrem ersten Album *Tausend Takte Tanz* unter anderem über blasierte junge Leute in Wiener Diskotheken lustig machen: *Tote Körper tanzen anders. Aber wie? Tote Körper tanzen anders. Na, so wie sie.*

Robert Wolf ist damals Briefträger im ersten Bezirk: »Da gab es eine zeitgeistige Boutique, und da ist Falco oft gewesen und hat mit dem Besitzer geplaudert. Ich hab ihn öfter getroffen.« Wenn sie sich treffen, sagt Falco hin und wieder zu Robert: »Ah, Robert, gut, dass i di siech, i hab mir wieder was ausborgt von dir.« So finden die Texte von Chuzpe ihren Widerhall in den Lyrics von Falco. Er hinterließ zwei seltsame

Sätze, die sich nach seinem Tod in einem seiner Notizbücher fanden: »In keiner Sprache kann man sich so schwer verständigen wie in der Sprache. Die deutsche Sprache ist die tiefste, die deutsche Rede die seichteste.«

Ich bin Analphabet

»Das deutsch-italienische Kauderwelsch ging bei Angelo zusammen mit seinen Bewegungen«, sagt Mark Pfurtscheller über seinen Bandkollegen Angelo Galizia. »Er hat eine große Ausstrahlung auf der Bühne gehabt. Entweder hat man geschmunzelt oder man war hin und weg. Die Frauen lagen ihm zu Füßen.« Angelo bestätigt das: »Ich war charmant, in Sizilien sind wir alle so. Die Frauen haben mir immer Blumen auf die Bühne geworfen. Das war sehr lustig, es war eine schöne Zeit. Ich habe mich amüsiert.«

Was Harald inHülsen in seiner Limburg-Reportage als »eine eigenwillige Sprach-Montage zwischen italienisch-deutsch und freiem Wortgebrauch« bezeichnete, nennt Mark schlicht »deutsch-italienisches Kauderwelsch«. Damit sind die beiden Pole der Sprechweise Angelo Galizias und der Texte seiner Band benannt. Denn einerseits ist das, was Angelo spricht und singt, ein authentisches Kauderwelsch, das sich aus den Umständen von Angelos Leben in Deutschland ergibt. »Ich habe immer mit diesem komischen Akzent italienisch-deutsch gesprochen und man kann die Texte nicht richtig verstehen«, sagt Angelo heute. Deutsch habe er auf den Straßen der Stadt gelernt. »Meine Freunde waren Deutsche.« Dass Angelo und seine Bandkollegen, die viele Texte gemeinsam entwickeln, mit Absicht darauf verzichten, ihre Lyrics in lupenreinem und grammatikalisch korrektem Deutsch zu verfassen, heißt aber andererseits auch, dass das Deutsch von Angelo Galizia ein poetisches, ein The-Wirtschaftswunder-Deutsch ist: Es ist eine Kunstsprache, die das Fehlerhafte, das nicht Korrekte in Satzbau, Wortwahl und Aussprache zu einem eigenen Stil erhebt. Das ist vielleicht das eigentlich Außergewöhnliche an dieser Band. Junge New-Wave-Bands, die auf Deutsch singen, gibt es 1980 bereits viele. Neben The Wirtschaftswunder aber gibt es keine Band, in der ein italienischer Gastarbeiter mit starkem Akzent und in teils gebrochenem Deutsch, aber auch auf Italienisch, Französisch und Englisch singt. Manchmal singt Angelo in einem Lied in mehreren Sprachen.

Gleich das erste Stück auf dem Debütalbum *Salmobray* macht die Sprache des Sängers zum Thema. Es heißt »Analphabet«. Da singt Angelo Galizia: *A-e-i-o-u. Ich bin Analphabet. Ich bin Analphabet. Was soll denn das bedeuten? Excuse me, excuse me! Ich habe keine Ahnung. Schwester, was ist Ypsilon? Y ist interessant. Oh, ich will alles lernen! Oh, ich will alles lernen!* Heute sagt er dazu: »Das Lied ›Analphabet‹ handelt von mir, weil ich nicht zur Schule gegangen bin. Ich bin ein bisschen analphabetisch – nicht richtig analphabetisch, aber was die Grammatik angeht. So haben wir Texte über uns selbst geschrieben. Das ist ein universeller Text für diejenigen, die nicht studiert haben.«

»Analphabet« erinnert an die dadaistischen Gedichte Kurt Schwitters, die mit dem Klang von Sprache spielen und von denen einige ausschließlich in Lautsprache verfasst sind. Zugleich gelingt es dem naiven Realismus dieses Lieds, die Wahrnehmung eines Menschen wiederzugeben, der sich in einer fremden Umgebung wiederfindet und nun versuchen muss, den Lauten, die von den Menschen um ihn herum ausgestoßen werden, Sinn abzugewinnen: *Was soll denn das bedeuten? Ich weiß es nicht!* Wenn Angelo das singt, spricht er auch für seine Bandkollegen Tom und Mark, denen das Leben in Deutschland hin und wieder ebenso schwer verständlich sein muss.

Wie Angelo Galizia geht es auch Gabi Delgado-López und Ata Canani. Sie kommen nach Deutschland und verstehen kein Wort: *Was soll denn das bedeuten? Ich weiß es nicht.* Ata wurde 1963 in der südostanatolischen Stadt Maraş geboren. Dort lebt er, bis er die Grundschule beendet hat. Das neue Schuljahr beginnt für den Zwölfjährigen in Bremerhaven. Nach sechs Monaten kann er schon für seinen Onkel dolmetschen gehen. Atas Onkel ist krank, er hat ein Magengeschwür, und Ata begleitet ihn zum Arzt. Deutsch gelernt hat Ata »von den Omas und Opas, den älteren Leuten auf der Straße. Ich habe sie gegrüßt und sie waren so nett und höflich. Wenn ich irgendetwas nicht verstanden hatte, haben sie versucht, mit Händen und Füßen zu erklären, was das heißt. Wir haben auf der Straße mit der deutschen Gesellschaft gesprochen, wir haben lächelnd gegrüßt und mit den Leuten geredet«, erzählt er.

Gabi, der in Spanien immerhin schon etwas von der deutschen Kultur gehört hat, kommt mit acht nach Deutschland – und erst dann lernt er Deutsch. »Das ist eine Sprache, die mir gefällt – klanglich«, hat er einmal gesagt. Gemeinsam mit Franz Bielmeier las Gabi schon zu Zeiten von Mittagspause Texte der Dadaisten und befasste sich mit Konstruktivismus, russischer Revolutionskunst und Agitprop. Sie nennen ihre gemeinsamen Studien »Free Boarding School«. Sie verstehen sich als Poeten und entdecken die deutsche Sprache neu im »lautmalerischen Kontext«. Gabi erinnert sich an kurze Texte, die sie spielerisch, rein um des Vergnügens willen verfasst haben. So wie diesen: »Ich möchte mich entschuldigen. Zunächst möchte ich mich total entschuldigen. Dass ich spuckte in den Kuchen, den meine Mutti buk.« Für Gabi und Franz war das eine »Erweiterung von Punk«. Gabi sagt: »Was haben wir uns ergötzt an dieser deutschen Sprache, an dieser Absurdität.« Auf der Bühne singt Gabi Delgado-López anfangs auch deutsches Liedgut wie »Wenn die Bettelleute tanzen« (dann *wackeln Kober und der Ranzen*). Er verwandelt sich in Marlene Dietrich, wenn er singt: *Ich bin die fesche Lola.*

Die Erfahrung von Fremdheit, von der »Analphabet« erzählt, ist nicht den Fremden vorbehalten. Der Text von »Analphabet« ist in einem universelleren Sinn wahr. Er reflektiert die Erfahrung der modernen Welt, in der alle entfremdet sind und sich also fremd fühlen – wenn sie denn willens und in der Lage sind, diese Entfremdung zu bemerken und nicht zu verdrängen, bevor sie die Schwelle vom Unbewussten zum Bewusstsein überschreitet. Während die Mehrheitskultur des Schlagers und der bloß nachgespielten englischen und amerikanischen Rockmusik, welche die Popkultur in Deutschland in den 1970er Jahren dominiert, diese Entfremdung durch Kitsch zugleich ausdrückt und verschleiert, schauen die jungen Leute, die durch Punk aufgerüttelt worden sind, nun auf »die Wirklichkeit« – also auf die Dinge und Routinen des Alltags und auf die gesellschaftlichen Konventionen – wie auf ein kurioses, exotisches Tier, dem sie noch nie zuvor begegnet sind. Einer der ersten Texte, den Gabi Delgado-López schreibt, handelt davon, wie es sich anfühlt, sich dieser »Wirklichkeit« ausgesetzt zu sehen: *Ich und ich im wirklichen Leben. Ich und ich in der Wirklichkeit. Ich fühle mich so seltsam. Ich fühle mich so seltsam. Die Wirklichkeit kommt.*

Keine Heimat

The Wirtschaftswunder sind zwar vom Punk beeinflusst, doch es erscheint ihnen abwegig, von sich zu behaupten, eine Punkband zu sein. Das hat auch damit zu tun, dass sie in Deutschland leben. In einem Interview mit *Spex* erklärt Mark Pfurtscheller im Jahr 1981: »Punk in Deutschland ist absoluter Blödsinn. Sowas gibt's nicht! Das ist Maskerade!« Auf die Frage, warum dies so sei, antwortet er: »Weil's hier nicht echt ist, weil es mit einer Zeitverschiebung übernommen worden ist. Ich glaube, das Wichtigste ist, dass wir so etwas wie eine ›deutsche Musik‹ versuchen. Die geht von hier aus, was hier ist, auch an Tradition, zum Beispiel die Elektronik von Stockhausen. Wenn wir in England spielen würden, ich glaub, die Zuschauer würden direkt merken, dass unsere Musik nicht im Punk ihre Wurzel hat. Wenn was in Deutschland entsteht, dann dürfte das nicht Punk heißen.« Tom Dokoupil sieht das auch so, er behauptet rundheraus, The Wirtschaftswunder spielten deutsche Volksmusik. Er attestiert seiner Band aber zugleich »eine bestimmte Mentalität. Dass du dir noch einen Abstand bewahrst in Deutschland.«

Eine andere Form neuer Volksmusik, eine, die Deutschland so nah wie möglich kommt, wünscht sich Henning Eichberg. Er findet sie in der Protestbewegung der späten 1970er Jahre.

In seinem Pamphlet mit dem Titel *Nationale Identität* findet sich ein Aufsatz zur Volksmusik »zwischen imperialistischer Mode und nationaler Revolution«. Darin preist er Neuerungen »auf der Ebene praktischen Singeverhaltens: Auf Studentenfesten singt man gemeinsam Volkslieder, auch in Mundart. Jusos veranstalten Sonnwendfeiern mit Klampfenmusik. Demonstrationen stimmen gemeinsame Massenlieder an nach volkstümlichen Melodien. Zum Leitmotiv neuerer Demonstrationen wurde ein Vers nach der Melodie ›Hejo, spann den Wagen an‹: ›Wehrt euch, leistet Widerstand gegen das Atomwerk hier im Land. Haltet fest zusammen, haltet fest zusammen.‹« Latsch, latsch, die Heide brennt.

Eichbergs Aufsatz zur Volksmusik lebt von einem Klischee: Amerikanische Musik ist Schund. Darüber waren sich im 20. Jahrhundert in Deutschland viele einig, von den Konservativen und den Völkischen über die linken und rechten Antiimperialisten bis zu den Realsozialisten in Ost-Berlin. »Deutsche Volksmusik« ist daher wenig überraschend ein wesentlicher Baustein in der von Henning Eichberg geforderten »deutschen Kulturrevolution«, die sich gegen den Universalismus richtet, dessen aktuelle ideologische Ausformungen er im Christentum, im kapitalistischen Liberalismus und im Marxismus erblickt.

Zustimmend zitiert Eichberg aus dem ersten Artikel, der in *Unsere Stimme* erschienen ist, der »Zeitung für eine Musik, die von unten kommt«, aus dem Münchner Trikont-Verlag. Er stammt von dem amerikanischen Folksänger Pete Seeger: »Hüten Sie sich vor jemandem, der sagt, dass man mit den neuesten europäischen oder amerikanischen Moden Schritt halten muss, wenn man ›modern‹ sein will.« Seegers »Zuruf aus Amerika« erscheint Eichberg allerdings »etwas onkelhaft«. Er lobt einen anderen, »konkreteren und aggressiveren« Beitrag aus *Unsere Stimme*, dessen Autor er seinen Lesern allerdings vorenthält. In diesem Beitrag heißt es: »Deutsche Linke haben leider traditionell keinen Sinn für geschichtliche, ethnische und kulturelle Kontinuität. Wir revolutionäre Sozialisten sollten uns auf die Wiederbelebung und Weiterentwicklung der positiven Seiten von Kultur und Eigenart der hier lebenden ›Stämme‹ konzentrieren. Es leben die Mundarten, weg mit dem amerikanischen Slang! Weg mit dem Rock-Kretinismus! Es ist ungeheuerlich, dass die ›linken‹ BRD-Musiker so achtlos an der deutschen Volksmusik-Tradition vorbeigehen.« Sodann fordert der Autor von *Unsere Stimme,* aus den sozialistischen Organisationen und Gruppen eine Sammlungsbewegung zu bilden, »die im Rahmen ihres revolutionär-sozialistischen Charakters durch Wiederbelebung und Fortentwicklung positiver deutscher Traditionen den von Hitler und dem US-Imperialismus und seinen Statthaltern demoralisierten und gedemütigten unteren Klassen der BRD zu einem neuartigen ›nationalen‹ Selbstbewusstsein verhilft, das gleichzeitig Klassenbewusstsein ist, weil es sich gegen die herrschende Bourgeoisie, die antideutschen Marionetten und Agenten Rockefellers und des CIA richtet.«

Eichberg hält das zwar für einen »nationalrevolutionären Denkansatz«, bemängelt aber, dass der »zutreffende Gedanke« nicht weiterentwickelt wurde zu einem »Kulturkonzept ›Deutschland den Deutschen‹, in dessen Rahmen die deutschen Mundarten und Liedtraditionen die ihnen zustehende Rolle als Kulturen des Volkes wiedererlangen können«. Die Parole von Eichbergs nationalem Sozialismus lautet: »Kein Sozialismus ohne Kulturrevolution. Kein Sozialismus ohne ein deutsches Deutschland. Im Volk liegt unsere Identität. Das Volk bleibt, auch wenn wir vergehen.« Identität, diese »Alternative gegen die Entfremdung« ist für Eichberg »nur möglich als nationale Identität«. Das Bekenntnis zur deutschen Mundart sei eine politische Stellungnahme »gegen die Umerziehung der 1945er und gegen die amerikanische Kulturvernichtung«.

Eichberg dürfte Ideals Heimatlied »Keine Heimat« gefallen haben, das nur wenige Jahre später erscheint und die antiamerikanische Querfront schließt. Dieser Protestsong findet sich paradoxerweise auf *Bi Nuu*, eben jenem Ideal-Album, wo auch »Aşk, Mark ve Ölüm«, das auf Türkisch gesungene Lied über das bittere Leben eines Gastarbeiters, zu hören ist. Auf dem Cover des Albums wird »Keine Heimat« als Nummer-Eins-Hit ausgewiesen. Zuvor war es als Single erschienen, das ist der Text: *Der Mann aus Übersee. Die Amis kommen ins deutsche Disneyland. Der Mann aus Übersee. Die Amis kommen. Wer ist unser Präsident? Der Mann aus Übersee. Die Amis kommen. Du bist die Mickey Maus. Der Mann aus Übersee. Die Amis kommen. Oder kommen die Russen? Keine Heimat. Wer schützt mich vor Amerika? Der Mann aus Übersee. Die Amis kommen. Die waren schon mal da. Der Mann aus Übersee. Die Amis kommen. Wir sind ein Reservoir. Der Mann aus Übersee. Die Amis kommen. Oder kommen die Chinesen?*

»Keine Heimat« macht ratlos: Ja, wer kommt denn nun? Die Amis, die Russen oder doch eher die Chinesen? Warum waren die Amis schon mal da? Aus Imperialismus? Sind die Deutschen ein Reservoir, und wenn ja, wofür? Könnte es sein, dass Ideal ihr Lied ironisch verstanden haben wollen? Ideal-Sängerin Annette Humpe hat viele Jahre später erklärt, dass ihr Ironie fremd sei: »Ich mag eine klare und eindeutige Sprache. Ironie verstehe ich ganz schlecht, das war schon in der NDW-Zeit so«, hat sie der *Zeit* gesagt. Dieses Lied ist kommerziell so erfolgreich, weil es ausspricht, was in Deutschland viele denken: *Keine Heimat. Wer schützt mich vor Amerika?*

Anfang der 1980er Jahre nehmen Punks und Bands der Neuen Welle das Wort »Heimat« selten in den Mund. Eine Gruppe namens Weltklang veröffentlicht 1980 bei dem unabhängigen Label Exil-System ein Lied namens »VEB Heimat«. Der Text besteht aus der mehrfach wiederholten Zeile *Heimat bist du großer Söhne.* Sie entstammt der österreichischen Bundeshymne, deren Text Paula Preradović im Jahr 1946 geschrieben hat, als die Österreicher – anders als die Deutschen – zum Schluss kamen, dass man die alte Melodie von Haydn nicht mehr verwenden sollte. Allerdings kommt diese Zeile nicht von der Dichterin. In Preradovićs Fassung hieß es an dieser Stelle: *Großer Väter freie Söhne.* Das gefiel der für die neue Hymne zuständigen Kommission aber nicht. Anstelle der großen Väter besingen die Österreicher daher nun die Heimat. Und die Söhne Österreichs sind nicht mehr frei, sondern groß. Kurz und gut: Die Freiheit ist weg, die Heimat ist da.

Am Ende des Lieds von Weltklang, dessen dissonante Synthie-Töne wenig heimelig klingen, wiederholt der Sänger mehrmals das Wort Heimat, das von Mal zu Mal immer weniger selbstverständlich und immer seltsamer klingt, was durch abgehackte Intonation und einen leicht hysterischen Tonfall noch verstärkt wird. Dass der Heimat im Titel ein »VEB« vorangestellt wird, die in der DDR gebräuchliche Abkürzung für »Volkseigener Betrieb«, macht die Sache noch irritierender. Was sagt uns das? Vielleicht dies: In ihrer Berufung auf Nation, Heimat und Volk sind sich alle modernen Staaten gleich. Heimat ist nichts naturwüchsiges, Heimat ist ein Kunstprodukt und bedeutet für jede und jeden etwas anderes.

Was die einen solchermaßen als seltsames Konstrukt verstehen, mit dem man sich eine kaputte, gewalttätige Moderne schönzureden versucht, sehen die anderen als vom amerikanischen Kulturimperialismus bedrohtes Ideal.

Deutsches Wort bedeutet Völkermord

Für die meisten Bands der Neuen Welle ist es eine selbstverständliche Geste, auf Deutsch zu singen, bei manchen wird ein ideologischer Akt daraus. Für die einen ist das Singen auf Deutsch ein Ausdruck des Widerstands gegen amerikanischen Kulturimperialismus, andere kommen der seit Kriegsende beliebten Umkehrung der Position von Täter und Opfer bedenklich nahe. Die Düsseldorfer Band Nichts will nun wieder ungebrochen Deutsch singen, weil man als nachgeborene Generation mit der hässlichen Geschichte von Mama und Opa nichts mehr zu tun haben will: *Deutsch sein, niemandem sagen. Nur Angst vor Fragen. Scham für mein Land. Stolz sein ist mir verboten. Ich bin hier geboren. Mich trifft keine Schuld. Ich sing ein deutsches Lied. Ich sing ein deutsches Lied – und will es keiner hörn: Ich sing ein deutsches Lied.*

Ob man das als jugendliche Trotzigkeit liest oder als Larmoyanz, die derjenigen der Alten in nichts nachsteht, ist eine Frage der Empfindlichkeit. »Deutsches Lied« von Nichts ist jedenfalls einer der Vorboten des mit sich selbst vollkommen im Reinen schwingenden Deutschrocks des wiedervereinigten Deutschlands. Insofern war eine Anzeige der Plattenfirma Phonogram aus dem Jahr 1982 prophetisch, in der es hieß: »Jede Welle hat ein Ende – hier kommt die neue deutsche

Wende.« Absurd ist die Klage von Nichts, dass ihr Publikum kein deutsches Lied hören wolle, insofern, als sie dieses Lied zu einem Zeitpunkt singen, als deutsche Lieder der Hype der Saison sind. Will ihr deutsches Lied keiner hören, wie Nichts behaupten? Nein, sie können sich der Aufmerksamkeit der Leute sicher sein. Die Teenager verlangen das ja im Jahr der NDW: Sie wollen deutsche Lieder hören. Das Nichts-Album *Tango 2000*, auf dem »Deutsches Lied« zu hören ist, wird im März 1982 erstmals unter die Top 100 der deutschen Charts gezählt und hält sich dort fünf Monate lang.

Auch die Münchner Punkband Marionetz will sich das Singen auf Deutsch nicht verbieten lassen, nimmt die Sache aber mit Humor: *Irgendwann vor 40 Jahren da traf uns fast der Schlag. Heute sind wir festgefahrn im Sprachen-Stacheldraht. No Fun, Connection, Trend und all der Quatsch. No More Heroes im deutschen Land, das ist too much.* Die Marionetz wollen auf Deutsch singen, und das tun sie auch. Aber sie haben anscheinend kein Problem damit, englische Floskeln und Wörter zu benutzen, auch wenn das im Kontext ihres Lieds eine ironische Funktion hat: *Okay-Okay-Okay. Befreit euch von der Sprachen-Besatzungsmacht! Wir ham den Marlboros lange nachgeäfft und machten willenlos mit ihnen jedes Geschäft. Die in der DDR sind nicht so verhext, die singen doch auch keinen russischen Text.* Auch anderswo streuen die Marionetz englische Vokabeln ein, da reimt sich dann Action auf Satisfaction.

Dass sie nicht national gesonnen sind, deuten sie an, indem sie die Melodie des Deutschlandlieds kurz und parodistisch mit einem Synthie anklingen lassen, bevor sie singen: *Deutsches Wort und deutsches Lied. Du stolzer Klang, ich hab dich lieb. Vergangenheit gib uns die Zeit, die Heimatsprach zu finden.*

Am Ende singen sie schließlich zwei Zeilen, die ihr Lied für rechte Vereinnahmung untauglich machen soll: *Deutsches, deutsches, deutsches Wort bedeutet Völkermord. Deutsches, deutsches, deutsches Lied bedeutet nie mehr Krieg.*

Wo die Marionetz die Hymne nur kurz zitieren, singt sich einige Jahre zuvor Nico durch alle drei Strophen des »Lieds der Deutschen«, das bekanntlich mit der Zeile *Deutschland, Deutschland über alles* beginnt. Die herrschende Interpretation der Musikkritik favorisiert die Lesart, dass Nico den Gestus der Punks vorweggenommen hat, das Offensichtliche, aber bisher Ausgeblendete ins Zentrum der Aufmerksamkeit zu rücken, also in diesem Fall die Hymne mit allen drei Strophen zu singen, um deutlich zu machen, dass man das nicht mehr tun kann, ohne die Verbrechen zu erinnern, die nach Absingen dieser Hymne nicht erst seit 1941 begangen worden sind. Nico singt über sakral klingenden Sounds von Harmonium und Synthesizer, und dieses getragene Zelebrieren des Schwermütigen, Romantischen und Irrationalen, das die deutsche Seele auszumachen scheint, schrammt hart am Kitsch vorbei.

Die Sängerin scheint sich in ihrer Performance der Hymne mit jener »deutschen Identität« auseinanderzusetzen, die deutsche Intellektuelle gerade als Mittel gegen Orientierungsverlust empfehlen. Dass sie das Lied mit leicht englischem Akzent vorträgt, führt aber zu einem Verfremdungseffekt und erinnert kurioserweise daran, dass Nicos Gesang auf dem legendären ersten Velvet-Underground-Album nicht nur wegen ihrer dunklen Stimme, sondern auch wegen ihres starken deutschen Akzents und des getragenen Gesangsstils so faszinierend ist.

Viele der Punks der ersten Generation sind Fans von Velvet Underground. Die Musik der aus Hannover stammenden Band 39 Clocks scheint am deutlichsten vom Sound von Velvet Underground inspiriert zu sein, auch wenn die Band das stets bestritt. Die 39 Clocks tragen ihre düsteren Songs in englischer Sprache vor, ebenfalls mit starkem deutschen Akzent. »Unsere Texte können auch Truman-Capote-Leser befriedigen«, erklären die 39 Clocks der *Gegendarstellung.* »Deshalb singen wir in Englisch, denn nur Leute mit begrenzten Englischkenntnissen begreifen die tiefe Symbolik unserer Texte.« Diese bewegten sich »zwischen blankem Zynismus und amerikanischer Trivialmystik«. Man könnte aber auch auf die Idee kommen, dass die 39 Clocks nur das wiederholen, was Nico vorgemacht hat, mit starkem deutschen Akzent englische Texte wie diesen zu singen: *Absent in my mind, absent in my brain. I see Nixon in a bomber plane, drinking Cuba Libre.*

Dass sich die künstlerische Tätigkeit der 39 Clocks nicht auf hypnotisch pulsierende Sounds und surrealistische, in einem sehr deutschen Englisch verfasste Texte beschränkte, beschreibt Klaus Abelmann: »Bei der Documenta wies ihnen Joseph Beuys persönlich die Tür, nachdem ihre Musik seine schöne Abschiedsrede bereits im Ansatz erstickt hatte. Andere Auftritte sind nicht weniger sagenumwittert, immer wieder Krawall und Chaos. Die 39 Clocks lieben es, sich photographieren zu lassen, mit Vorliebe vor den Errungenschaften unserer Zivilisation, Glas und Beton, schwarz-weiß in großartigen Posen.« Abelmann hielt beeindruckt fest, dass die Performancekunst der 39 Clocks auch in Alltagssituationen eine Bühne fand. Er trifft sie eines Abends in einem Café, wo sie mit einem Selbstverständnis randalierten und pöbelten, das nur wahren Genies gut anstehe.

Die 39 Clocks tragen stets Schwarz und gehen ohne Sonnenbrille nicht aus dem Haus. Ihre Musik nennen sie Psycho Beat. Ob man die 39 Clocks zur Neuen Deutschen Welle rechnen soll? Absolutely.

WIR SIND HEISSMEYERS KINDER

Deutschland muss sterben

Deutschland, Deutschland, hörst du mich? Heut Nacht komm ich über dich. Das macht Spaß, das macht Spaß! Im Sommer des Jahres 1982 wird Deutschland zum Adressaten einer Ankündigung, die sich innerhalb weniger Wochen durch den Äther verbreitet, aus immer mehr Kassettenrekordern und Autoradios schallt und sich durch die Kopfhörer eines brandneuen Geräts namens Walkman direkt in die Köpfe jugendlicher Hörerinnen und Hörer schraubt. 24 Wochen lang hält sich das von einem jungen Mann namens Markus gesungene Lied mit dem Titel »Ich will Spaß« auf Platz eins der deutschen Charts, lange genug, um davon auszugehen, dass es kaum jemanden gibt, der es nicht irgendwann gehört hat:

Deutschland – hörst du mich? – erscheint als lebendiges Wesen, über das der Erzähler dieses Popsongs kommt wie eine Heimsuchung oder Krankheit, wie ein Traum oder wie ein Mann über eine Frau, die sich das gefallen lassen muss: *Heut Nacht komm ich über dich.* Das ist eine Ankündigung, die kein Nein akzeptiert. Diedrich Diederichsen, Kritiker beim Musikmagazin *Sounds*, hält das Stück für einen der besten Popsongs des Jahres.

Eines der ersten deutschen Punkstücke, das indiziert und erst im Jahr 2000 vom Bundesverfassungsgericht als künstlerische Meinungsäußerung in der Tradition der »Weber« eingestuft wird, trägt den Titel »Deutschland«. Slime aus Hamburg reagieren damit 1981 auf ein Kriegerdenkmal in der Hansestadt, das den Krieg und die Entnazifizierung bis heute überlebt hat. Es trägt die Inschrift »Deutschland muss leben, und wenn wir sterben müssen!« des Kriegslyrikers und bekennenden Nationalsozialisten Heinrich Lersch. Slime kehren die Aussage der Inschrift um: *Wo Faschisten und Multis das Land regieren, wo Leben und Umwelt keinen interessieren, wo alle Menschen ihr Ich verlieren, da kann eigentlich nur noch eins passieren: Deutschland muss sterben, damit wir leben können.* Slime sind eine linke Punkband, sie schreiben keine ironischen oder ambivalenten Texte. Ihr Zorn ist gerecht.

Pop ist ein mächtiges Medium. Eine Kunstform, die Ideen und Worte mit Bildern und Gesten mit Klängen verbindet. »Es gibt kein künstlerisches Medium, das so wie Musik in der Lage ist, Gefühle zu wecken«, glaubte Gabi Delgado-López. »Weil die Rezeptoren für das Empfangen von Musik so nah am Erinnerungskortex liegen, populärwissenschaftlich ausgedrückt. Was Musik auslöst, ist Erinnerung an Gefühle, nicht die Gefühle selbst. Worte wiederum können Ideen vermitteln. Musik verändert nicht die Welt, Worte verändern die Welt. Die Bibel, *Das Kapital*, die *Bild*-Zeitung. Wenn du das kombinieren kannst, und ein bestimmtes Gefühl, das Robert Görl auslöst mit seiner Musik, mit der richtigen Idee, die der Text auslöst, verbindest, dann fährt das den Leuten viel mehr ein.«

Pop handelt von Liebe und Sex, bietet Modelle für Lebensentwürfe und Selbstbilder an. Pop adressiert Gefühle und erzeugt welche. Ihre Kraft bezieht Popmusik aus Unterleib, Herz und Kopf, aus dem Begehren und dem Unbewussten. Pop bringt Dinge zum Ausdruck, die anderswo nicht benannt werden können oder sollen, aber mit starken Emotionen verknüpft sind und möglicherweise begehrt werden. Eines dieser Dinge heißt Ende der 1970er und Anfang der 1980er Jahre *Deutschland.*

Deutschland anzurufen ist angesichts des Appells einiger Intellektueller, sich doch endlich kollektiv auf die Suche nach der deutschen Identität zu machen, ein Spaß, den sich junge deutsche Menschen nicht gern entgehen lassen. Freiwillige Selbstkontrolle aus München singen 1981: *Lasst uns durch Deutschland gehn. Die deutschen Städte sehn. Die deutschen Länder sehn. Die deutschen Flüsse sehn. Die deutschen Küsten sehn. Die deutschen Berge sehn. In deutsche Gaststätten gehn. Deutsche Gesichter sehn. Mit deutschen Jungs gehn. Mit deutschen Mädels gehn. Lasst uns die Heimat sehn. Lasst uns die Welt verstehn. Wenn wir durch Deutschland gehn.*

Auf die Idee, seine Band Deutschland zu nennen, muss man aber erst mal kommen.

Die Deutsch Amerikanische Freundschaft, sie besteht zu diesem Zeitpunkt aus Robert Görl, Gabi Delgado-López, Michael Kemner, Chrislo Haas und Wolfgang Spelmans, nimmt 1979 in einem englischen Studio einige Stücke auf. Robert Görl und Gabi Delgado-López überlegen, als Duo weiterzumachen. Gabi erinnerte den in diesen Tagen entstehenden Plan so: »Wir machen eine neue Gruppe. Lösen wir auf, die Deutsch Amerikanische Freundschaft und machen eine Gruppe, die heißt einfach nur Deutschland. Nur wir beide.«

Aus DAF wird wirklich bald ein Duo, zumindest dieser Plan geht auf. Doch bleibt es beim alten Namen. Ohnehin wären Robert Görl und Gabi Delgado-López zu spät dran gewesen, sich Deutschland zu nennen, denn einige Teenager aus einer hannoverschen Vorstadt sind ihnen zuvorgekommen.

Nomen est omen, heißt es. Jeder Name ist zugleich eine Vorbestimmung. Eine Setzung, die eine Kaskade von Assoziationen und Echos hervorruft, und so geben sich auch Punkbands besondere Mühe bei der Namensfindung. Der Name einer Punkband soll einfach und konkret sein, aber assoziative Wirkung entfalten.

Eine Punkband Deutschland zu nennen, heißt nicht weniger, als einen signifikatorischen Krawall anzuzetteln. Oder wie es Rosa, Mitherausgeber und Autor des Fanzines *Gegendarstellung,* rückblickend formuliert: »Es war ein Overkill, ein Referenzsturm.«

Wenn sich die Mitglieder einer Band namens Deutschland auch noch die Haare extrem kurz schneiden und Stiefel und lange Militärmäntel tragen, sind Aufruhr und Entsetzen programmiert.

Wie kamen Deutschland aus Hannover auf ihren Namen? Bassist Andreas Pessel sagt, es gab die Bands America und Japan, da habe als deutsche Band der Name Deutschland nahegelegen. Sobald diese Idee einmal in der Welt ist, leuchtet sie sofort und unmittelbar ein. »Heute Abend spielen Deutschland, kommst du mit? Ich war gestern bei Deutschland, wo wart ihr denn alle?« Eine Band namens Deutschland lässt Sätze wie diese im inneren Ohr entstehen. Es sind Sätze, die 1980 so hätten gesagt werden können und möglicherweise auch gesagt wurden. Deutschland haben nie eine Single oder ein Album aufgenommen. Sie sind ein einziges Mal in ihrer

Heimatstadt Hannover aufgetreten, wovon eine Aufnahme überliefert ist, die später, als es Deutschland längst nicht mehr gab, auf Kassette veröffentlicht wurde.

»Ein echtes Punk-Konzert gliedert sich immer in ein Ganz-Vorher, ein Vorher, ein Nachher und ein böses Ende«, schreibt Klaus Abelmann in einem Text, der in einem Fanzine namens *Neon* veröffentlicht wird und den Titel »Alles, was Sie schon immer über Punk wissen wollten (But were Afraid to Ask)« trägt. »Ich hatte von Wixer erfahren, dass es Blitzkrieg wieder einmal gelungen war, einen Auftritt in den Stadtgrenzen von Hannover zu organisieren. Und zwar in einer kleinen Hinterhof-Galerie, irgendwo zwischen Christus- und Lutherkirche. Als Vorgruppe war Deutschland eingeplant.«

Das Ganz-Vorher eines Punkkonzerts bestehe im Üben, hält Abelmann trocken fest. Auch wenn sie nicht besonders ehrgeizig sind, üben selbst Deutschland hin und wieder. Sie teilen sich mit Blitzkrieg, den Kondensators und den Cretins den Proberaum. Eines Tages bestehen Blitzkrieg darauf, dass ihre jungen Kollegen endlich auftreten müssen. Und so spielen Deutschland nun also vor Blitzkrieg in der Werkstatt Odem: »Das Vorher ist dann Sache der Fans, wer's nötig hat, wirft sich in Schale oder ändert schnell noch die Haarfarbe«, kommentiert Abelmann. »Als ich mich dem Veranstaltungsort nähere, hab ich sofort das Gefühl, daß sich in diesem Stadtteil die Bevölkerungsstruktur entscheidend geändert hat, denn wo sind die Studenten, Müslis und Alternativen, die sonst die Straßen bevölkern? Stattdessen Punx, genauso malerisch wie auf den Photos in den Illustrierten. Eine ganze Traube von ihnen umlagert den Kiosk, dessen Besitzerin sich bereits in einem stark erregten Zustand befindet, da die leeren Pfandflaschen nicht zurückgegeben werden, sondern irgendwo auf der Straße zerschellen.«

Klaus Abelmann trifft noch vor dem Konzert Hutflash, den Gitarristen von Deutschland, auf der Straße. »Allerdings will der kein Bier, sondern Eismoritze, Nougatwürfel und ähnliche Leckereien, denn die Deutschländer verabscheuen Alkohol. (Trotzdem wissen sie mehr über Drogenmissbrauch als so mancher Freak.)«.

Rosa von der *Gegendarstellung* besucht mit Freunden an einem Wochenende Deutschland in der Vorstadt. »Man trifft sich am frühen Nachmittag am Hauptbahnhof. Es sind drei, vier, fünf Leute da. Dann heißt es: Wer weiß, wo die wohnen? Lass mal anrufen! Das lief alles über Münzfernsprecher. Wir haben angerufen, sie sagten, ja, wir sind da. Dann musstest du mit dem Bus rausfahren, das hat über eine Stunde gedauert. Dann bist du erst mal rumgeirrt, um die Adresse zu finden. Nachmittags um drei waren wir schließlich in dieser abgelegenen hannoverschen Vorstadt fast auf der grünen Wiese in einer schlimmen kleinbürgerlichen Siedlung, in der es nichts gab, nicht einmal einen Laden oder eine Kneipe. Das Bier, das wir mitgebracht hatten, haben wir auf dem Weg schon getrunken. Dort waren zwanzig Punks zwischen 17 und 21, aber auch die Clique der jüngeren Geschwister. Das waren 13- bis 15-Jährige, auch so um die zwanzig Piepels. Alle in einer Drei-Zimmer-Wohnung, das war dann die Party. Es wurde Geld gesammelt, dann mussten die jüngeren Geschwister auf Fahrrädern ins nächste Dorf fahren, um Bier zu holen. Als sie wiederkamen, stand der Rettungswagen vor der Tür, weil einer sich verbrannt hatte. Es wurde Kaffee gemacht, aber vergessen, den Elektroherd auszuschalten. Und einer war so komplett außer sich, dass er das nicht mitbekommen hat und sich mit der Hand auf die rotglühende Platte aufstützte und festklebte. Das ist meine Deutschlandsergeschichte: Wie wir einmal Deutschland zu Hause besuchten.«

Andreas Pessel sagt: »Der eine war nicht außer sich; eher betäubt. Er hatte Chloroform geschnüffelt. In der Nähe gab es eine Chemiefirma. Auf dem Außengelände in großen Mengen Äther und Chloroform in Zehn-Liter-Kanistern. Irgendwann fiel der Geruch nach verbranntem Fleisch auf. Ob ein Krankenwagen kam, erinnere ich nicht mehr. Falls ja, wollte er nicht mitfahren. Am nächsten Tag ergab sich folgendes Bild: Die Handinnenfläche sah aus wie Bhatura, dieses leckere indische Ballonbrot. Der Chirurg, den wir am nächsten Tag aufgesucht haben, hat mehrfach versichert, so etwas Verrücktes noch nicht gesehen zu haben.«

Cord Riechelmann ist am Abend des 13. Juni 1980 nach Hannover gereist, um Blitzkrieg zu sehen. »Ich kannte Deutschland vorher nicht. Ich war da, weil meine beiden Kollegen aus Thönse, die Fucks, hingingen. Sie meinten, ich soll mitkommen. Ich erinnere mich dran, dass ich wegen des Namens dachte, ich spreche diesen Namen ungern aus. Es war schon klar, dass es denen darum ging, das zu besudeln. Es war klar, Deutschland sind keine Rechten. Deutschland waren uniformiert auf der Bühne. Sie hatten in meiner Erinnerung von ihrem Auftreten mehr mit Kraftwerk zu tun als mit Punk. Sie waren keine Iro-Punks, sie sahen eher normal aus und hatten alle dasselbe an. Ich habe nicht verstanden, worüber sie singen. Ich fand es gut, dass man meist die Texte nicht verstanden hat. Abgesehen von Parolen wie *Ohne Hass bin ich im Arsch*, das war von einer Hamburger Punkband, deren Namen ich vergessen habe. Das dürftest du heute nicht mehr singen. Beim

Deutschland-Konzert waren alle drauf, alle fanden es super, alle waren für die Band. Das war eine angenehme Stimmung.«

Dass Deutschland auf Deutsch singen, versteht sich von selbst. Abgesehen davon, dass es mit diesem Namen merkwürdig wäre, auf Englisch zu singen, gibt es aber einen banalen Grund, der auch viele andere neue Bands motiviert haben dürfte, sich in der eigenen Muttersprache auszudrücken: »Englischsprachiger Punk war für mich erst mal nur Musik, weil ich die Texte nicht verstanden habe«, sagt Andreas Pessel. »Wenn man Glück hatte, war auf der Innenhülle der Text abgedruckt, aber den musste man sich, wenn das eigene Englisch nicht so bombig war, mühsam übersetzen. Ich fand es sehr gut, dass man nun auch den Text als Bonus hatte.«

Deutschland spielen auf ihrem Konzert sieben Lieder, sie heißen »Spaß-Musik«, »Hijacking«, »Kleines Mädchen«, »Samenbank«, »DDT«, »Sex-Objekt« und »Recht & Ordnung«. Nach 14 Minuten haben sie ihr Repertoire einmal gespielt, ein Deutschland-Fan verlangt daraufhin mehrfach und lautstark nach einer Zugabe: »DDT! DDT!« Diesem Wunsch wird entsprochen, aber der Fan verlangt: »Noch mal!« Deutschland tun auch das, sie spielen »DDT« nun zum dritten Mal. Mit einer zweiten, kürzeren Fassung von »Sex-Objekt« endet die Zugabe. Das Lied handelt von medialen Sexsymbolen, denen Deutschland eine Absage erteilen: *Du bist mir egal, scheißegal*, singen sie. *Du bist so schön. Du bist so cool. Ich schau dich an und werde schwul.* Ein Fan ruft vergeblich mehrmals nach einer Wiederholung ihres programmatischen Songs »Recht & Ordnung«, dessen Refrain wenig überraschend *Wir wollen Recht und Ordnung* lautet. Aber das erste und einzige Konzert von Deutschland ist vorbei.

Alle drei Mitglieder von Deutschland heißen Andreas. Sie

sind 16 Jahre alt, als sie Deutschland gründen. (Reinhold, der im ersten Artikel über die Band in der *Gegendarstellung* als vierter Mann genannt wird, ist der ältere Bruder von einem der drei.) Alle stammen aus Hannover-Döhren: »Wir sind zusammen zur Schule gegangen. Zehn Jahre dieselbe Klasse. Erst Volksschule, Hauptschule, dann Realschule. Daher kannten wir uns, waren auch schon vor Deutschland befreundet«, erinnert sich Andreas Pessel. »Man musste damals mutiger sein, um auszubrechen. Punk war nicht nur Musik. Musik war das eine, und das andere war, nicht so sein zu wollen wie alle. Oder irgendwelchen gesellschaftlichen oder familiären Anforderungen und Vorstellungen entsprechen zu müssen, sondern zu sagen: Leckt mich am Arsch, ich hab meine eigenen Regeln. Ich mach das so, wie ich das für richtig halte, auch wenn es wehtut. Wir waren keine Nihilisten. Wir hatten schon unsere eigenen Vorstellungen und Regeln, aber wollten aus dem Mainstream ausbrechen. Wir kamen aus der Mittelklasse. Wobei ›Mittelklasse‹ sehr abwertend klingt. In unseren Ideen, Zielen und Träumen waren wir Oberklasse. ›Mittelklasse‹ reduziert auf die Eltern und deren Hintergrund, deren Berufe, deren Sozialisation. Und auch Oberklasse klingt nicht richtig. Wir waren überzeugt, auf dem richtigen Weg zu sein, unabhängig von Klasse oder gesellschaftlichen Vorgaben.«

Anfangs wird Punk in Deutschland mit Blick auf Großbritannien – »Musik aus den Slums«, wie es im *Spiegel* heißt – als »Arbeitslosenmusik« bezeichnet. Das ist sie nicht. Punk ist eine klassenübergreifende Jugendbewegung, auch wenn ein Beobachter wie Cord Riechelmann im Jahr 1978 mit Blick auf die Szene in Hannover das Gefühl hat, dass es sich dabei um eine proletarische Kultur handelt: »Mitbekommen habe ich Punk zuerst in den Jugendzentren. Es gab eines in Großburgwedel und das JZ Glocksee in Hannover. Das war das erste Mal, dass ich verstanden habe, dass ein Kulturausdruck eine Klassenfrage sein kann. Alles andere war eingemeindet, aber Punk war strange. Es war proletarisch, anders. Ich bin in die Jugendzentren gegangen, weil ich da Leute kannte, und zwar aus dem Dorf, nicht aus dem Gymnasium. Es gab zwar irgendwann auch auf dem Gymnasium Leute, die eine Sicherheitsnadel an der Backe hatten, aber das war eher so ein bisschen peinlich. In der Szene selbst war klar: Wir sind hier anders, und wir kommen auch von woanders her. Ich war ein schüchterner höflicher Gymnasiast. 1978 kam ich zum ersten Mal an diese Orte, da war ich 18 Jahre alt. Ich habe mir irgendwann die Haare abgeschnitten. Ich hatte vorher lange Haare bis zum Arsch. Dann waren sie erst halblang und dann kurz. Die ersten Auftritte in dieser Szene hatte ich noch mit langen Haaren: ›Hey, du siehst zwar aus wie'n Hippie, aber du bist okay. Dir glaub ich das.‹ Dieses ›Dir glaub ich das‹ war wichtig. Was mir noch mehr imponierte als die Musikgeste war, dass sie einen Begriff von Stil hatten, der anders war. Das war das erste Mal, dass mir das in meiner Jugendzeit passiert ist: Dass mir Leute mit Stilbewusstsein begegnet sind. Es gab im Gymnasium immer diejenigen, die teure Markenklamotten tragen wollten. Aber dass man Klamotten mit Blick auf den Stil kombiniert, ist mir dort zum ersten Mal bewusst begegnet.«

Auch Deutschland haben Stil – ihren eigenen. Sie tragen die Trikolore – Schwarz, Rot und Gold – am Revers. »Punk war ja eher Lederjacke mit weißem Filzer beschriftet: No Future, No Fun. Das war nicht so meine Welt«, sagt Andreas Pessel. »Wir hatten umgedrehte Sakkos, also Sakko auf links gedreht. Das sieht ganz witzig aus, weil die innen ein sehr interessantes Futter haben, das war zumindest was anderes. Und Punk ist, so hab ich das zumindest damals schon verstanden und erlebt, ein Versuch, sich abzugrenzen vom Mainstream. Das ist dann natürlich doof, wenn du im nächsten Mainstream hängst, der zwar personell geschrumpft ist. Aber wenn alle diese Lederjacke anhaben …« Stattdessen erfinden Deutschland ihre eigene Uniform. »Was schwierig war. Denn Springerstiefel und Jeans waren normal zu dieser Zeit. Aber wir hatten Offiziersmäntel aus dem Army Shop. Das waren lange Mäntel, und wir hatten Schwarzrotgold dran gemacht, weil wir Deutschland waren. Weil wir auch alle kurze Haare hatten, zwei, drei Millimeter, zusammen mit dem Military-Look und diesem komischen Namen, kam das nicht so gut an. Beziehungsweise man hat uns sofort, da hätten wir auch selber draufkommen können, in so 'ne Richtung gedrängt. Aber da haben wir nicht so drüber nachgedacht.«

Cord Riechelmann kann sich nicht daran erinnern, beim Deutschland-Konzert die Trikolore gesehen zu haben. »1980 war Strauß-Wahlkampf. Die Wahlkampagne benutzte eine geschwungene Deutschlandfahne, gegen die ich eine Aversion hatte. Wenn mir die Deutschlandfähnchen von Deutschland aufgefallen wären, hätte ich mir das gemerkt. Als Strauß in Hamburg auftrat, kam er dort auch bei den kleinbürgerlichen Unionswählern nicht an. Für die Hamburger Punks war das ein Fest, sie haben sich königlich amüsiert.«

Rosa ergänzt, um die Haltung von Deutschland interpretieren zu können, müsse man verstehen, »dass in Hannover sehr konzeptionell gedacht wurde. Deutschland hat sich gebildet als Punkgegenreaktion auf die linken Punkprojekte. Das war ein reines Punkkonzept. Um dagegen zu sein, muss man was machen, was dem Mainstream, und in diesem Fall eben dem vorherrschenden Punkmainstream, entgegenläuft. Was könnte das besser sein in dieser Situation Ende der 1970er, zu Beginn der 1980er, als pseudoaffirmativ, fakeaffirmativ oder noch härter: *faux*-affirmativ ›Deutschland‹ zu sagen und sich die Kokarde auf die ranzigen Jacketts zu kleben? Das war ein ultimativer Affront gegen den Punkmainstream am Beginn von Punk in Deutschland. Das war hochkonzeptionell. Da ging es nicht um die Vermittlung politischer Inhalte, das war noch nicht mal eine politische Haltung. Die einzige Haltung war eine Antihaltung, das nächste Drehen am Punkrad. Wenn Punk Anti-Mainstream ist, aber nun zum neuen Mainstream wird, müssen wir innerhalb des Punks neuen Punk machen und der kann nur etwas bewirken, indem er gegen das geht, was alle machen. Und das ist deutschlandaffirmativ.«

Klaus Abelmann merkt in seinem Bericht über das Deutschland-Konzert an, die Gruppe kokettiere »überhaupt so ein bisschen mit ihrem Law&Order-Appeal (man beachte auch die kleinen Deutschlandfähnchen an ihren Revers). Hutflash erzählt mir, als ich ihn darauf anspreche, wie sie zu einer Anti-Faschisten-Demonstration in Hildesheim wollten, per Anhalter, und prompt ein Wagen hielt, besetzt mit zwei jungen Nationaldemokraten in Uniform, und wie gut sie sich auf der Fahrt verstanden hätten, so politisch; so gut, dass sie eine Einladung zum Landesparteitag erhalten hätten. In Hildesheim sind sie natürlich nicht bis zum Demonstrationsort gekommen, sondern in der nächstgelegenen Spielhalle hängengeblieben, und sie haben Zigarren geraucht und Zimtkaugummi gegessen, bis es dunkel wurde. Sie sagen selbst, dass sie verrückt sind, und das Verrücktsein ist ihre Antwort auf den Vulgär-Anarchismus vieler Punx.«

Andreas Pessel erinnert einen wesentlichen Aspekt dieser Geschichte anders: »Es gab einen Landesparteitag der NPD und wir sind da hingefahren. Wir wollten zur Antifa-Demo. Aber weil wir so aussahen, wie wir aussahen, mit Schwarzrotgold, war das für viele damals ein Zeichen dafür, dass wir Nazis sind – während später, 2006 bei der WM in Deutschland, Leute schräg angeschaut wurden, die keine Deutschlandfahne vom Balkon hängen hatten oder an ihrem Auto den Außenspiegel mit Schwarzrotgold verziert. Interessant, wie sich das gewendet hat. Inzwischen hat ein junger Politiker wie Philipp Amthor einen schwarz-rot-goldenen Pin am Revers. Also waren wir unserer Zeit etwas voraus. Wir sahen so aus, wie wir aussahen, und da hielt tatsächlich ein Auto mit einem NPD-Funktionär, dem wir aufgefallen sind und der uns fragte, wer wir sind. Wir haben gesagt, wir sind eine Kapelle und wir heißen Deutschland. Ich erinnere, dass er uns daraufhin gefragt hat, ob es nicht interessant für uns wäre, mal bei ihnen zu spielen. Dass wir uns gut verstanden hätten? Natürlich nicht. Es war völlig skurril.«

Punks werden von Linken und Linksliberalen, aber auch von NPD-Funktionären und Neonazis oft für Faschisten gehalten, wegen ihrer kurzen Haare und wegen der Texte ihrer Lieder. Rechte Gruppierungen versuchen, Punks zu rekrutieren. Das misslingt in den meisten Fällen. Fred Hüttig, Sänger und Texter der Frankfurter Punkband Bildstörung und Herausgeber des Fanzines *Neon Chic*, erinnert sich: »1978, 1979 haben sich die Punks jeden Samstag am Flohmarkt am Main getroffen, auch bei Wind und Wetter. Das war der einzige Treffpunkt hier in Frankfurt. Eines Tages kam ein Typ von der NPD, der uns rekrutieren wollte. Wir haben den nur verarscht und ausgelacht. Als ich einmal auf dem Weg zur Punk-Reggae-Disco in der Batschkapp war, hab ich zwei Punks in der U-Bahn getroffen. Der eine hat eine Hakenkreuzarmbinde gehabt. Später hat sich herausgestellt, er war in einer Wehrsportgruppe. Das hat er damals nicht so geäußert. Sie wollten ihn wegen der Armbinde aber in der Batschkapp nicht reinlassen. Da musste er die abnehmen. Der spielte mit Musti Üngör in derselben Punkband.«

Ein junger Mann, der zu einer rechtsextremen Wehrsportgruppe gehört, spielt mit einem anderen jungen Mann, dessen Eltern aus der Türkei stammen, in derselben Punkband. Das ist weniger verblüffend, als es scheinen mag. Das war der ständige und produktive Konflikt in der New Yorker Ur-Punkband Ramones: Zwei Mitglieder kamen aus jüdischen Familien, zwei hatten eine Naziobsession, die im Fall von Johnny Ramone ohne jede Ironie auskam.

Michael Kühnen, der vielleicht intelligenteste und charismatischste deutsche Neonazi der späten 1970er und frühen 1980er Jahre, hatte nichts gegen Ausländer. Das hat er zumindest mehrfach betont, unter anderem in einem Brief an Erich Fried, der auf den 30. Januar 1985 datiert ist: »Natürlich gibt es Ausländerhass. Der entsteht zwangsläufig und ist in jedem Fußballclub ausgeprägter als bei uns. Freilich ist er auch eine ungeheure – wenn auch im Kern destruktive – Energie; und als politische Strömung versuchen wir, diese Energie für uns zu nutzen. Dadurch entlädt sie sich wenigstens nicht in sinnlosen Amokläufen, sondern wird zum Sprengsatz gegen das System, das fallen muss, wenn etwas besser werden soll – und zwar nicht nur in diesem Bereich, sondern in allen.«

Er fühle sich nicht wohl dabei, »wenn ich bei den Wahlkämpfen und bei der Werbung auf die Ausländerfrage setze«, behauptete Kühnen. Es gibt keinen Grund daran zu zweifeln, dass Kühnen das ernst meinte, hatte der Neonaziführer doch keine Bedenken, seine Überzeugungen öffentlich zu äußern und dafür ins Gefängnis zu gehen. Sein »Unwohlsein« hielt ihn aber nicht davon ab, sich Xenophobie und Rassismus in seiner Propaganda zu Nutze zu machen: Der Hass gegen Ausländer, schrieb Kühnen an Fried, sei »eines der wenigen Gefühle, dessen die narkotisierte Masse überhaupt noch fähig ist (und das im Augenblick so ziemlich einzige, das uns neue Leute bringt)«.

Dass ein Neonazi wie Kühnen den Hass auf Ausländer für das so »ziemlich einzige« hält, das Neonazis wie ihn politisch attraktiv macht, reflektiert das gesellschaftliche Klima. Darauf reagiert der Punk Alice Dee, der in Texten hin und wieder auch unter dem Kürzel LSD erscheint, performativ. Klaus Abelmann hat die sich in Hannover abspielende Szene so beschrieben: »Wir steigen in die Straßenbahn, LSD liebt das Straßenbahnfahren. Denn dort findet er ein Publikum für seine One Man Shows, das seinen Attacken wehrlos ausgeliefert ist. Seine provokanten Ausführungen über die Endlösung der Gastarbeiterfrage, das Problem der deutschen Teilung und über neuen/alten Faschismus (wer hat schon jemals über die 2. Weltkriegslüge nachgedacht?) stoßen bei den Fahrgästen auf ungeteiltes Interesse; so viel Fensterscheiben gibt es gar nicht, um pikiert hinauszustarren, meine Herrschaften. Man denkt mit Wehmut an den Rockerterror in den Städten anderer Länder, als LSD endlich die Bahn verläßt. LSD ist noch lange nicht fertig mit der Welt, nach dem kleinen Vorgeplänkel ist er erst richtig in Fahrt gekommen. Ein ausgedehnter Schluck aus der Apfelkornflasche, dann bringt er die Sportpalast-Rede von Goebbels in Originalton zu Gehör.«

Dass der Zusammenhang zwischen Juden, Zwangsarbeitern und Gastarbeitern, den Alice Dee herstellt, nicht bloß ein Kommentar zur Rhetorik alter Nazis und neuer Rechter ist, sondern etwas über die gesellschaftliche Wirklichkeit erzählt, würde Alfred Sohn-Rethel womöglich nicht bestritten haben. Sohn-Rethel trat im Oktober 1931 als akademische Hilfskraft in den Mitteleuropäischen Wirtschaftstag (MWT) ein, eine Lobbyorganisation der Rheinischen Schwerindustrie. Sohn-Rethel sah seine Position als Beobachtungsposten »so etwa zweiter Rang Mitte«, wie er an Walter Benjamin schrieb. Er konnte bis 1936, als er Deutschland verlassen musste, beobachten, wie die Schwerindustrie die neuen Machthaber zu beeinflussen suchte, und analysierte ihre Strategien. Er stand mit sozialistischen und kommunistischen Untergrundgruppen in Verbindung, denen er Informationen weitergab. 1973 erschien eine Sammlung seiner zwischen 1937 und 1941 verfassten Texte über Ökonomie und Klassenstruktur des deutschen Faschismus in der Edition Suhrkamp. Dort heißt es: »Die ganze von Hitler in seinem von ihm eroberten Europa geplante Neuordnung stützt sich darauf, dass alle der proletarischen Arbeit in der Produktion übergeordneten Funktionen, von der Organisation und Leitung, der Führung und Überwachung bis hinab zum Vormann und Vorarbeiter der ›deutschblütigen Herrenrasse‹ vorbehalten bleiben soll, während die ›mischblütigen‹ und ›minderwertigen Rassen‹ der von ihm Unterworfenen die proletarischen Hand- und Drecksarbeiten machen würden.« Dazu notiert er nun, dreißig Jahre später: »Der jetzige Zustand mit den ›Gastarbeitern‹

weist an mancherlei Orten in Deutschland, der Schweiz und anderen Ländern frappante Ähnlichkeit mit den Idealen Hitlers auf.«

Im Oktober 1980 verüben Rechtsextremisten einen Bombenanschlag auf das Oktoberfest in München. Zwölf Menschen sterben, 221 werden verletzt, 68 davon schwer. Obwohl laut einiger Zeugenaussagen mehrere junge Männer gemeinsam vor dem Ablegen der Bombe beobachtet werden und der Attentäter Gundolf Köhler in rechtsextreme Netzwerke eingebunden ist (unter anderem in die Wehrsportgruppe Hoffmann), verfolgt die Polizei die Einzeltäterthese – hier wird ein Muster sichtbar, das sich noch oft wiederholen wird.

Der angebliche Einzeltäter kam bei dem Attentat ums Leben. Die bayerische Politik will verhindern, dass ein Schatten des rechtsextremistischen Terroranschlags auf die in Bayern regierende CSU fällt. Ein führendes Parteimitglied hatte die rechtsextremistische Gefahr noch kurz vor dem Attentat heruntergespielt. Am Tag nach dem Attentat geht das Oktoberfest weiter, als sei nichts geschehen. The show must go on. Wenige Tage später finden Bundestagswahlen statt, und CSU-Chef Franz Josef Strauß ist Kanzlerkandidat der Union. Ein rechtsextremistisches Attentat soll den Gang der Dinge nicht stören oder gar eine Diskussion über die Gefahr durch zusehends militante Neonazis entfachen. Die Hintergründe des Attentats sind bis heute, auch nach neuerlichen Ermittlungen durch die Bundesanwaltschaft, unaufgeklärt.

Die 1979 gegründete Starnberger Punkband A+P schreibt als Reaktion auf das Attentat ein Lied namens »Dachau«, in dessen Refrain es heißt: *In Dachau ist nichts mehr los. In Buchenwald ist nichts mehr los. In Belsen ist nichts mehr los. In*

Auschwitz ist nichts mehr los. Im KZ war's doch so nett, nett, nett. Das klingt zynisch und ist nicht radiotauglich. In der letzten Strophe machen A+P deutlich, worum es ihnen geht: Dass es im Jahr 1980 in Deutschland organisierte Rechtsextremisten und Neonazis gibt, die aus rassistischen und antisemitischen Motiven morden und Bombenattentate verüben: *Die Ausländer müssen weg. Für sie sind sie nur der letzte Dreck. Sie treiben Wehrsport in Ruh'. Die Regierung drückt die Augen zu. Sie haben nichts gelernt diese Idioten. Nicht mal von Millionen Toten.* Ein paar Buben vom Land, drei Brüder und einer ihrer Freunde, die zum Teil erst 16 Jahre alt sind, fassen in ein paar Zeilen zusammen, was sich vor aller Augen abspielt.

Philipp Pröttel, einer der drei Brüder, hat für die Münchner Punkdokumentation *Mia san dageng* die Entstehungsgeschichte dieses Lieds festgehalten: »Für mich war der Auslöser, dieses Lied zu machen, das Oktoberfest-Attentat, wo meine beiden Brüder mit meinen Eltern dort waren. Die sind rausgegangen aus dem Bierzelt und da ging die Bombe hoch. Mein Vater ist losgelaufen und hat im Feld der Toten und Verwundeten nach meinen Brüdern gesucht. Ich war zwar nicht dort, aber das hat mich natürlich sehr beschäftigt, und so kam ich auf dieses Lied.«

Das erste Album von A+P ist bei dem Label von Münchens Pop- und Schlagerkönig Ralph Siegel erschienen. Die zweite Auflage wird jedoch um »Dachau« bereinigt. Das Lied ist anscheinend ein größerer Skandal als das Ausblenden der Neonazi-Netzwerke des angeblichen Einzeltäters des Oktoberfestattentats und die Fahndungsfehler der Polizei, die zudem wichtige Beweisstücke verliert. Man will Ralph Siegel an den Karren fahren, einzelne Zeilen des Lieds werden aus dem Zusammenhang gerissen, um zu zeigen, wie verkommen Teile der deutschen Jugend sind. Auch für Döpfner & Garms, die den Deutschen wenig später die Neue Deutsche Welle erklären, sind A+P »ironisch mit dem Gaskammertod kokettierende NDW-Extremisten«.

Wie nah der Verfassungsschutz in den 1970er Jahren an der sich vernetzenden bundesdeutschen Neonaziszene dran ist, legt ein Dossier der *taz* offen, das am 30. August 1983 erscheint: »Jahrelang hat ein V-Mann des niedersächsischen Landesamtes für Verfassungsschutz Neonazis bei deren Aufbau unter die Arme gegriffen. Dies geht aus den etwa 2000 Seiten umfassenden Aufzeichnungen an den Verfassungsschutz hervor, die der *taz* vorliegen. Die Berichte des Oldenburger Agenten Werner Gottwald ans Amt liefern erstmals einen lückenlosen Beleg über den Aufbau einer illegalen NSDAP-Nachfolgeorganisation. In der 1975 gegründeten ›NSDAP‹ arbeiteten alle bekannten Neonazis und Wehrsportgruppenführer zusammen. Deren ›dienstlich‹ bekanntgewordene Aktivitäten stehen im krassen Gegensatz zur amtlichen Leseart notorischer Einzeltäter in einer heillos zerstrittenen rechten Szene: Bundesdeutsche Neonazis verfügen auch heutzutage über ein international gespanntes Organisationsnetz und freundschaftliche Kontakte zur sich demokratisch gebenden Rechten. Das der *taz* vorliegende Material belegt auch, daß das vorgeführte Staunen offizieller Stellen über die Gewalteskalation von rechts gespielt ist: Geheimdienstler wie Werner Gottwald haben nicht nur frühzeitig Bescheid gewußt, sondern Aktivitäten im rechten Untergrund maßgeblich beeinflußt.« Die Bielefelder Punkband Notdurft hat also gute Gründe, 1981 ein Stück mit dem Refrain *Hitlers Geist hat überlebt in Deutschland* zu schreiben.

Wir sind Heißmeyers Kinder

In der ersten Nummer der *Gegendarstellung*, die den Berichten und Konzertankündigungen nach zu urteilen im Spätsommer 1979 erschienen sein muss, ist eine Seite »brandneuen Gruppen aus H.« gewidmet. Die eine der beiden Gruppen heißt Phosphor. Die Mitglieder von Phosphor sind laut *Gegendarstellung* zwischen 15 und 17 Jahre alt, nennen sich Eckel, Auge, Orgie und Pfeife, üben in einem Raum der Kirchengemeinde in Wülfel, schreiben und singen deutsche Texte (ein Stück hat einen finnischen Refrain) und haben bereits sieben Stücke beisammen, als das Heft erscheint. »Ihr erster Gig ist an diesem Wochenende in Langenhagen (ist aber mehr interner Art)«, heißt es weiter über Phosphor.

Die zweite der beiden »brandneuen Gruppen aus H.« heißt Deutschland. »Deutschland – A Pogo Band« steht über dem Beitrag, der in Form einer Bild-Text-Collage gestaltet ist. Sie provoziert nicht nur wegen des Bandnamens, sondern auch durch die gewählten Bilder und eingestreuten Ausrisse aus einem Zeitungsartikel. Denn bei den »Porträtfotos« der drei Bandmitglieder und des erwähnten älteren Bruders, Andreas Anarcho, Killer, Reinhold Reizend und Pestel, handelt es sich augenscheinlich um historische Aufnahmen junger Leute oder gar Kinder mit kahlgeschorenen Köpfen. Sie tragen die gestreiften Anzüge der Insassen deutscher Konzentrationslager. Unter dieser Porträtgalerie finden sich drei weitere, wohl aus aktuellen Zeitschriften, vielleicht auch aus Werbeanzeigen ausgeschnittene Bilder junger Leute, zwei gut genährte, glückliche Jungs und ein Mädchen. Dazwischen wurden Schnipsel eines Zeitungsartikels über einen gewissen Dr. Heißmeyer geklebt. Die Ausrisse fügen sich nicht zu einer zusammenhängenden Aussage oder gar Erzählung, geben aber durch die Nennung weiterer Orte, Begriffe und Daten Hinweise auf eine Geschichte: »1943, Rampe, Auschwitz, SS-Arzt, Hohenlychen, Professor.« Nur ein Satz ist vollständig: »Dr. Heißmeyer braucht gesunde Kinder.«

Wer ist Dr. Heißmeyer? Dr. Kurt Heißmeyer, 1905 geboren, ein Neffe des SS-Hauptamtchefs August Heißmeyer, war Arzt der SS. Mit Menschenversuchen wollte er zum einen beweisen, dass Tuberkulose durch künstlich erzeugte Hauttuberkulose bekämpft werden könne. Zum anderen wollte er Belege für die These finden, dass als »rassisch minderwertig« bezeichnete Menschen für Tuberkulose anfälliger seien. Heißmeyer experimentierte im Konzentrationslager Neuengamme mit sowjetischen Kriegsgefangenen. Er rieb ihnen aktive Bakterien in Schnitte auf der Brust. Nach vier Wochen ließ der Arzt die Gefangenen erhängen. Die danach den Leichen entnommenen Lymphdrüsen wurden von seinem Kollegen Hans Klein auf Antikörper gegen die Tuberkulose untersucht. Das Ziel war, aus den Antikörpern einen Impfstoff herzustellen. Das Ergebnis der Tests war negativ. Doch Heißmeyer machte weiter, um seine Versuchsreihe zu Ende zu führen. Im Herbst 1944 erhielt der berüchtigte KZ-Arzt von Auschwitz, Dr. Josef Mengele, aus der Reichshauptstadt die Aufforderung, zwanzig jüdische Kinder ins Lager Neuengamme zu schicken.

Am 27. November 1944 wurden zehn Jungen und zehn Mädchen zum Auschwitzer Bahnhof gebracht. Im Januar 1945 begann Heißmeyer in Neuengamme mit den Kindern zu experimentieren. Heißmeyer, der die Kinder während seiner Versuche einmal pro Woche untersuchte, kam ab Mitte März 1945 nicht mehr nach Neuengamme. Die Kinder aber blieben da, lebender Beweis der verbrecherischen Menschenversuche der SS. Das baldige Ende des Kriegs war längst abzusehen, Teile Deutschlands wurden bereits von alliierten Truppen besetzt. Der Kommandant von Neuengamme, Max Pauly, fragte daher SS-General Oswald Pohl, was mit den Kindern geschehen solle. Der Befehl aus Berlin traf am 20. April 1945, am Geburtstag Hitlers, per Fernschreiber in Neuengamme ein: »Die Abteilung Heißmeyer ist aufzulösen.« Diesen bürokratisch klingenden Befehl können die SS-Leute sofort entschlüsseln. Eine Abteilung, ein Lager »aufzulösen«, das bedeutet in der Begrifflichkeit der SS Mord. Dieser Mordbefehl betrifft die zwanzig Kinder, die beiden französischen Ärzte und die zwei holländischen Pfleger. Als geeigneten Ort für die Ermordung wählt Pauly ein Außenlager von Neuengamme am Bullenhuser Damm im von Bomben zerstörten Hamburger Stadtteil Rothenburgsort.

1977 hatten Barbara Hüsing und Günther Schwarberg den Keller der Schule am Bullenhuser Damm zum ersten Mal betreten, fortan ließ sie die Geschichte nicht mehr los. »Ich fragte mich: Wozu bist du Journalist, wenn du diese Geschichte nicht aufschreibst, so genau wie möglich? Vielleicht gibt es irgendwo in der Welt noch Eltern oder Geschwister, die nicht wissen, was mit ihren Kindern geschehen ist, und die immer noch nach ihnen suchen.« Günther Schwarberg machte sich an die Arbeit und begann zu recherchieren. Zwischen dem 8. März und dem 12. April 1979 erschien schließlich seine sechsteilige Serie in der Zeitschrift *Stern*: »Der SS-Arzt und die Kinder«. Der einleitende Text im ersten Teil der Serie erklärte: »Dies ist die Geschichte von zwanzig Kindern, die sterben mussten, weil ein Arzt sie für seine Experimente brauchte und weil sie Juden waren. Er hieß Kurt Heißmeyer und wollte Professor werden. Er sagte, für ihn gebe es zwischen Versuchstieren und Menschen keinen prinzipiellen Unterschied.« Der Text war nicht ganz korrekt: Als Heißmeyer 1964 in der DDR verhaftet und verhört worden war, hatte er zu Protokoll gegeben, dass es für ihn »keinen prinzipiellen Unterschied zwischen Juden und Versuchstieren« gegeben habe.

Andreas Pessel von der Punkband Deutschland kann sich auch 42 Jahre später noch an die Reportageserie im *Stern* erinnern und aus dem Stegreif die wichtigsten Fakten zum Fall Heißmeyer wiedergeben. Der Slogan von Deutschland lautet im Jahr 1979: »Deutschland – Wir sind Heißmeyers Kinder«.

Saul Friedländer veröffentlichte 1982 auf Französisch ein Buch, das zwei Jahre später unter dem Titel *Kitsch und Tod. Der Widerschein des Nazismus* auf Deutsch erschien. Darin kritisiert der jüdische Historiker eine neue deutsche Liebe zur Nostalgie, die sich ihm als Auseinandersetzung mit der Nazi-Vergangenheit zeigt und zugleich ein Ausweichen vor ihr ist. Als Material dienen Friedländer Romane, Sachbücher, Spielfilme, die in Deutschland und Europa seit den 1960ern erschienen sind. Hans-Jürgen Syberbergs Hitler-Film etwa möge ein »Meisterwerk« sein, schreibt Friedländer, »aber ein Meisterwerk, bei dem man das Gefühl haben kann, dass es in der falschen Tonart steht: Mitten in der Meditation erhebt sich ein Verdacht auf Selbstgefälligkeit und Sympathie für das Dargestellte. Eine Grenze ist überschritten worden, und ein Gefühl von Unbehagen kommt auf: Dies ist ein Merkmal des neuen Diskurses.« Dieser neue Diskurs zeichne sich durch eine Faszination für das »Dritte Reich« und seine Inszenierungen aus, aber auch für seine Verbrechen. »Todes-Kitsch« finde sich etwa in den Bestseller-Memoiren des vom deutschen Bürgertum als »Gentleman-Nazi« mit offenen Armen aufgenommenen Architekten von Auschwitz-Birkenau, Albert Speer, meint Friedländer.

Der Nazismus sei zwar ein Phänomen der Vergangenheit, »aber die Obsession, die er für die gegenwärtige Phantasie besitzt«, stelle uns »auch vor die Grundfrage, wie dieses Starren auf die deutsche Vergangenheit zu bewerten ist: als nostalgische Träumerei, als Gier nach Spektakulärem, als notwendiger Exorzismus und/oder anhaltendes Bemühen um Verständnis? Oder aber, immer noch und schon wieder, als Ausdruck tiefer Ängste und bei manchen auch dumpfer Hoffnungen?«

Sprache und Bilder dieses »neuen Diskurses« erlaubten, die psychologische Dimension des Nazismus besser als bisher zu erfassen, gesteht Friedländer zu. Die Blockierung gegenüber der Vergangenheit, die bis dahin vorherrschende Verdrängung sei aufgehoben: Der »neue Diskurs« lässt die Faszination des Faschismus nachempfinden – indem er ihn aber zugleich auf eine erträgliche Dimension zurückdrängt, indem er die Schrecken seiner Verbrechen, das Unerträgliche kaschiert, analysiert der Historiker. »Je erfolgreicher die schlimmsten

Aspekte des Nazismus neutralisiert werden, desto leichter findet der neue Diskurs seinen Weg in unsere Imagination.«

Kitsch definiert Friedländer als »heruntergekommene Form des Mythos«. Er schreibt: »Wir alle leben vom Kitsch, wir sind immerzu von Kitsch umgeben, wir stecken darin bis zum Hals, und eben darum wirken diese Bilder und Emotionen so faszinierend.« In Syberbergs Hitler-Film sei das Nebeneinander von Kitsch und Tod gewollt. In Fassbinders *Lili Marleen* gehen Kitsch und Tod für Friedländer schon eine perfekte Synthese ein. »Der Kitsch-Tod wird synthetisch erzeugt, um die Vergangenheit zu verdauen. Diese bläulich getönten Kriegsszenen, diese nachdenklichen Soldaten in ihren Schützengräben, die das Lied hören, quer über alle Fronten – und dann bricht plötzlich die Hölle los mit roten und gelben Flammen, und immer derselbe Leichnam fliegt durch die Luft in immer derselben Bewegung, und immer derselbe Panzer dreht sein Geschützrohr zu immer demselben Haus, das unter dem Granathagel zusammenbricht. Dann wieder bläuliches Licht und Stille und von neuem das Lied.«

Der neue Nazikitsch in Film und Literatur füge die Vergangenheit in die nüchterne Abfolge normaler Geschichtsereignisse ein, in die beruhigende Welt der Grundregeln unserer Gesellschaft – »kurz gesagt in den Konformismus und die Uniformität«. Dort soll das Ereignis gebannt werden, es soll nicht mehr stören. Friedländer weist darauf hin, wie auch Historiker aus allen politischen Lagern diese Katastrophe an den Rand ihrer Aufmerksamkeit drängen. »So endet man schließlich bei einem Begriff des Nazismus, der gleichermaßen abstrakt und ›bereinigt‹ ist – oder bei Parodien wie in *Hitler – eine Karriere*.«

Das Drehbuch zu *Hitler – eine Karriere* schrieb Joachim

Fest, Regie führten Fest und Christian Herrendoerfer. Der Film, der 1977 in die Kinos kommt, basiert auf Wochenschaumaterial, das neu zusammengeschnitten wurde. Die Vernichtung der europäischen Juden streift er nur am Rand. Wim Wenders kritisiert den Film in der *Zeit*: »Dieser Film ist so fasziniert von seinem Objekt, von dessen Wichtigkeit, an der er partizipiert, dass dieses Objekt den Film immer wieder übernimmt, zu seinem heimlichen Erzähler wird.« Der wahre Regisseur dieses Films heißt demnach Adolf Hitler. Das von Fest und Herrendoerfer benutzte Material entstammt in der Tat der Nazipropaganda.

Dass *Hitler – eine Karriere* kein Dokumentarfilm, sondern eine Parodie ist, findet nicht nur Saul Friedländer, sondern auch Pretty Vacant, der in der vierten Ausgabe von *The Ostrich* die Parodie parodiert: Er habe das Kino besucht, nicht etwa um einen jener »dekadent perversen« Filme im Stile von *Salon Kitty* oder *The Night Porter* (Letzteren erwähnt auch Friedländer in seiner Kitschliste) zu sehen, »nein diesmal sollte mein glue-geschädigter Körper höherer Berieselung ausgesetzt sein«. Glue ist das englische Wort für Klebstoff, ein billiges, aber extrem hirnschädigendes Rauschmittel. Im Kino findet Pretty Vacant »die alte Garde« versammelt, also jene, »die die Gefangenschaft überlebt und weder Leben noch Glauben verloren haben. Schlichtweg, es war fast so voll wie im Berliner Sportpalast – oder im Nürnberger Gerichtshof.« Mit diesen Massen könne man noch etwas anfangen: »Kein Halten in den Sitzen gab es, als unsere Panzer rollten. Doch plötzlich wurde der Bildschirm grauer, die Musik trauriger. War das London? Stalingrad? Warschau? Nein, o nein, meine Freunde! Es war mein und euer Vaterland zerstört vom Feind.« Die Begeisterung Pretty Vacants wird jäh gestört, als sich ihm zwei Männer in Ledermantel und Schlapphut nähern. Seinen Beteuerungen wird nicht geglaubt – »ich und entartet? Aber nein! Ich bin Arier von Geburt« – und er findet sich bald in »seltsam trockenen Duschkabinen« wieder, es stinkt nach Desinfektionsmittel.

Pretty Vacants Bericht kann man geschmacklos finden. Man kann darin aber auch eine Reaktion auf den sich als Aufklärung gerierenden Kitsch von *Hitler – eine Karriere* sehen, die sich mit Friedländers Kritik deckt.

Die Punks der ersten Generation in Deutschland scheinen bereits verstanden zu haben, was Friedländer einige Jahre später kritisieren wird. Sie reflektieren, was sie vorfinden. Auch sie setzen sich der Faszination des Nationalsozialismus aus, aber sie scheinen zugleich eine Aversion gegenüber jeder Form von Verkitschung zu empfinden. Sie überbieten solchen Kitsch mit grellen Gesten und Slogans. Franz Bielmeyer alias Mary Lou Monroe malt sich 1977 ein Herz auf seine Jeans und schreibt »Mein Führer« hinein. In seinem Fanzine *The Ostrich* denkt er sich Lieder für seine Band Charley's Girls aus, die Titel wie »My Future in the SS« tragen.

Die Punks machen sich über den heiligen Ernst lustig, mit dem deutsche Bildungsbürger sich ihrer Nazi-Faszination hingeben. Oder sie begreifen, wie Blixa Bargeld von den Einstürzenden Neubauten, ein Konzert auf dem Nürnberger Reichsparteitagsgelände als Exorzismus. Die Auseinandersetzung der jungen Punks mit dem Nationalsozialismus ist jedenfalls zu geschmacklos, zu albern, zu brutal oder zu zynisch, um als Kitsch genossen zu werden.

Punk in Deutschland wird auch von der Wut über alte und junge Nazis angetrieben. Warum verbrennen Male bei ihrem ersten Konzert in Düsseldorf im Jahr 1977 eine Deutschlandfahne auf der Bühne? »Wir haben uns von Deutschland entfremdet gefühlt, also ich zumindest«, sagt Sänger und Gitarrist Jürgen Engler. »Wir haben damals noch versucht, unser Ding zu finden. Aber wir wussten schon, was wir wollten: den Leuten einen vorn Bug knallen.«

Aber woher kam die Wut, was hat ihn so aufgeregt? »Die Leute!«, sagt Jürgen. »Die Leute, mit denen ich tagtäglich zu tun hatte. Die Normen, in Deutschland ist alles reglementiert. Du wirst eingeschränkt in so vielen Dingen. Aber vor allem haben mich die Leute aufgeregt, die Spießer, diese Arroganz mit Ignoranz gepaart. Dieses deutsche Ding, das ist für mich ein rotes Tuch. Die Schule hieß Geschwister-Scholl-Gymnasium, dort hätte es Lehrer geben müssen, die diesem Namensauftrag entsprechen. Aber das war nicht so. Da gab es jede Menge Lehrer, denen konntest du es ansehen, denen schielte aus jedem Knopfloch, dass die schon unter Adolf Hitler im ›Dritten Reich‹ ihr Unwesen getrieben hatten. Das waren zum Teil richtig üble Typen. Ich kann mich noch an einige erinnern, die hundertprozentige Alt-Nazis waren. Richtig übles Volk. Früher, in der Grundschule, war ich einer der besten Schüler. Dann kam ich aufs Gymnasium. Damals wurden Eignungstests gemacht und ich bin in die bilinguale Klasse gekommen, weil ich sehr gut abgeschnitten habe. Aber die Lehrer haben mir das komplett versaut. Ich habe nachgelassen und ich denke, das hat auch irgendwann dazu geführt, dass ich gemacht habe, was ich gemacht habe: Musik mit Leib und Seele – und Texte, die gegen Nazis waren.«

Bärbel, Gitarrist der Punkband Blitzkrieg aus Hannover, schneidert sich eine überdimensionale Hakenkreuzfahne, die er an die Wand seines Zimmers hängt und durch RAF-Fahndungsplakate ergänzt, die er in Polizeirevieren gestohlen hat. (Eine solche Zimmerdekoration ist auch aus einem besetzten Haus in Genf dokumentiert, dort ist ein Hakenkreuz an die Decke gemalt. In der Stadt hat es einst auch eine Ortsgruppe der NSDAP gegeben. Der HJ-Führer von Bern kam aus Deutschland und hieß Richard von Weizsäcker.) Außerdem verfolgt Bärbel das Projekt, den Fußboden unter einer flächendeckenden Schicht leerer Bierdosen verschwinden zu lassen.

Die Nazivergangenheit ist in den späten 1970ern präsent und verdrängt zugleich. Zwar hatte die Berichterstattung über den Prozess gegen Adolf Eichmann in Jerusalem und den Frankfurter Auschwitzprozess Mitte der 1960er, über den unter anderem Martin Walser in der Zeitschrift *Kursbuch* schrieb, vielen Deutschen erstmals das Ausmaß der nationalsozialistischen Vernichtungspolitik vor Augen geführt. Eine neue Phase der Aufarbeitung wurde angestoßen durch die Ausstrahlung der amerikanischen TV-Serie *Holocaust* im Jahr 1979, deren Schlussszene der NDR jedoch herausstrich. Dort trifft die »arische« Inga Weiss kurz nach Ende des Kriegs auf ihren jüdischen Schwager Rudi Weiss, dessen Bruder und Eltern in Auschwitz ermordet wurden. Rudi sagt, er wisse von den Millionen von Toten. Inga antwortet, er dürfe sie hassen, weil sie eine von jenen sei, die das Morden ins Werk gesetzt hätten. Ein solches Eingeständnis kollektiver Verantwortung oder gar Schuld könne man deutschen Fernsehzuschauern in ihren Wohnzimmern nicht zumuten, fand der öffentlich-rechtliche Rundfunk damals wohl. Viele Punks und Neue-Welle-Bands hatten andere Vorstellungen davon, was dem Publikum zugemutet werden darf oder muss.

Die Hagener Neue-Welle-Band Extrabreit antwortet auf Hitlers Bild von deutschen Jungmännern, diese seien »zäh wie Leder, flink wie Windhunde, hart wie Kruppstahl«, ähnlich wie Angelo Galizia mit einer Hymne auf die eigene Untauglichkeit für jegliches Heldentum: *Ich bin hart wie Marmelade, ich bin zäh wie Himbeergelee.* Weniger weich geht es bei den Cretins aus Hannover zu. Sie schreiben 1978 oder 1979 einen Song namens »Dachau Disco«. *In Dachau gibt's 'ne Disco. Da ist jeden Tag was los. Da machen die Juden Pogo. Und fassen den Frauen in den Schoß.* Auch das ist geschmacklos und zynisch, aber möglicherweise verweist dieser Text eben darauf, dass anders als mit Zynismus nicht geantwortet werden kann auf die Vernichtung der Juden Europas, auf die Art und Weise, wie das geschehen ist, und schließlich auf die Tatsache, dass Zehntausende von Tätern dieses Verbrechens als unbescholtene, wenn nicht gar tugendhafte Bürger gelten und weiterhin ihren Geschäften nachgehen, Ämter bekleiden, als Ärzte und Richter arbeiten können. Eben das formuliert der Schriftsteller Günther Anders bereits 1965 vor dem Hintergrund des Frankfurter Auschwitz-Prozesses: »Die einzige angemessene, die einzige wahre, die einzige der Millionen Entwürdigten würdige Rede ist die zynische.«

Trotz ihres cool zur Schau gestellten Zynismus verbergen die Cretins ihr Mitgefühl mit den Opfern nicht: *Dachau liegt bei München. Arbeit die macht frei. Da hat man sie getötet. Das ist 'ne Sauerei. Schalom, Schalom.* Jahrzehnte vor Quentin Tarantinos *Inglourious Basterds* endet der Song der Cretins mit einer Strophe, die wenigstens imaginär eine Form der Gerechtigkeit herstellt, indem sie dem ersten, ursprünglichen Impuls folgt, der sich beim Gedanken an diese Verbrechen einstellt – dass diese Täter, wenn es einen Gott gäbe, gar nicht mehr leben dürften: *In Dachau gibt's ne Disco. Da ist jeden Tag was los. Da tanzen alle Pogo und knall'n die Faschos um. Dachau liegt bei München und Arbeit macht dich frei. Da wird man Nazis lynchen, was ist denn schon dabei. Fall um, Fall um.*

Ein wiederkehrendes Motiv der ersten Generation des Punk in Deutschland ist die Auseinandersetzung mit der nicht vergangenen Vergangenheit. Im Geist einiger New Yorker Punkbands spielt man ironisch mit Insignien und Parolen der Nazizeit. Mitglieder von New Yorker Bands wie den Dictators (»Master Race Rock«), den Ramones (»Blitzkrieg Bop«) oder Sic Fucks (»Spanish Bar Mitzvah«) stammten aus jüdischen Familien. Ramones-Mastermind Tamás Erdélyi etwa, der sich die teenagerhafte Ramones-Uniform aus zerlöcherten Jeans, Lederjacke und Tennisschuhen ausdachte und sich den Namen Tommy Ramone gab, wurde 1949 in Budapest geboren. Seine jüdischen Eltern hatten den Krieg nur überlebt, weil sie von Nachbarn versteckt worden waren. Richard Hell, der den Punk-Style mit zerschnittenen Haaren und zerlöcherten, durch Sicherheitsnadeln zusammengeflickten T-Shirts entwickelte und die Punkhymne »Blank Generation« schrieb, hat einen jüdischen Vater, der allerdings ein Atheist war und seinen Sohn säkular und zum Kommunisten erzog, weswegen Hell sich nie als jüdisch verstand. Chris Stein von Blondie und Jonathan Richman von der Proto-Punkband Modern Lovers kamen aus jüdischen Familien, ebenso Hillel »Hilly« Kristal, der das CBGB betrieb, den Musikclub, in dem der Punk geboren wurde.

Der Journalist Steven Lee Beeber kam gar zu dem Schluss, dass Punk jüdisch sei: Punk zeichne sich durch Humor und Ironie aus und befasse sich häufig mit Nationalsozialismus, schreibt Beeber in *The Heebie-Jeebies at CBGB'S. A Secret*

History of Jewish Punk. Punks und Juden identifizierten sich auf selbstbewusste Weise mit dem Kranken und Kaputten, also allem, was Hitler für »entartet« hielt. Unter den jüdischen Punks aus New York listet Beeber unter anderem Alan Vega und Martin Rev von Suicide auf. Sie waren die ersten, die ihre Musik selbst als Punk bezeichneten, verbanden elektronische Sounds mit Gesang und dienten DAF als Modell. (»Suicide sind großartig. Das sind die Einzigen neben DAF, die ich wirklich gut finde«, sagte Gabi.)

Beeber zeigt, dass die Shoa im New York der 1970er ständig präsent war. Beinahe alle seine Interviewpartner erinnerten sich daran, als Kind einen Mann oder eine Frau mit einer eintätowierten Nummer getroffen zu haben. Als Kinder lasen die späteren Punks Comics, die von jüdischen Künstlern geschrieben und gezeichnet worden waren und die von genetisch mutierten »Untermenschen« in Polizeistaaten handelten und ein Bewusstsein von der Prekarität des menschlichen Lebens vermittelten. Lou Reed hatte für »Heroin«, einen Song seiner Band Velvet Underground, diese Zeile geschrieben: *All those dead bodies piled up in mounds* – all die toten Körper zu Hügeln geschichtet.

In dem jüdischen Comedian Lenny Bruce entdeckt Beeber einen Vorvater des Punk. Es sei kein Wunder, dass die ersten New Yorker Punks Lenny Bruce verehrten, der für seinen exzessiven Gebrauch von Wörtern berühmt war, die man nicht sagen darf. Außerdem nutzte Bruce den Holocaust als Material für seine Witze. So kommt Beeber zu dem Schluss: Ohne Holocaust kein Punk.

Erstaunlich ist, dass Beeber das Werk von Boris Lurie unerwähnt lässt, eines in der Lower East Side von New York, unweit des CBGB lebenden Malers, der mehrere Ghettos und

Konzentrationslager überlebt hatte und in den 1960er Jahren Collagen herstellte, auf denen er Pin-ups mit Fotografien kombinierte, die jüdische Opfer von Massenerschießungen im Zweiten Weltkrieg zeigten. »Drastik und Schonungslosigkeit waren für Lurie – sei es in der plastischen Darstellung sexueller Akte oder der Todeslager – Mittel zum Zweck. Er wollte schockieren, Tabus brechen. Der Schock, eine Wirkung der Montagetechnik, konnte den Betrachter Dinge sehen lassen, die die dokumentarischen Bilder, die in den Massenmedien zirkulierten, sonst eher kaschierten«, schreibt Tal Sterngast über Lurie.

Das Nebeneinander von Tod, Grausamkeit und Nacktheit in seinen Collagen hatte der Künstler in den Illustrierten seiner Zeit so vorgefunden. Das Entsetzen darüber, wie die Verbrechen auf diese Weise banalisiert werden, kann man unmittelbar in Luries Werken spüren, die damit selbst zum Skandal werden. Lurie bezeichnete seine Kunst im Kontext einer von ihm gegründeten Bewegung als »No!Art«, aber auch als »Jew-Art« und »Antipop«. Sie stellt die Frage, was es bedeutet, im Zeitalter der Massenvernichtung zu leben und als Zuschauer und Mitwisser an ihr teilzuhaben.

Nach den Vernichtungslagern leben wir im Bewusstsein, dass man Menschen millionenfach versklaven und ermorden kann, ohne dass das den Gang der Dinge stören würde. Ebendas ist im Werk Boris Luries und im New Yorker Punk genauso präsent wie in den Liedern von A+P und den Cretins. Für Boris Lurie folgte aus der Erfahrung der Geschichte der kategorische Imperativ, Nein zu sagen: »Nein heißt, nicht alles anzunehmen, was dir gesagt wird. Versuchen, allein zu denken und zu reagieren. Und es ist ein Ausdruck der Unzufriedenheit. Da gab's Grund, gegen das System zu sein.«

Lurie schämte sich nicht, in seinem »Müll-Atelier« voller Pin-ups zu arbeiten und überhaupt außerhalb der Gesellschaft zu leben, wie er einmal sagte. Er schämte sich auch nicht dafür, in seinen Collagen die Körper der Geschundenen und Ermordeten, die deutsche Hobbyfotografen in Uniform gemacht hatten, neben die Körper von Frauen zu stellen, die einem Blick preisgegeben sind, in dem sich die Macht über andere konstituiert. Das Sichtbarmachen dieses Blicks, das Zeigen von Ereignissen, die man nicht sehen, über die man nicht sprechen soll, werden hier selbst zum Gegenstand – und damit auch die Unterdrückung von Sexualität und Nacktheit in autoritären Gesellschaften, die durch patriarchalische Herrschaftsverhältnisse bedingt ist.

Auf einem Foto von 1977 trägt Boris Lurie eine alte Lederjacke, auf die er einen gelben Stern genäht hat. Er sieht aus wie ein Punk.

Dich haben sie vergessen zu vergasen

»Jede Band in Hannover hatte ein Motto oder einen Slogan. The Fucks hatten auch einen. Auf der Wand unseres Supermarkts in Thönse stand: ›The Fucks – Nieder mit den Jungfrauen.‹ Blitzkrieg hatten auch einen Slogan, aber ich kann mich nicht daran erinnern«, sagt Cord Riechelmann. Als ältere Punks Deutschland erklären, dass das Motto »Wir sind Heißmeyers Kinder« nicht witzig sei, weil es so verstanden werden kann, als mache sich jemand über die Ermordung der Kinder lustig, nehmen sie den Spruch aus ihrem Repertoire. Es gibt auch in Hannover Überlebende der Lager. Einer von ihnen ist der Großvater von Hans-A-Plast-Sängerin Annette Benjamin.

»Aber was ist eigentlich die Aussage von ›Deutschland – Heißmeyers Kinder‹? Das heißt ja nicht, wir fanden es gut, was der gemacht hat, oder wir fanden es scheiße. Das wird einfach in den Raum gestellt. Es ist jedem freigestellt, etwas zu assoziieren. Da haben wir uns keinen Kopp gemacht«, sagt Andreas Pessel. Wenn die Mitglieder von Deutschland sich selbst als »Heißmeyers Kinder« bezeichnen, kann das bedeuten, dass sie sich mit den ermordeten Kindern vom Bullenhuser Damm identifizieren. Die erwähnte Collage aus der *Gegendarstellung*, in der sich Deutschland vorstellen, legt diese Interpretation nahe.

Eine andere Punkband aus Hannover nennt sich Die Untermenschen.

In Nummer fünf der *Gegendarstellung* ist ein Songtext der Untermenschen abgedruckt, der sich mit der Mentalität deutscher Normalbürger befasst und der deutschen Gesellschaft weiterhin Hass auf Kommunisten, Juden und Kriegsdienstverweigerer attestiert: *Ich paktier mit Juden. Ich hab 'nen Russen im Schrank. Ich geh nicht zum Bund und hasse Kanonen. Ich bin doch offensichtlich krank.* Der Ich-Erzähler hat einen Vorschlag, wie mit dem Problem, also ihm selbst, dem kranken Subjekt, umzugehen sei. Dabei orientiert er sich daran, was eben jene Normalbürger gern Punks ins Gesicht sagen: *Gebt mir Gas, gebt mir Gas, Gas, Gas. Packt das Problem bei der Wurzel an. Gebt mir Gas. Jetzt isses aber Zeit fürn starken Mann.* Sodann weisen die Untermenschen darauf hin, dass jene Deutschen, die jede Auseinandersetzung mit der NS-Zeit abwehren, heute nicht viel anders denken als damals, obwohl sie sich paradoxerweise angeblich nur schlecht ans »Dritte Reich« erinnern können: *Das könnt ihr doch. Habt ihr das schon vergessen?*

Ähnlich formulieren es die Bombed Bodies aus Braunschweig, die ihren Song offensichtlich nach der Ausstrahlung der amerikanischen TV-Serie *Holocaus*t geschrieben haben, die 1979 in Deutschland ausgestrahlt wurde und den Begriff des Holocaust in die deutsche Debatte eingeführt hat: *Auschwitz, Belsen, Birkenau, Mann, mir wird so flau. Holocaust hält nicht mehr lange an, und dann? Auf ein Neues, Holidays in Auschwitz. Wir Punks sind als nächste dran. Holidays in Auschwitz machte alle froh. Und wenn alles so weitergeht, geht's uns eines Tages ebenso.*

Punks als die Juden von morgen? Das klingt absurd. Und

vor allem erscheint es geschmacklos, die Massenvernichtung von sechs Millionen Menschen dadurch kleinzureden, dass man sich zum potenziellen Opfer des nächsten Holocaust phantasiert. Aber es handelt sich erstens um einen Punksong, von Teenagern geschrieben. Zweitens wendet er sich gegen die von alten und neuen Nazis vorgetragene »Auschwitzlüge«, laut der es die Massenvernichtung nie gegeben hat. Drittens werden viele Punks irgendwann von einem faschistischen deutschen Normalbürger konfrontiert.

Das passiert auch Bettina Flörchinger von der Düsseldorfer Frauenpunkband Östro 430: »Ich habe als Studentin auf dem Düsseldorfer Weihnachtsmarkt Kasperletheater gespielt. Mit Kasperle und Krokodil, das Zahnschmerzen hat. Das Kasperle zieht den Zahn und dann kriegt das Krokodil eine Lektion erteilt, wie man sich die Zähne putzt. Danach gingen wir mit dem Hut rum. Ich war damals schon Punk, hatte Stehhaare. Da ist es mir einmal passiert, obwohl ich zu niemandem aggressiv oder unfreundlich war, dass mir ein Mann ins Gesicht sagte: ›Dich hätten sie auch mal besser im KZ vergast.‹ Diesen Spruch kann ich bis heute nicht vergessen.«

»Sowas wie dich hätte man früher zu Seife gemacht«, zischen deutsche Bürger den Punks zu. Oft bleibt es nicht bei der verbalen Gewalt, dann wird zugeschlagen. »Prügel angedroht gekriegt hab ich hundertmal, von den Alt-Nazis, die noch rumliefen«, sagt Jürgen Engler. »Ich kann mich daran erinnern, wie ich schon mit elf, zwölf Jahren, oder sogar noch früher, um 1970 rum, da hatte ich schon längere Haare, oft von Alt-Nazis beschimpft wurde: ›Unter Hitler wärste vergast worden‹ und solche Geschichten. Sowas wurde dir als Kind damals noch hinterhergebrüllt. Das habe ich über die Jahre hinweg noch sehr oft gehört. Es war immer ein Spießrutenlauf, wenn du ein bisschen anders warst, auch in der Schule. Später in der Altstadt war es viel gefährlicher, weil die Leute alkoholisiert waren. Sie liefen in größeren Gruppen rum, da konntest du verprügelt werden. Das war gefährlich. Wer weiß, was die mit einem angestellt hätten. Ich kenne genug Leute, denen das widerfahren ist.«

Rosa ist eines Tages nicht schnell genug. Das Viertel, aus dem er kommt, Hannover-Kleefeld, ist in der Stadt berüchtigt. Die Schläger, die dort ihr Unwesen treiben, werden »Buffer« genannt. Gemeint sind damit »stumpfsinnige junge Männer in beigefarbenen Cordsakkos (mit zu kurzen Ärmeln) und weiten 1970er-Jahre-Jeans, die an den Wochenenden die Tanzveranstaltungen im evangelischen Jugendclub unsicher machten und sich Prügeleien mit Gruppen jugoslawischer Gastarbeiter oder dem Nachwuchs britischer Besatzungssoldaten lieferten, die in einer kleinen Siedlung am Rande des Viertels wohnten«, wie Rosa in seinen »Erinnerungen an den jungen Punk« schrieb, die später unter dem Titel »Wie der Punk nach Hannover kam« in einer Serie der *taz Nord* erschienen. Rosa trifft sich am Hauptbahnhof »unterm Schwanz«, also unter dem Schwanz des Reiterdenkmals von Ernst August, mit Alice Dee, dem Sänger seiner Band Rosa. Sie schlendern über die Georgstraße zum Steintorimbiss, um sich für die anstehende Punknacht zu stärken. Da kommt es »zur ultimativen Konfrontation mit diesem Milieu, zu dem ich nicht mehr gehörte. Drei bereits gut angesoffene Buffer, wie ich sie aus meiner Zeit an der Straßenecke kannte, folgten uns. Nachdem sie sich einige Minuten warmgepöbelt und uns Bierflaschen nachgeworfen hatten, ging es auch schon los.« Die drei Schläger verfolgen die beiden Punks, die rennen los. Alice Dee gelingt die Flucht, Rosa nicht. »Ich schaffte es noch bis zur

Mitte der Nordmannpassage, wo ich nach kurzer Gegenwehr umstandslos und ultrabrutal eingestiefelt wurde. Das Letzte, an das ich mich erinnere, bevor ich mit schweren Schädel- und inneren Verletzungen wieder zu mir kam, waren messingbeschlagene Stiefeletten, die mir ins Gesicht traten.«

Rosa verbringt einige Wochen im Krankenhaus. Vierzig Jahre später erinnert er sich: »Hannover ist eine sehr gewalttätige Stadt und schon immer gewesen.« Toleranz, meint Rosa, war keine besonders ausgeprägte Eigenschaft eines letztlich gnadenlosen kleinbürgerlichen Milieus, das Hannover in seiner Perspektive immer noch prägt.

Faschistische Bürger kann man zu meiden versuchen. Aber auch die Polizei wendet gern Gewalt gegen Punks an. Nachdem einige Punks von Leuten auf der Straße verprügelt worden waren, tritt ein Punk wenig später die Schaufensterscheibe eines Pelzhändlers in der Innenstadt von Hannover ein. Beamte einer naheliegenden Wache nehmen gleich die ganze Gruppe in Polizeigewahrsam. Im berüchtigten hannoverschen Polizeirevier Herschelstraße, in dem deutsche Polizisten gern »Bullenpogo« mit festgenommenen Punks tanzen – heißt: sie im Fahrstuhl, wo es keiner sieht, zu verprügeln – hinterlassen Deutschland diese Botschaft: »Wo soll man sonst vor Deutschland-Sprüchen sicher sein, wenn nicht auf einem Polizeirevier.«

Bullenpogo ist normal im Deutschland der späten 1970er Jahre. »Das haben sie in Berlin auch mit den Hausbesetzern gemacht. Im Hauseingang«, sagt Cord Riechelmann. »Das war immer die Losung: Passt auf, dass die euch nicht in irgendeine Ecke kriegen, dann hauen die euch zu Brei. Dann kommt der ganze Frust mit einem Mal raus. Das war teilweise wirklich hemmungslos, es waren zum Teil SA-Methoden. Es war eine Gewalt da und die Punks haben das sichtbar gemacht. Die Gesellschaft tat so, als würde es das gar nicht geben. Das ähnelte dem Muster, wie über die NS-Zeit gesprochen wurde: ›Das hat der Führer nicht gewusst.‹ Irgendwelche geheimen Mächte haben das alles gemacht. Die Gesellschaft tat so, als sei inzwischen alles in Ordnung. Aber es war ein Ausgrenzungssystem. An den Punks konnte man das studieren. Bei den 68ern konnte man das auch schon sehen. Mein Vater wollte die Langhaarigen ins Stadion sperren und so lange Starfighter drüberfliegen lassen, bis sie sich die Haare ausgerissen haben, das war sein Spruch. Aber es war damals noch nicht so direkt. Den Fucks wurde in Thönse am Vorabend vom Schützenfest gesagt: Wenn ihr da auftaucht, schlagen wir euch zusammen. Sie sind dann auch nicht aufgetaucht, was für beide Seiten besser war. Die kleinbürgerliche Gewalt war direkt. Wenn Leute trampten, fuhren Leute mit Autos direkt auf sie zu. Das war extrem. Wenn man diese Ausgrenzungsaggression nicht erlebt hat, versteht man manche Songs auch nicht. Die Punks wollten nicht die Macht ergreifen. Sie waren anders, und das reichte.«

Andreas Pessel von Deutschland sagt, auch er habe einen Geschichtslehrer gehabt, »der komische Sachen erzählt hat: ›Deutschland hat den Krieg verloren, weil es zu wenig Treibstoff für die deutschen Panzer gab.‹ Am letzten Schultag vor den Ferien hat er von seinem Einsatz als Funker berichtet: ›Da dit, da da dit.‹ Aber wir hatten kein Sendungsbewusstsein, oder als junger Mensch denkt man nicht so darüber nach. Der Refrain von unserem Stück ›Spaß-Musik‹ lautete: *Spaß-Musik, wir scheißen auf Sozialkritik.* Musik muss nicht immer eine Message haben. Wenn's gute Musik ist und man kann Pogo tanzen, reicht das ja eigentlich.«

Ferien in Stalingrad

Auf dem Titel der achten Ausgabe der *Gegendarstellung*, die Anfang 1980 erscheint, ist unter anderem zu lesen: »Mit dem 20. Jahrhundert kommt das Grauen.« Im Heft erscheint ein weiterer Artikel über Deutschland. Der anonyme Autor nennt sich »ein Genosse der Kulturgruppe« und macht sich also über den Jargon der linken K-Gruppen lustig, die mit Punk wenig anfangen können, wenn sie ihn nicht rigoros als faschistisch verdammen. Der falsche Genosse berichtet, er sei »zum Interview mit der hannoverschen Neopunk-Gruppe Deutschland gebeten« worden. Am verabredeten Ort wird er von zwei Männern empfangen, die lange grüne Militärmäntel tragen, bis zum Kinn geschlossen, die Hände tief in den Taschen vergraben: »Du bist sicher dieser bolschewistische Schreiberling von der *Gegendarstellung*.« Nachdem sie ihn solchermaßen gebührend empfangen haben, nehmen die zwei den Reporter in ihre Mitte: »Passanten machen ehrfürchtig Platz, Mütter nehmen ihre Kinder an die Hand. ›Vati, ist der Onkel jetzt verhaftet?‹, höre ich es hinter mir flüstern.«

Im Jugendzentrum angekommen, beobachtet Genosse Reporter im Garten Jugendliche, die in Reih und Glied marschieren und »sich in einer Art Nahkampf« üben. Ihm wird erklärt, »es handele sich lediglich um reine Kommunikationsspiele, die darüber hinaus der körperlichen Ertüchtigung dienen und spontanes und eigenständiges Handeln fördern sollen«. Das Szenario einer faschistischen Gruppierung, die ein Jugendzentrum in ein Bootcamp verwandelt und den dortigen Sozialarbeiter so eingeschüchtert haben, dass er fortan tut, was Deutschland sagt, wird nun also durch satirischen Verweis auf die Ideen linker Pädagogen irritiert: »Spontanes und eigenständiges Handeln fördern.«

Bald darauf kippt jedoch die Erzählhaltung des Texts, wenn der Autor erklärt, seine angeblich eigenen Vorbehalte nicht bestätigt zu sehen, da Deutschland »richtige, fröhliche Pogomusik von Wagnerianischer Wucht« spielten, »präzise, schnell und bombastisch«, um anschließend zu erklären, was die drei jungen Männer von Deutschland da in Wirklichkeit tun. Es geht dem Autor, der sich unter der Tarnkappe des Kulturgruppengenossen versteckt, nun doch darum, jedes Missverständnis auszuschließen, damit jugendliche Leser, aber auch die linken Studentenpunks aus der hannoverschen Nordstadt nicht auf die Idee kommen, die *Gegendarstellung* verherrliche rechtsextremes Gedankengut: Der Deutschland-Song »Recht & Ordnung« sei eine »brillante Satire, die die Vision einer Diktatur in der BRD vorwegnimmt«, erklärt der Genosse seinen Leserinnen und Lesern.

Dann wird der Refrain von »Recht & Ordnung« zitiert: *Aus dem Lager grad zurück, frisch gedrillt und voller Glück. Noch viel zu tun in diesem Land, bald haben wir es in der Hand – Recht und Ordnung!* Das, meint der Reporter, sei »eine engagierte Warnung vor einem neuen Faschismus in Deutschland«. Deutschland halte dieser Gesellschaft den Spiegel vor. »Sie benutzen die Sprache und Symbole des totalitären Staates, filtern das heraus, was sich hinter der demokratischen Maske eines neuen 33 zu verbergen sucht. Sie schreien keine weinerlichen Anklagen gegen den bösen Staat heraus, sondern reduzieren die geschwätzigen Reden dieser, unserer Politiker auf ihren nackten, gewalttätigen Inhalt – Recht & Ordnung.«

Wenn Deutschland sich als »Heißmeyers Kinder« bezeichnen, können damit nicht nur dessen Opfer, sondern auch dessen Nachkommen gemeint sein. Deutschland würden damit der Tatsache Rechnung tragen, dass sie, als knapp zwanzig Jahre nach Kriegsende Geborene, die Kinder und Enkel jener Deutschen sind, von denen viele, wie Heißmeyer, Verbrechen gegen die Menschheit begangen haben, wie »Crimes against Humanity« korrekt auf Deutsch übersetzt heißt. Vielleicht ist »Heißmeyers Kinder« aber auch nur ein Index, ein Hinweis auf eben jenes Verbrechen an zwanzig Kindern und ihren Pflegern, dem der *Stern* eine Serie widmete. »Heißmeyers Kinder« mit schwarzem Filzstift auf Wände zu schreiben, wäre dann nicht mehr, aber auch nicht weniger als ein Akt des Erinnerns an ein NS-Verbrechen.

Mitte der 1970er Jahre, als die Mädchen und Jungen, die demnächst den Punk entdecken werden, zur Schule gehen, ist das Kriegsende erst dreißig Jahre her. Wer 1945 zwanzig oder dreißig war, wurde stark durch die Ideologie der Nazis geprägt und ist nun fünfzig oder eben sechzig Jahre alt. Diese Erwachsenen sollen die Teenager nun als sogenannte »Respektspersonen« ansehen. In den Spitzen von Staat und Gesellschaft tummeln sich teils hochrangige ehemalige Mitglieder der NSDAP.

Mittagspause aus Düsseldorf empfinden es als skandalös, dass Karl Carstens, ehemaliges NSDAP-Mitglied und ein vitaler Wandersmann, der gerne deutsches Liedgut singt – »Hoch auf dem gelben Wagen« – im Jahr 1979 Bundespräsident wird. *Hoch zu Ross den Bundesgeier am Gewand. Herrenreiter haben wieder zu sagen im Land*, singen Mittagspause in »Herrenreiter«. Im Refrain bringen sie die Farben der Trikolore mit einer düsteren Vorhersage als Folge einer Geschichte von Gewalt und eines fragwürdigen Wohlstands in Verbindung: *Schwarz der Himmel unserer Zukunft. Rot die Erde der Vergangenheit. Gold die Zähne unserer Väter.* Dem Hass auf diese Zustände wird bereits in Mittagspauses »In der Tat« freien Lauf gelassen. Zielscheibe ist ein Herr Walter, dem der Erzähler nicht den Respekt vor dem Alter entgegenbringen will, weil Herr Walter zwar ein Kriegsversehrter, aber auch ein alter Nazi ist. Und weil dem so ist, wird ihm nun symbolisch das angetan, was seine Generation mit den Schwachen gemacht hat. Er wird mit Verachtung gestraft, und sogar über seine Nützlichkeit für die Gesellschaft wird spekuliert: *Über uns da wohnt er nun. Nichts als Fernsehen, hoppelt rum. Auch die Schweine haben Beine. Doch Herr Walter, der hat keine. Stalingrad!*

Dieser Herr Walter *ist dumm, er ist frech, und er redet nichts als Blech. Er ist nutzlos und er stinkt, weil er absolut nichts mehr bringt. Verkalkte Sau!* Herr Walter bekommt Rente und liebt seine Vögel, *eigene Kinder hat er keine, denn es sind nicht nur die Beine.* Trotz aller Gnadenlosigkeit diesem alten Mann gegenüber schleicht sich am Ende des Lieds aber doch noch ein Hauch von Verständnis für Herrn Walter ein: *Heute glaub ich, dass er spinnt. Denn er ist sehr viel alleine. Und das, das machen wohl die Beine.* Dann aber endet der Song mit dem Ausruf, der jede Möglichkeit der Versöhnung mit dem alten Mann ausschließt: *Ekelhaft!* Mittagspause-Sänger Peter Hein spuckt das Wort distanziert, mit aller Härte aus. Mit Herrn Walter wollen sich Mittagspause nicht gemein machen. Sieben Jahre später singt Hein in einem Stück seiner Band Family 5: *Wo sind die Krüppel hin, die uns als Kinder halfen zu verstehn, was es heißt, den Krieg zu verliern? Die kann man nur noch auf dem Friedhof sehn.* Die Kriegsversehrten gaben mit ihren von Gewehrkugeln, Granatsplittern und Erfrierungen gezeichneten Körpern lebendiges Zeugnis vom Krieg ab.

Dass Herr Walter aus dem Lied von Mittagspause seine Beine in Stalingrad verloren hat, ist kein lyrischer Zufall. Stalingrad ist in der Bundesrepublik Deutschland, aber auch in Österreich eine Chiffre für die Opferbereitschaft deutscher Soldaten, die sich tapfer bis zum Ende schlagen, eingekesselt von der Roten Armee. Stalingrad anzugreifen war militärisch sinnlos, Hitler befahl es aus propagandistischen Gründen. Die Stadt hieß nun mal Stalingrad, sie zu erobern wäre ein Coup gewesen.

Als der deutsche Musikproduzent Conny Plank Mitte der 1970er Jahre eine junge Band bei sich in Wolperath im Studio hat, es sind langhaarige Rocker aus Hannover, schlägt er ihnen vor, sie sollten sich Stalingrad nennen. Plank denkt sich auch eine Bühnenshow für sie aus, mit Stacheldraht und anderen Utensilien. Die jungen Männer sind nicht überzeugt. Eine deutsche Rockband, die den verlorenen Krieg zum Thema, das Desaster von Stalingrad zu ihrem Namen macht, ist für sie undenkbar. Statt Stalingrad wählen sie den Namen Scorpions. Wenn die Scorpions klug gewesen wären, hätten sie auf Conny Plank gehört, und möglicherweise hätte es 15 Jahre später keinen Grund für ein paar ostdeutsche Punks gegeben, Rammstein zu gründen.

Eine englische Band, die aus drei ebenfalls langhaarigen, schwarz gekleideten Männern besteht, hat ungefähr zur selben Zeit wie Conny Plank eine ähnliche Idee. Sie macht den lautesten und schnellsten Rock 'n' Roll, den man bis dahin gehört hat, und nennt sich Motörhead. Ihr erstes Konzert spielen Motörhead im Februar 1975. Sie hängen den Nachbau einer Heinkel He 111, des deutschen Standardbombers aus dem Zweiten Weltkrieg, über die Bühne. Ihre Konzerte beginnen mit dem Klang einer Sirene, dann blenden sie ihr Publikum mit Suchscheinwerfern, während Sänger Lemmy Kilmister, der ein Eisernes Kreuz um den Hals trägt, über den Bombenkrieg singt.

Lemmy meinte, Motörhead sei Musik für das Zeitalter der Massenvernichtung. »Musik reflektiert immer die Zeit, in der sie entsteht. Der Krieg war das zentrale Ereignis des 20. Jahrhunderts.« Wer ihn nicht erlebt habe, könne ihn nicht nachvollziehen. »Absurd wird es aber, wenn die Leute versuchen, sich das nachträglich zurechtzubiegen. Wenn du heute einen Bausatz eines Messerschmitt-Jagdflugzeugs aus dem Zweiten Weltkrieg kaufst, fehlt das Hakenkreuz am Heck. Warum? Das ist Teil der menschlichen Geschichte. Du kannst die Geschichte nicht ändern, aber daraus folgt nicht, dass man sie unter den Teppich kehren soll. Das ist doch scheiße«, sagte er.

Früher war Lemmy hin und wieder in SS-Uniform aufgetreten, darauf angesprochen, sagte er: »Britische Soldaten sahen damals aus wie Pfadfinder. Das Design der deutschen Uniformen war dagegen unglaublich gut. Und unglücklicherweise sah die Uniform der SS am besten aus.« Diese Uniform stehe für nichts, das er möge. Sie sehe so aus, wie Rock 'n' Roll aussehen müsse: fies. »Ich will damit sagen: Schaut euch an, was geschehen ist. Besonders in Deutschland. Lange wurde in den Schulen nicht gelehrt, was im Krieg passiert ist.«

Auf jedem Motörhead-Album gibt es mindestens einen

Song über den Krieg. »Krieg ist ein griffiges Thema«, sagte Lemmy dazu trocken. »Irgendwo findet immer einer statt.« Neben der gewalttätigen Veranlagung von Homo sapiens war Sex ein weiteres zentrales Thema seiner Songs. Sex sei eine Religion, meinte er und machte deutlich, dass er diese Religion allen anderen vorzog. Sex war für ihn das Gegenprogramm zu Krieg und Gewalt. Dann sagte er den unübersetzbaren Satz: »Shooting somebody an orgasm is much better than shooting holes in them.« Er war zum selben Schluss gekommen wie Klaus Theweleit, der im Nachwort zur Neuauflage seines Werks *Männerphantasien* schrieb, das Buch unternehme den Versuch, »zu ergründen und zu beschreiben, warum es Körper gibt, überwiegend männliche Körper, die nicht leben können, d. h., die nicht atmen können, ohne irgendjemand oder irgendetwas aus dem Weg zu schaffen; zum Verschwinden zu bringen; zu beschreiben, worin dieser Beseitigungszwang in bestimmten Körpern besteht, wie dieser entsteht und diese Körper dann beherrscht.« Die Bände eins und zwei der *Männerphantasien* erscheinen in den Jahren 1977 und 1978 im Verlag Roter Stern/Stroemfeld.

Einer der ersten Texte, die Robert Wolf alias Robert Räudig für seine Band Chuzpe schreibt, heißt »Ferien in Stalingrad«. Darin machen sich die Wiener Punks über den Mythos Stalingrad lustig, an dem sich alte Nazis in ihren Beisln, also Kneipen wärmen, wenn sie beim Bier zusammensitzen: *Sitz daham, hab nix zum tuan. Tua nix tuan wie Nasnbuhrn. Führer ruaft, I kumm, I kumm. A langer Marsch, drah mi net um. Ferien in Stalingrad. Russland bist du lang und brad. Der Sensenmann, er maht und maht. Ferien in Stalingrad. Bluat und Schnee.* Wenn der Führer ruft, wird subito losmarschiert, und erst in Russland wird klar, dass das Land doch sehr *lang und breit*, und also schwer zu erobern ist. Dann mäht der Sensenmann. Davon, dass die Männer, die munter losziehen, um dem Ruf des Führers zu folgen, auch eine Lust am Abenteuer empfinden und mit dem zivilen Leben nichts anfangen können, weil sie dort keine Lust empfinden, handelt der zweite Teil des Lieds: *Is Kreuzworträtseln dir zu fad. Bist dein Mädl langsam lad. Wennst statt dass'd in dein Sessel sitzt, lieber in an Kessel schwitzt: Ferien in Stalingrad. Nervenkitzelfitnesspfad, Schützenminen, Stacheldraht. Mit nasse Augn auf Russn zieln. Auf Stalinorgeln Walzer spieln.*

Dass ein deutscher oder in diesem Fall ein österreichischer Mann auf die Idee kommt, »Ferien in Stalingrad« zu machen, weil er sein Mädchen leid ist, klingt weit hergeholt, ist es aber nicht. Chuzpe haben intuitiv erfasst, dass das schon im Ersten Weltkrieg ein Motiv für manche Männer gewesen ist. Walter Kolbenhoff lässt in seinem Roman *Untermenschen* seine Figur des Vagabunden sagen: »Dann aber war der Krieg zuende und ich musste zurück in die kleine Stadt. Meine Alte weinte vor Freude, ich vor Ärger. Als ich sie vor mir sah, in ihrem hochgeschlossenen Kleid und der Königin-Luise-Gedächtnisfrisur, als ich den Duft der Zimmer roch, wusste ich, dass es vorbei war mit der Freiheit des Krieges.«

Chuzpe widmen sich auch der »Braunen Nostalgie«. Der Ich-Erzähler ihres Lieds ist ein alter oder junger Nazi: *Braunes Hemd liegt in Kastn. Schwarzes Kappl hängt danebn, a Kappl mit an Todnschädel. Ans no mechat i erlebn.* Das Braunhemd im Schrank, die schwarze Kappe mit dem Totenkopf hängt daneben, und was der Mann noch erleben will, erklärt der Refrain: *B-B-B-B-B-B-Braune Nostalgie.* Das Kommen des Vierten Reichs bringt den Erzähler vor Aufregung ins Stottern.

Das könnte damit zusammenhängen, dass dieser Triumph mit einer Befriedigung von Bedürfnissen einhergeht: *Nudl pampfen, Arscherl klopfen. Untermenschen ausradiern. Bombenhagel, Handgranatn, zu Millionen aufmarschiern.* Die Nudl ist im Wienerischen nicht nur eine Teigware, sondern auch ein Slangwort für Penis. Diese Stelle ist auf die Homoerotik in faschistischen Männerbünden gemünzt, war aber keineswegs schwulenfeindlich gemeint, sagt Robert Wolf. Technisch potenzierte Gewalt im von den Nazis entfesselten Krieg wird in »Braune Nostalgie« als Rauscherlebnis beschrieben: *Gas und Feier, ungeheuer. Blaue Augn und blonde Hoa. Hart wie Kruppstahl, deutsch die Eier. Hoffentlich kummt bald mei Joa.*

In einem weiteren Stück besingen Chuzpe eine Gitarre, »Ibanez SG«. Darin ist von *WuWa Rock 'n' Roll* die Rede, wobei mit *WuWa* die Nazi-Abkürzung für »Wunderwaffe« gemeint ist. Chuzpe adressieren hier einen österreichischen Kameraden von Herrn Walter, möglicherweise aber zugleich ihre jugendlichen Fans, wenn es in der ersten Strophe heißt: *Erheb' di aus dein Rollstuhl. WuWa Rock 'n' Roll. Tanz mit uns in Kriag, die Front is glei um's Eck.* Die Front bewegt sich im Verlauf dieses Lieds allerdings recht schnell. *Was gibt's denn Schön'res als ein deutsches Mädel zwischen d'Schenkel z'kitzeln*, wird in der zweiten Strophe gefragt und sogleich festgestellt: *Die Front liegt unterm Bett.* Die Sache geht aber nicht gut aus für den Helden aus dem Rollstuhl. Denn bald riecht es nach Urin im Schützengraben. Die letzte Anweisung an das in diesem Text angesprochene Du lautet: *Heb die Händ in d'Höh. Die Front steht hinter dir.*

Ganz im Stil eines Ramones-Songs bringen Chuzpe die Metaphorik von Krieg und Sex in einen direkten Zusammenhang mit ihrer Musik und dem Ende der Welt, wenn

Robert Wolf im Refrain singt: *Sei freindlich zu Insekten. Sie beherrschn boid die Woid. Sei schleimig, grimmig, giftig und gemein. Verbrenn die Sohln von deine Tennisschuach im Kampf mit meiner Ibanez SG.*

Wie eine Mischung aus den Ramones und den Sex Pistols sehen Chuzpe Ende der 1970er auch aus: Die drei Instrumentalisten tragen schwarze Lederjacken und lange Haare, während ihr Sänger das Wiener Pendant von Johnny Rotten gibt. Er trägt verstrubbelte Haare, manchmal eine Kassenbrille und oft einen Trachtenjanker.

Die lustigen Stiefel marschieren über Polen

Während Deutschland nur mit ihren Filzstiften mit der Öffentlichkeit kommunizieren, spricht die Deutsch Amerikanische Freundschaft bald zu einem Millionenpublikum – via Schallplatte und Fernsehen. *Die lustigen Stiefel marschieren über Polen* ist der gesamte Text des Stücks »Die lustigen Stiefel«, der wie ein Mantra und im Sprachduktus eines Kinderlieds wiederholt wird. »Konkret wurde dieser Text ausgelöst, da wirst du jetzt lachen, durch den Film von Ernst Lubitsch, *Sein oder Nichtsein*«, erzählte Gabi. »Es ist eine sehr raffinierte Komödie, und da gibt es ein Bild, da marschieren die Deutschen ein und machen alles platt. Da dachte ich mir: *Die lustigen Stiefel marschieren über Polen.*« Der Trick daran sei das Wort »lustig«. Denn »Die Stiefel marschieren über Polen« wäre stumpf, meinte Gabi. »Bei mir kommt das aus einer expressionistischen Tradition. Wenn man sagt: ›Der Junge spielt am See‹, hat man einen normalen Satz. Dann sage ich: ›Der Junge spielt mit dem See.‹ Allein das Austauschen eines Worts oder das Hinzufügen, in diesem Fall ›lustig‹, löst alles auf.«

Die lustigen Stiefel marschieren über Polen klingt, ähnlich wie DAFs Erzählung vom Räuber und dem Prinzen, die sich ineinander verlieben, wie aus einem Märchen der Gebrüder Grimm. Dieses Lied verweist auf die Lust, die Leute empfunden haben, als sie sich den Nazis angeschlossen oder gar an Verbrechen aktiv beteiligt haben. Ist die Bezeichnung der Stiefel als lustig also das eigentlich Provokante an diesem Stück? Gabi sagte: »Da hast du völlig recht. Ich musste auch an Märchen wie den Gestiefelten Kater denken.«

Deutsch Amerikanische Freundschaft landen mit ihrem Stück »Der Mussolini« zwei Jahre später einen Hit, obwohl im Radio, zumindest im Bayerischen Rundfunk, worauf Gabi immer wieder amüsiert hinwies, das Stück nicht gespielt wird – viel zu provokant, unter anderem, weil darin Hitler und Jesus in einem Atemzug genannt werden: *Geh in die Knie. Und klatsch in die Hände. Beweg deine Hüften. Und tanz den Mussolini. Dreh dich nach rechts. Und klatsch in die Hände. Und mach den Adolf Hitler. Und tanz den Mussolini. Und jetzt den Jesus Christus.*

Gabi Delgado-López singt mit einer tiefen Stimme und imitiert anscheinend Adolf Hitler. Er singt die Vokale mit einer dunklen Färbung. Der Text besteht aus der Wiederholung von nur ein paar Zeilen, die aber immer leicht variiert werden. Es gibt keine Strophe und keinen Refrain. Am Ende heißt es: *Tanz den Kommunismus.* Auf die Frage, wie er darauf kam, einen Text über Mussolini zu schreiben, gibt Gabi eine verblüffende Antwort: Wenn sein Kollege Robert Görl im Studio am Synthesizer Sequenzen für ein neues Stück spielt, tanzt Gabi dazu. Erstens, um herauszufinden, ob die Musik gut ist. »Weil man dazu tanzen muss. Wenn du nicht dazu tanzen kannst, taugt es nichts.« Das nennt Gabi den Tanz-Check. Je nachdem, wie Gabi auf die Musik reagiert, verändert Robert die Sequenzen, und dieses Spiel geht so lange, bis beide zufrieden sind. »Es war für mich, so seltsam das auch klingen mag, eine Form des Zusammenspiels«, sagt Robert.

Zum anderen tanzt Gabi, weil er tanzend die Texte zur Musik entwickelt. Er improvisiert mit Wörtern, Satzfragmenten, Slogans. Er probiert, verwirft, behält etwas, das ihm gut gefällt, und improvisiert weiter. »Der Mussolini« ist so entstanden. Gabi gefällt der Klang des Namens Mussolini, er assoziiert ihn mit Mousse au Chocolat und den beiden Silben »Lini«, die man als den Namen einer Frau lesen könne: Mousse au Lini. Aus dem Spiel mit dem Wort entsteht die Phrase *Tanz den Mussolini*, was nahelegt, auch den Adolf Hitler, dann den Jesus Christus und schließlich den Kommunismus zu tanzen, der gut zum Ensemble dieser Namen passt und sich außerdem auf Jesus Christus reimt. Und wenn es um eine Aufforderung zum Tanz geht, kann man sich weitere Anweisungen ausdenken, wie nun getanzt werden soll, wenn es sich dabei um einen imaginären neuen Tanzstil handelt. *Dreh dich nach links und jetzt nach rechts. Klatsch in die Hände, beweg deinen Hintern.* Dabei schwingt bei diesen Angaben zur räumlichen Orientierung und Anweisungen zur Richtungsänderung auch das seit der Französischen Revolution übliche politische Koordinatensystem von links und rechts mit, das mit den Namen Mussolini, Hitler und dem Kommunismus korrespondiert, was sogleich die Frage aufwirft, ob und wie Jesus Christus in diesem Koordinatensystem einzuordnen wäre. Das hängt wohl vom Standpunkt ab.

Dem Reiz des Verbotenen, der Tabuisierung, Mystifizierung und Verkitschung der Nazivergangenheit entgegnen DAF den sehr tanzbaren Witz, sich Mussolini, Hitler, Jesus Christus und Kommunismus als Bezeichnungen für Tanzstile vorzustellen und so die »heiligen Wörter«, wie sie das nennen, vom Altar zu schubsen. In dieser Hinsicht sind sie nicht so weit von Hans-Jürgen Syberbergs Ideen entfernt.

Der Regisseur wendet sich von der rationalen Auseinandersetzung mit den Verbrechen der Nationalsozialisten ab. Er meint, nur »im Mythos« könnten die Deutschen Hitler »und sich selbst« überwinden. Wo bei Syberberg aber esoterischer Kitsch entsteht, wird bei DAF getanzt und befreit gelacht. »Es ist eine Entmystifizierung des Faschismus. In Deutschland ist ein Wort wie Hitler oder Mussolini tabu. Das hat einen unheimlich gefährlichen Effekt für ganz junge Leute, weil das fast heilige Wörter sind, die einen Mythos bekommen. Wir haben das in einen lächerlichen Disco-Zusammenhang gebracht. Ich finde diese ganzen Vokabeln entmystifizierend, weil wir Wörter in einen Zusammenhang gebracht haben, die auf unterschiedliche Art heilig sind. Es ist ein respektloser Song, es ist respektlos, Adolf Hitler und Jesus Christus in einem Atemzug zu nennen. Und dann hat ja die Disco-Bewegung auch sehr faschistoide Tendenzen, das passte gut zusammen«, erklärte Gabi der Journalistin Ingeborg Schober.

Die Musik von »Der Mussolini« besteht aus einer einfachen Synthesizer-Sequenz, kalt, elektronisch, aber animierend, einem treibenden Beat und aus Gesang. Im Hintergrund sind die Stimmen von Frauen zu hören. Sie klingen wie Hexen, die spitze Schreie, Jauchzer oder vielleicht Zaubersprüche ausstoßen. Wenn das Stück auf Partys gespielt wird, springen die Teenager wild durch die Luft und rempeln sich mehr oder weniger sachte dabei an: Pogo. Gabi singt auch in »Alle gegen alle« über das Tanzen: *Unser Tanz ist so wild. Unser Tanz ist so wild. Rechts den roten Blitz und links den schwarzen Stern. Alle gegen alle. Alle gegen alle.* Wenn alle tanzen und dabei *alle gegen alle* sind, ist dies das Gegenteil einer faschistischen Formation, in der es nach Theweleit zur hierarchischen Symbiose von Führer und Volk kommt, »zur Darstellung der ersehnten ›Einheit‹, der ›Ganzheit‹«. Das Gegenmittel gegen diese Formation könne man möglicherweise im Erlebnis der Kollektivität in einer anderen Form finden, die schöner und lustvoller sei. Pogo ist so eine Form.

Ein, zwei Jahre lang darf dieses Lied auf keiner Party fehlen, weil die Provokation Spaß macht, aber vor allem, weil DAF eine Art von Musik erfunden haben, die extrem tanzbar und verführerisch ist. Der linksliberale bundesdeutsche Mainstream versteht weder das eine noch das andere. Beispielhaft für das Unverständnis, dem sich DAF gegenübersehen, ist die Einschätzung des Autorenduos Döpfner & Garms. »Der Mussolini« sei eine »Art Hymne der durchbrochenen Tabus«, meinen sie, womit sie nicht falsch liegen. Nichts anderes haben Delgado & Görl in jedem Interview gesagt, in dem sie zum »Mussolini« befragt wurden. Damit ist für Döpfner & Garms die Angelegenheit jedoch noch nicht erledigt: »Die Tatsache allerdings, dass zu diesen Klängen das Tanzbein geschwungen wurde, das sich durch die ›Tanzbefehle‹ Gabi Delgado-López' wirklich animiert fühlte, gibt bezüglich der geistigen Integrität der Zielgruppe ebenso zu denken, wie das Ergebnis einer Meinungsumfrage, bei der achtzig Prozent der Jugendlichen ihr Gefallen an diesem Stück begründeten: ›Weil die Musik eben so gut abgeht.‹« Es solle nun, fahren Döpfner & Garms fort, »keinesfalls mit dem erhobenen Zeigefinger vor dem kulturellen Verfall der Jugend gewarnt werden, aber ein bisschen bedenklich stimmt solches Missverständnis nun doch.«

»Lustigerweise« hätten gerade viele Linksliberale und 68er DAF für Faschisten gehalten, erzählt Gabi später: *Humanité*, das Organ der Kommunistischen Partei Frankreichs, habe gegen »diese deutsche Band« gewettert. »Am Anfang haben wir keinen Plattenvertrag gekriegt und keine Auftritte, weil das niemand verstanden hat.« »Der Mussolini« findet sich auf dem Album *Alles ist gut*, das ab Mitte 1981 ein gutes halbes Jahr lang in den deutschen Charts gelistet wird, bis es vom Nachfolgealbum *Gold und Liebe* abgelöst wird. In der Hochphase des DAF-Hypes verkauft die Band jede Woche 30 000 Exemplare von *Alles ist gut.* Dieses Album definiert das Verhältnis einer ganzen Generation zu Männlichkeit, Liebe, Sex und Stil, zur deutschen Vergangenheit und zur deutschen Sprache neu. Das verstehen viele nicht, viele Junge aber schon.

Die Münchner Band Zusatzzahl weist in ihrem Lied »Hintergrund« die Frage von sich, ob und wie sie sich politisch einordnen soll. Muss man sich mit der deutschen Vergangenheit beschäftigen? Die Antwort von Zusatzzahl lautet: nein. Diese Ablehnung ist aber Teil einer generellen Verweigerung, in der Welt mitzumachen, die sie vorgefunden haben: *Ich spiel mich in den Hintergrund, ich will mich euch nicht zeigen. Ich will nicht in den Vordergrund, da möchte ich lieber schweigen.* Denn das gesellschaftliche Angebot der Partizipation reicht den Münchner Punks nicht: *Ich will mehr. Ich will noch so viel mehr.* Sie haben weder Lust, wie die Terroristen der RAF in den Untergrund zu gehen, sie wollen sich aber auch nicht mehr führen lassen. Die Politik der Rechten wie der Linken lehnen sie gleichermaßen ab: *Da gibt es keinen rechten Grund, mich einfach zu verschenken. Es gibt auch keinen linken Grund, da muss ich zu viel denken.* Und schließlich wollen sie sich nicht von der Vergangenheit bestimmen lassen: *Der Druck aus der Vergangenheit beschäftigt viele Leute. Ich denk nicht an die ferne Zeit. Oh nein! Wir leben heute!*

DAF drücken sich deutlicher aus, wenn ihnen vorgeworfen wird, sie spielten unverantwortlicherweise mit der Ästhetik des Faschismus. Döpfner & Garms zitieren aus einem Pressetext ihrer Plattenfirma, in dem Delgado-López und Görl postulieren: »Was haben wir damit zu tun, dass Juden vergast worden sind, was haben wir mit Hitler zu tun; das ist, wie wenn jemand vom alten Rom erzählt, wo ja auch viel schlimme Sachen passiert sind mit den Löwen in der Arena und der Christenverfolgung.« Der Unterschied besteht offensichtlich erstens darin, dass die Christenverfolgung in der Antike geschah und nicht im 20. Jahrhundert, nur vierzig Jahre vor der Popkarriere von DAF. Zweitens produzieren und verkaufen DAF ihre Platten in jenem Land, in dessen Namen die Juden Europas vernichtet werden sollten. Drittens wissen DAF natürlich ganz genau, dass sie, wenn sie in Deutschland vor die Tür gehen, jederzeit auf Leute treffen könnten, die für diese Verbrechen verantwortlich sind oder sie begangen haben. Was DAF möglicherweise nicht passt, ist der moralistische Gestus, in dem diese Gesellschaft die »Aufarbeitung« der Verbrechen, die sie bis vor kurzem noch verdrängt hatte, nun vor sich her trägt. Es spricht aber einiges dafür, dass die beiden jungen Männer tatsächlich der Ansicht sind, dass sie, die nach dem Krieg geboren wurden, mit diesen Verbrechen »nichts zu tun haben«. Auf einem späten Solowerk von Gabi mit dem Titel *1* findet sich ein Stück namens »Die Zukunft«, in dem er seine radikale These von 1981 verallgemeinert: *Der Nutzen der Historie war niemals wirklich klar. Vergangenheit ist einfach nur, was irgendwann mal war. Das Schöne an der Zukunft, sie ist noch gar nicht da. Vergesse die Vergangenheit, sie war vorbei, bevor du warst.* Die Vergangenheit soll laut Gabi aber nicht vergessen werden, weil sie vorbei ist, sondern weil sie am Erleben der Gegenwart hindert: *Die Zukunft ist die Gegenwart. Die Gegenwart ist kurz und schnell. Wie ein Wimpernschlag, so kurz und schnell. Und weil ich deine Wimpern mag, bist du meine Gegenwart.* Nur in der Gegenwart gibt es die Liebe.

Döpfner & Garms, denen die Erklärung von DAF zwar zu salopp ist, erklären jedoch wenig später, dass die neudeutsche Popmusik die Gedanken zahlreicher Jugendlicher formuliere, »die eine kollektive Erbschuld ihrer Nation für das Dritte Reich von der Hand weisen. Gewissermaßen enthistorisiert, will man nicht 37 Jahre nach Kriegsende unablässig für den Völkermord in die Pflicht genommen werden, den man nur aus zweiter und dritter Hand berichtet bekommen hat. Die neugierig-unbekümmerte Art, mit der manche Heranwachsende den Wortschatz der Nationalsozialisten in den Mund nehmen, könnte als ein Versuch der Vergangenheitsbewältigung interpretiert werden, der sich gegen den oberlehrerhaften Ton der meisten Mahnreden, Publikationen und Historiographien zum Faschismus richtet. Man möchte das anerzogene schlechte Gewissen abstreifen, sich zu seinem Volk bekennen können und den Wunsch nach nationalem Selbstbewusstsein ausleben.« Mag sein, dass »man« das mochte und Döpfner & Garms damit einverstanden waren. Die meisten Punks der ersten Generation haben jedoch Besseres zu tun, als »ihr nationales Selbstbewusstsein auszuleben«, auch wenn sie sich gerne Frisuren schneiden lassen, wie man sie in den Dreißigern nicht nur in Deutschland, sondern auch in England und anderswo trug – über den Ohren und im Nacken ausrasiert, nur das Deckhaar darf etwas länger sein. Leute zu finden, die diese alte Kunst noch beherrschen, ist aber nicht so einfach. Die Düsseldorfer New-Wave-Jugend findet einen solchen Friseur am Hafen, berichtet Xao Seffcheque: Es ist ein älterer jüdischer Herr, der den Jungs ihr Haar so schneidet, wie sie es haben wollen. Später nimmt sich ihr Lieblingsfriseur das Leben. Ob seine Verfolgungserfahrung dabei eine Rolle gespielt hat, wissen sie nicht. Eines Tages ist er nicht mehr da.

**WER
SIND
DENN
DA
DIE
MÄDCHEN,
WER
SIND
DENN
DA
DIE
BOYS?**

Wir sind schön und jung und stark

Ingeborg Schober gefällt das DAF-Album *Alles ist gut* sehr gut. Anders als manche männlichen Kollegen versteht die Musikkritikerin, was es so außergewöhnlich macht: Es entwirft eine neue Idee von Männlichkeit. »*Alles ist gut* bringt die Gefühle zum Schwingen, Sehnsüchte nach kraftvoller Zärtlichkeit«, schreibt Schober, nachdem das Album erschienen ist. In der Tat präsentieren sich Deutsch Amerikanische Freundschaft auf ihren Covern und in Magazinen als sexy Lederboys, ihre Musik ist tanzbar und sie handelt vom Küssen, von Sex, vom Begehren.

Wir sind die Kraft. Wir sind der Muskel singt Gabi Delgado-López bei einem Konzert in Hamburg anstelle des Originaltexts zur Musik von »Verschwende deine Jugend«. Das Image der Deutsch Amerikanischen Freundschaft lässt sich anhand dieser zwei kurzen Sätze beschreiben: Hier walten Kraft und Muskel, Jugend und Männlichkeit, Energie und Körper. Wie Kraft und Muskel, *schön und jung und stark*, wie es in »Verschwende deine Jugend« heißt, sehen Gabi Delgado-López und Robert Görl auf dem schlichten Cover von *Alles ist gut* selbst aus. Es zeigt auf jeder Seite ein Foto sowie Bandnamen und Albumtitel. Der Blickfang der Vorderseite ist ein Porträt von Gabi Delgado-López mit nacktem Oberkörper vor schwarzem Hintergrund. Seine schwarzen Haare sind kurzgeschnitten, Gesicht und Brust von Schweißperlen bedeckt, der Kopf ist leicht nach unten geneigt. Lange Wimpern umrahmen seine Augen. Er blickt dem Betrachter direkt ins Gesicht, ernst und verführerisch. »Pass gut auf, was ich gleich mit dir machen werde«, scheint er zu sagen. Vielleicht formuliert sein Blick aber auch eine Frage: »Was stellst du dir vor, wenn du mich siehst?« Damit wäre seine Machtposition vollkommen, er wäre Objekt der Betrachtung, das zugleich den Blick des anderen beherrscht – eine Form von SM in Gestalt einer fotografischen Inszenierung, die Betrachterin und Betrachter unweigerlich in ein Spiel von Unterwerfung und Dominanz verwickelt.

Auf der Rückseite des Albums steht auch Robert Görl mit nacktem Oberkörper da, die Arme sind angewinkelt, wohl in die Hüften gestemmt. Die Wahl des Ausschnitts lässt es nur vermuten. Auch er schwitzt – oder ist es bloß Wasser, das die Fotografin Sheila Rock auf den Schlagzeuger gesprüht hat? Die kurzgeschnittenen, gescheitelten, über den Ohren rasierten blonden Haare sind vor Nässe strähnig. In Robert Görls Gesicht wiederholt sich die herausfordernde Mimik von Gabi Delgado-López, nur der Mund ist leicht geöffnet. Diese nackten Oberkörper zitieren andere, die vorher schon da waren – von Iggy Pop, Freddie Mercury und anderen männlichen Sex-Ikonen des Rock 'n' Roll. Was auf den Coverfotos fehlt: Brustwarzen. Es gibt nur Muskeln, Haut, Haare, Gesicht zu sehen. »Obwohl du nur so wenig siehst vom Körper, nackte Schultern bloß, assoziiert man das Bild mit totaler Nacktheit: Die sind doch nackt, die zwei!«, fasst Robert Görl den ersten Eindruck beim Blick auf das Cover zusammen.

Die Fotografien von *Alles ist gut* wirken wie Ikonen,

schlicht, aber voller Anspielungen. Sie kündigen eine mögliche Überschreitung, Ekstase an. Dass dabei nicht zu viel versprochen wird, zeigt sich, wenn die Nadel die Rille trifft. Die Musik und die Texte der Deutsch Amerikanischen Freundschaft sind so schlicht wie das Design des Albums. Es sind eingängige, aber komplexe Rhythmen, die Schlagzeuger Robert Görl spielt. Er trommelt, weil er es kann, aber auch weil die Musik dieser Band als Körpermusik konzipiert ist. Darüber liegen einfache, mächtige, dunkle, euphorisierende Sequenzen aus dem Synthesizer. Kurze Aussagesätze und Aufforderungen werden von der Stimme Gabis mal gehaucht, mal wie militärische Kommandos vorgetragen, die auch als Kommentare auf die Musik selbst verstanden werden können: *Beweg deinen Hintern.* Wenn Gabi das in »Der Mussolini« singt, dann benennt er nur, was die Musik längst mit den Tänzerinnen und Tänzern macht. Zwar spielt dieses Stück vordergründig mit der Macht der Ideologie. Aber noch viel deutlicher demonstriert es die diktatorische Macht bestimmter Rhythmen und Klänge über die Körper.

Die Texte von *Alles ist gut* und *Gold und Liebe*, dem Album, das DAF wenig später veröffentlichen, beschreiben die Begegnung von Körpern mit anderen Körpern: *Schwitzt meine Kinder. Geh in die Knie. Wackle mit den Hüften. Klatsch in die Hände. Beweg deinen Hintern. Deine Lippen sind so rot. Ich sehe deinen Mund, mein Schatz. Du hast so schöne blaue Augen. Oh, ich bin so glücklich und mir ist so schwindlig. Mein Herz macht Bum Bum Bum. Ich liebe diesen Prinzen. Ich liebe dich, mein Räuber. Küss mich, mein Liebling, als wär's das letzte Mal. Gib mir so viel wie du kannst. Du machst mich verrückt, mein Mädchen. Du machst mich verliebt, mein Mädchen. Am liebsten lieb ich dich im Wasser, weil du das Schönste bist, was es unter*

Wasser gibt. Du bist so stark. Du bist so schön. Unser Tanz ist so wild.

Robert Görl ist einer der besten Schlagzeuger in Deutschland. Am 15. Juni 1955 geboren, wächst er als neuntes Kind einer alleinerziehenden Mutter in einer Barackensiedlung in München-Frauenholz auf. Die Baracken wurden von der Wehrmacht für eine fliegertechnische Schule gebaut. Nach dem Krieg brachte der Freistaat Bayern Displaced Persons unter, Überlebende aus Konzentrationslagern und nach Deutschland verschleppte Zwangsarbeiter. Zwei Jahre vor Roberts Geburt verlassen die letzten DPs das Lager. Die Stadt München kauft es, um Wohnungen einzurichten. Wenig später ziehen die ersten Familien ein. Als Robert sechs Jahre alt ist, stirbt seine Mutter. Die Kinder kommen in ein Heim, Robert spricht ein Jahr lang nicht mehr. Mit zwölf fängt er an, Trompete zu lernen. Dann fasziniert ihn der Fußball und schließlich das Trommeln. Erst spielt er auf umgedrehten Omo-Eimern aus fester Pappe (damals wurde Waschpulver nicht nur dieser Marke in Eimern verkauft). Später geht er zum Üben in einen Proberaum, in dem ein Schlagzeug steht. Dort wird er von einem Talentscout der Jazzlegende Fritz »Freddie« Brocksieper entdeckt. Der Drummer wurde 1912 in Konstantinopel geboren. Fritz hat eine jüdische Mutter, die aus einer griechischen Familie stammt, der Vater ist ein deutscher Ingenieur. Fritz spielte im Berlin der dreißiger und vierziger Jahre in Big Bands Jazz. Er trommelt auch bei der nationalsozialistischen Propaganda-Jazz-Combo Charlie and His Orchestra. In Jazzkreisen gilt er als der »schwärzeste« Drummer in Deutschland. Heißt, keiner spielt so synkopiert wie er, keiner hat ein besseres Timing für die komplexen Jazzrhythmen, die auf die Musik der als Sklaven aus Westafrika nach Amerika Verschleppten zurückgehen. Als Robert Görl bei Freddie Brocksieper vorspricht, bittet dieser ihn zum Erstaunen Roberts nicht darum, sein Können auf einem Drumkit vorzuführen. Robert soll zeigen, was er mit einer einzelnen Snaredrum anfangen kann. Brocksieper gefällt, was Robert spielt, und nun lernt der junge Trommler bei dem alten Jazzer. Später studiert er vier Jahre lang Musik in Augsburg und Graz. Dort spielt er in einer Free-Jazz-Combo. Die Band nennt sich Hitlerjugend, das kommt am Konservatorium nicht gut an. Robert verbringt einige Zeit in London, dann verschlägt es ihn nach Düsseldorf, wo er am Tresen des Ratinger Hofs Gabi Delgado-López kennenlernt.

Als DAF im Jahr 1981 ihr Album *Alles ist gut* aufnehmen, sind sie wieder zu zweit. Robert Görl designt für jedes Stück einen eigenen Beat. »Robert ist einer der besten Schlagzeuger überhaupt«, sagte Gabi. »Robert geht auf ganz spezielle Punkte, nicht auf die Eins, die Zwei, die Drei, die Vier.« Robert Görl formuliert es so: »Manche sagen mir: Das gibt's ja nicht, der schlägt genau dazwischen rein. Ich habe Leute getroffen, die haben in mir afrikanisches Blut gespürt. Die hörten in diesen Beats afrikanische Betonungen und Rhythmen. Diese Art zu spielen ist ja übermäßig, kaum machbar für die meisten. Wenn du so viele Jahre so intensiv spielst, dann geht es dir ins Blut über. Dann finden manche Leute das schwarz. Es fällt ihnen nichts anderes dazu ein, weil es kein ›normaler‹ Beat mehr ist. Da dreht sich der Körper anders.« Die westafrikanische Rhythmik ist nicht nur älter als die europäische, sondern auch komplizierter. »Das sind die Ursprünge. Ich habe das als große Respektsbekundung empfunden. DAF-Gütesiegel: Afrika.«

Das Schlagzeugspiel von Robert Görl prägt den Sound von DAF genauso stark wie der Klang des Synthesizers und die Stimme Gabi Delgado-López', der Tilman Baumgärtel in einem Interview für die *taz* sagte: »Wir wollten immer so eine gefährdete Maschine haben, die kurz vor dem Absturz steht. Nicht die langweiligen, cleanen Sounds wie bei anderen Elektronikbands. Gruppen wie Kraftwerk haben sich ja gerne mit Sauberkeit umgeben: bloß nicht schwitzen. Das ist auch ein Konzept, aber das wollten wir nicht.«

So bilden Robert und Gabi mit Schlagzeug, Synthesizer und Sequenzer, der bei jedem Stück ein spezifisches, von Robert programmiertes Muster wiederholt, eine Mensch-Maschine eigener Art. Als »Mensch-Maschine« hatten sich zuvor Kraftwerk inszeniert. Während die Mensch-Maschine Kraftwerk ein Körper ohne Organe und Gefühle ist, schwitzt die Mensch-Maschine DAF. Sie begehrt, sie liebt, sie tanzt, sie hat Muskeln, sie präsentiert sich als sexy Ding – sie ist nicht sauber. Sie ist schmutzig und sie genießt es. Döpfner & Garms attestierten der Musik von DAF in ihrem Buch *Neue Deutsche Welle* »eine antiseptisch-sterile Computerästhetik«. Selbst wenn die beiden Autoren den Sound von DAF nur im Wohnzimmer gehört haben sollten, hätte ihnen auffallen können, dass synthetisch erzeugter Klang selten so haptisch, warm, erotisch und körperlich geklungen hat wie bei DAF. Sie sind schmutzig, weil in ihrer Musik das Begehren fließen kann. Das liegt auch an Conny Plank, der den Sound des Synthesizers über große Gitarrenverstärker spielen lässt und dann mit Mikrofonen aufnimmt, die er im Studio verteilt. Diese Musik korrespondiert mit Körpern, die Lust empfinden können, sowohl auf Seiten ihrer Produzenten als auch auf Seiten der Tanzenden, die sich zu ihr bewegen. Eine solche Musik ist antifaschistisch in einem fundamentalen Sinn, der sich einigen Historikerinnen, Soziologen und Politologinnen bis heute nicht erschließt.

Teile des Albums *Gold und Liebe* werden ein halbes Jahr nach *Alles ist gut* wieder im Studio von Conny Plank aufgenommen. Auch musikalisch, textlich und stilistisch nimmt es den Faden wieder auf. Diesmal sind beide Männer auf den Coverfotos vorn und hinten zusammen zu sehen. Die Aufnahmen unterscheiden sich kaum, nur die Posen variieren leicht. Gabi Delgado-López und Robert Görl sind in voller Größe zu sehen, beide in schwarzes Leder gekleidet. Die Hosen sind oben weit, unten eng geschnitten. Die von Gabi erinnern an Motorradhosen, die von Robert an Pluderhosen. Robert trägt ein ärmelloses Muskelshirt, Gabi eine ärmellose Jacke mit hochgestelltem Kragen. Das britische Musikmagazin *New Musical Express* zeigt DAF in diesem Outfit auf einem seiner Cover. DAF werden vom *NME* bald darauf zu den *best dressed people* im United Kingdom gewählt. Die Schweizer Schuhdesignerin Stefi Talman hat Gabis Hose geschneidert und seinen Blick auf die zeitgenössische Modeszene erweitert, die Jacke hat Serge Krüger entworfen. Der Modedesigner ist eine der zentralen Figuren der modernen Jugend Frankreichs, die im Pariser New-Wave-Club La Palace ihr Hauptquartier aufgeschlagen hat.

Der DAF-Style, den dieses Cover repräsentiert, ist das Ergebnis des Zusammenschießens von modischen Vektoren zu einem bestimmten Moment, der Adaption und Neu-Erfindung im Geist des Punk. Vorher hatten DAF billige Overalls aus dem Arbeitsshop, säurebeständige Schuhe mit Stahlkappen getragen. Gebrauchte Bundeswehrparkas, die Flagge blieb dran. Spitze Schuhe, Bundfaltenhosen, expressionistisch gemusterte Hemden. »Unseren Style haben viele im Ratinger Hof nachgeahmt«, sagt Gabi. »Style war wichtig.« Der Style von DAF war geprägt von einer Aneignung subkultureller Stile, getragen in einer »Mischung aus ernst und nichternst«. Ein widersprüchlicher Mix aus Parodie und Respekt für subkulturelle Moden: Jacken und Poloshirts der Marken Harrington und Fred Perry, große Doc Martens an den Füßen, kleine Köpfe wegen sehr kurzgeschorener Haare – der comichafte Skinhead-Style faszinierte Gabi. Der Stil der Skins sei eine Performance von »Stumpfheit in der Eleganz, eine Eleganz der Brutalität«, meinte er.

Zwar verweisen die nackten Oberkörper von *Alles ist gut* und die Outfits von *Gold und Liebe* auf einen Fetisch für muskulöse, nackte Körper und schwarzes Leder als Signifikanten für Männlichkeit und Macht: *Unsere Kleidung ist so schwarz. Unsere Stiefel sind so schön. Links den roten Blitz. Rechts den schwarzen Stern.* Was das Machtvolle angeht, hat Gabi später Judith Ammann zu Protokoll gegeben: »Ich hatte immer eine Affinität zu Menschen, die gewaltbereit sind. Mir haben auch die Uniformen der Polizisten immer viel besser gefallen als die der Demonstranten. Vom Styling her haben mir die Bullen imponiert.« Es wäre aber ein Missverständnis, den DAF-Stil als Verherrlichung der Macho-Kultur, gar des faschistischen Körperpanzers zu lesen.

Dass auch Sexualität eine historische Dimension, toxische Männlichkeit eine lange Geschichte hat, analysiert Klaus Theweleit in seinen *Männerphantasien*. Dort untersucht er die psychische Verfasstheit des faschistischen, soldatischen Manns der 1920er Jahre. Sie ist Theweleit zufolge dadurch geprägt, dass diese Männer ein »sekundäres Ich« in Form eines

»Körperpanzers« erworben haben, der sich als militärische Strammheit, Steifheit und Unterkühltheit zeigt. Theweleit bezieht sich auf das Konzept der »Wunschmaschine« der französischen Philosophen Gilles Deleuze und Félix Guattari, um die Freud'sche Idee des Unbewussten einer kritischen Analyse zu unterziehen. Er interpretiert faschistische Gewalt als Angriff der Söhne auf die Sexualität der Mütter und zeigt, dass der Faschismus auf der Ebene der Individuen zunächst kein politisches Problem ist, sondern ein psychisches: Die Idealisierung von Schwestern und Müttern als Folge einer symbiotischen Mutter-Kind-Beziehung und einer daraus resultierenden Ich-Störung stellt bereits eine »Entlebendigung« von Frauen dar, die sich als physische Gewalt potenziell gegen alle Frauen richten kann. Für Theweleit ist Gewalt gegen Frauen kein irgendwie gearteter Nebenschauplatz des Faschismus, sondern macht vielmehr dessen Glutkern aus.

Frauen als bloße Objekte zu betrachten, ist auch den Incels von heute selbstverständlich, jenen selbsternannten »unfreiwillig zölibatär« lebenden jungen Männern, die ein Recht auf Sexualität beanspruchen. Frauen sollen ihnen gefälligst zur Verfügung stehen. Wenn dies nicht der Fall ist, erscheint manchen von ihnen Gewaltausübung jeder Art gegen eine Gesellschaft berechtigt, die ihnen dieses »Recht« aberkennt.

Für Faschisten sei der Geschlechterkampf wichtiger als der Klassenkampf, hält Theweleit fest. Der Kommunismus, »die Roten«, das emanzipatorische Projekt werden dabei durch die Frau verkörpert, der sich der Faschist nicht sexuell nähern kann, ohne in Gefahr zu geraten, sich aufzulösen. Der Faschismus als Form der Produktion des Realen ist, kurz gesagt, nicht Ausdruck von männlicher Macht, sondern von männlicher Angst vor Verflüssigung.

Eine Ursache des Körperpanzers macht Theweleit in der Erziehung fest: »Die ungenügende Erotisierung der Körperoberfläche durch mangelnde Zuwendung zum Kleinkind – und sie scheint gegen Ende des 19. Jahrhunderts fast zur allgemeinen Regel geworden zu sein – bezeichnet eine neue Phase in dem Prozess der ›Panzerung‹ des Körpers. Es entsteht ein Körper ohne Gefühl seiner psychischen Grenzen, die eigene Peripherie wird nicht oder nur teilweise oder unsicher besetzt. Die Grenze, die die Körper dennoch bekommen, wird von außen gezogen, von den Drillinstanzen der imperialistischen Gesellschaft. Das ist der Grund dafür, dass jede Art von Grenzziehung so sehr im Zentrum faschistischer Propaganda und gesellschaftlicher Praxis steht.«

Die beiden jungen Männer von DAF ergehen sich zwar in der faschistisch anmutenden Verherrlichung von Kraft, Muskeln, Männlichkeit und Jugend: *Ich will, dass mein Herz hart schlägt.* Aber sie zersetzen die starre, faschistische Vorstellung von Kraft, Muskeln, Männlichkeit und Jugend sogleich durch das Ausdrücken von Lust und eines Begehrens, das sich keinen Ersatz suchen muss, sondern sagt, was es will. *Du bist so stark. Du bist so schön. Drück dich an mich. So fest wie du kannst.*

Robert Görl und Gabi Delgado-López leiden offensichtlich nicht unter dem verpanzerten Körper des faschistischen Manns. Dafür sind ihre Körper trotz aller zur Schau gestellten Männlichkeit und Muskelrhetorik zu verletzlich, der Blick zu offen. Die Coverfotos von *Alles ist gut* zeigen zwei heiße Boys, die den begehrenden Blick ihres Gegenübers provozieren. Zugleich ist es der Fotografin Sheila Rock gelungen, die beiden jungen Männer nicht nur *schön und jung und stark*, also als begehrende und zu begehrende Männer zu zeigen, sondern auch die damit einhergehende Verletzlichkeit dieser Körper zu zeigen. Denn Lust zu empfinden und es zu zeigen, auf den Bildern eindrücklich symbolisiert durch die nackte Haut, heißt, verletzlich zu sein. Wer zärtlich ist und also bereit, Zärtlichkeit zu empfangen, zeigt sich schutzlos, liefert sich aus. Voraussetzung dafür ist eine Durchlässigkeit der Körpergrenzen, die auf dem Cover von *Alles ist gut* in Gestalt von Schweißtropfen auf den Oberkörpern und den Gesichtern von Robert und Gabi zu sehen ist. Man sieht diesen Männern an, dass das keine Inszenierung ist. »Ich habe Sex immer als eine besondere Möglichkeit von Kommunikation angesehen«, sagt Gabi. »Wenn man jemanden mag oder liebt oder man interessiert sich sogar nur für den, dann ist das wirklich eine wunderbare Form der Kommunikation.«

Diese Form der Kommunikation ist schon für den jungen Gabi Delgado-López prägend. Kaum ist Gabi im Jahr 1966 bei den Eltern in Deutschland angekommen, wird er zum Nomaden. Die Familie zieht in immer neue Städte und Dörfer im Bergischen Land und im Ruhrgebiet. Der Vater hat als Hilfsarbeiter an der Kabelmaschine angefangen, als gebildeter Mann steigt er aber schnell auf. Die Wohnungen werden allmählich größer, die Fernseher auch. Bald gibt es ein Auto, und schließlich kauft der Vater ein Haus. Doch kaum ist das bürgerliche Domizil bezogen, verschwindet der Vater mit seiner jungen Geliebten, einer Apothekerin, von einem Tag auf den anderen. Er hat Geld unterschlagen, wird von Interpol gesucht. Gabi sieht den Vater nie wieder.

Mit vierzehn ist er zum zweiten Mal vaterlos. Als Ältester kümmert er sich um die jüngeren Geschwister. Mit fünfzehn zieht er aus, sein neues Zuhause wird die Disco. Schon mit zwölf, dreizehn hat er erste sexuelle Erfahrungen mit älteren Freunden gemacht. »Ich fühlte mich zu Hause nicht wohl und lernte dann interessante Männer kennen, die mir auch sehr viel beigebracht haben. Das war eine Zeit, da hab ich mich treiben lassen. Das hat mir gefallen so. Ich hab oft gedacht: Prima, jetzt bin ich wieder völlig willenlos, herrlich!«, hat er Nike Breyer in einem Interview für die *taz* erzählt. »Nach Jahren mit Fußballhools bin ich in diesen schwulen Kreisen erstmals gebildeten, gut riechenden Männern begegnet, die Godard kennen und mir was beibringen können über Kunst, Kultur, auch Genüsse der sexuellen Kultur. Das ist im Prinzip für unterprivilegierte junge Männer eine sehr gute Sozialisation, die Homosexualität.« Man kann sich das diebische Grinsen Gabis bei diesem Vorschlag zur Verbesserung der Integration von Ausländern gut vorstellen.

»Der Räuber und der Prinz« ist vermutlich der erste deutsche Popsong, der die Liebe zwischen Männern nicht nur als selbstverständlich, sondern auch im Stil eines deutschen Märchens präsentiert. *Ein schöner junger Prinz verirrte sich im Wald. Da packten ihn die Räuber. Doch einer von den Räubern liebte diesen Prinzen. Ich liebe diesen Prinzen. Ich liebe dich, mein Räuber.* Die Cretins aus Hannover haben schwule Liebe schon vor DAF besungen: *Ich steh auf Männer, das ist doch nicht schlimm, zu einer Frau geh ich nicht hin. Mein Freund und ich wir sind ein Paar, verlobt sind wir schon fast ein Jahr.*

In einer Schwulendisko im Ruhrgebiet hat Gabi als Teenager Mitte der 1970er zum ersten Mal »I Feel Love« von Donna Summer gehört: »Dieses Tuckern des Sequenzers und dann Sex dazu, einfach Stöhnen. Da dachte ich, Sex und Elektronik, das ist es. Für mich war die Disco mein Wohnzimmer. Ich als Migrantenkind, wie man heute so sagt, war doch heimatlos geblieben. Da war die Disco der erste Platz, wo man sich frei und befreit fühlte. Wo man sich gehen lassen konnte. In den Seventies gab es wirklich noch ganz schlimme Leute, überall. Im Bus, auf der Straße, wenn du komisch aussahst, ›angeschwult‹, wie das damals hieß, wurdest du angefeindet. Und in der Disco nicht. In der Disco konntest du tanzen, wie du wolltest. Du konntest eine Turnhose der deutschen Nationalmannschaft tragen, und dazu Strapse. Das hatte ich. Auf der Straße musste ich eine Hose drüber ziehen, weil ich sonst verprügelt worden wäre, das ist wirklich wahr.«

Auch Anfang der 1980er Jahre ist es ein Skandal, schwul oder lesbisch zu sein: »Ich möchte das noch mal betonen: Der Faschismusvorwurf wurde uns gemacht. Aber das war weniger provokant als dieser homoerotische Aspekt. Das hat alle durcheinandergebracht, die Rechten wie die Linken. Heute weiß man, dass man Schwule nicht hauen soll.«

Wieso sollten faschistische Posen und Slogans eine postfaschistische Gesellschaft auch nachhaltig verstören? Die deutsche Nachkriegsgesellschaft hält sich für sehr liberal, trotz der alten Nazis, die in Ministerien sitzen und in der Justiz, die als Ärzte und Lehrer arbeiten. Aber schwuler Sex in Leder, die Liebe zwischen Räuber und Prinz? Das ist dann doch zu radikal. Diese jungen Männer sind nicht nur *schön und jung und stark*, sie bewegen sich außerhalb der gesellschaftlichen Dresscodes. Sie sehen wie schwule Ledermänner aus und meinen es ernst, wenn sie von der Verherrlichung der Ekstase als »fast letzte Möglichkeit« sprechen, sich der Gesellschaft zu verweigern. Wenn sie »auf ganz archaische Zustände und Gefühle setzen, die sich jenseits von Moden bewegen«. DAF sind die erste queere Popgruppe Deutschlands, nicht nur weil sie mit dem Image eines schwulen Duos spielen. Gabi hat erst Sex mit Männern, dann mit Männern und Frauen und schließlich nur noch mit Frauen: »Irgendwann haben mich die Männer aber auch gelangweilt. Das ging zu DAF-Zeiten bei mir innerhalb von einem Jahr, dass ich sowohl mit Frauen wie mit Männern Beziehungen hatte. Heute lebe ich strikt hetero, und das seit ich 24, 25 bin. Sex mit Männern, das war mir irgendwann einfach zu ähnlich wie ich, wie das so funktioniert. Da fand ich die Frauen abenteuerlicher, fremder.«

Beinahe alle Liebeslieder von DAF sind so formuliert, dass sie in jede Richtung lesbar sind. Der Erzähler könnte aus der Perspektive eines Manns oder einer Frau sprechen, er könnte eine Frau adressieren, genauso gut aber einen Mann: *Liebe mich, mein Liebling, als wär's das letzte Mal.* Oder, wenn es um den als schön empfundenen Körper einer begehrten Person geht: *Trägst du deinen Körper, dann steht dir alles, was du trägst.*

Die Musik von DAF, die laut Ingeborg Schober »Sehnsüchte nach kraftvoller Zärtlichkeit« weckt und so eine neue Idee von Männlichkeit verkörpert, inspiriert offensichtlich V2 Schneider aus München. Er singt über Synthesizer-Melodien: *Schön sein. Zärtlich sein. Stark sein. Was ist Männlichkeit? Was ist Männlichkeit? Männer in der U-Bahn. Männer im Größenwahn. Männer auf dem Titelblatt ohne das Feigenblatt. Wo ist Männlichkeit? Wo ist Männlichkeit? Alle sind sie feminin, alle sind sie feminin. Alle wollen sie männlich sein, und alle wollen sie Männer sein.*

Hinter V2 Schneider verbirgt sich Jürgen Schweighart. Er meint, V2 Schneider sei damals wohl das einzige NDW-Projekt in Süddeutschland gewesen, »das sich in Text und Style androgyn und pansexuell zu präsentieren wagte«.

Weil wir das geil finden

Deutsch Amerikanische Freundschaft werden auch zu Stars, weil sie Begehren glaubhaft verkörpern. Die jungen Leute provozieren in diesen Tagen die Alten, indem sie dem Adjektiv *geil* eine neue Bedeutung verleihen. Geil ist das neueste und wichtigste Wort in der Sprache der Jugend. The Wirtschaftswunder benutzen es in einem ihrer Texte: *Sprung und Biss, das macht geil.* Sie sind junge Männer, also handeln ihre Texte auch von Sex. »Ja, es ist wahr, wir reden über Sex, Lust, Blut, Tiere«, erzählt Angelo Galizia. »Und geil habe ich oft als Wort benutzt, wenn ich mit meinen deutschen Freunden sprach.« Die Hagener Band Extrabreit popularisiert es 1980 in ihrem Hit für Zwölfjährige: *Das ist geil, das ist geil: Hurra, hurra, hurra, die Schule brennt!*

Im Slang der Jugend hat das Wort eine ungetrübt positive Bedeutung angenommen. Geil werden jetzt Dinge genannt, die für besonders gut befunden werden. Damit löst sich das Adjektiv von seinem ursprünglichen Gebrauch. Denn bis dahin bezeichnete geil einen Zustand sexueller Erregung, das starke Begehren nach Geschlechtsverkehr. Das Wort stammt aus dem Mittelhochdeutschen, auch aus dem Mittelniederdeutschen ist es überliefert. Das deutsche Wörterbuch von Oxford Languages hält fest, geil werde »oft abwertend«

gebraucht und bedeute »gierig nach geschlechtlicher Befriedigung, vom Sexualtrieb beherrscht, sexuell erregt«. In der Landwirtschaft werde das Adjektiv für »allzu üppig, aber nicht sehr kräftig wachsende« Pflanzen benutzt. Das *Digitale Wörterbuch der deutschen Sprache* nennt als Bedeutungen »lüstern, sexuell begierig, sexuell erregt«, aber erwähnt auch den veralteten umgangssprachlichen, in Österreich aber noch gängigen Gebrauch: »sehr fett oder süß (und dadurch schwer verdaulich)«. Die heute vorherrschende Bedeutung habe sich im Gegensatz zu keusch seit dem 15. Jahrhundert entwickelt.

Der neue Gebrauch des Worts reicht bis zu jenem Zeitpunkt zurück, als die alte, der Idee des Fortschritts verbundene Popkultur durch eine neue, sich auf Zitate und historische Verweise beziehende und also, wie Diedrich Diederichsen dargelegt hat, »sekundäre« Popkultur abgelöst wird. Den Augenblick des Umschwungs zum »Pop zweiter Ordnung« hat Diederichsen auf das Jahr 1972 datiert, als Roxy Music zur Band der Stunde wurden, die auf ihren Plattencovern, in ihrem Styling und in ihren Songs vergangene Epochen zitierten, unter anderem die 1950er. Diederichsen hat diesen Augenblick in einer Szene des Jahres 1973 in seinem Buchs *Sexbeat* festgehalten: »Dieter stand mit seinem ebenso smarten Freund so smart und cool wie immer an eine Außenmauer des Blu gelehnt und grinste uns an. Er und sein stummer, ewig grinsender Freund hatten sich nicht nur ihre Po-langen, missfarbenen Haare abgeschnitten, sie hatten sie schwarz gefärbt, hatten sie zu obskuren Tollen gefettet, trugen violettrote bzw. blaue Dinnerjackets, Rüschenhemden und schwarze Samtbinder. Sie sahen aus wie … Wie? Das wusste keiner von uns so genau.«

Diedrich und seine Freunde wollen nun selbstredend von Dieter und seinem Freund wissen: »Warum habt ihr das gemacht?« Dieter antwortet erst mit einem Grinsen und sagt dann, mit der Überlegenheit desjenigen, der dem Rest der Welt weit voraus ist: »Weil wir das (Pause) geil finden.«

Die von Diederichsen in die direkte Rede gesetzte (Pause) zeigt an, dass sich der Sprecher, Dieter, sicher ist, dass die anderen das nun folgende Wort in seiner neuen Bedeutung noch nie gehört haben und also von ihm in diesem Moment initiiert werden: Eine Entscheidung damit zu begründen, dass man es geil finde, ist kaum anzufechten, weil sie zu einer Frage des Stils geworden ist.

Die Texte der Bands der Neuen Welle beglaubigen Jahre später ihre Neuheit nun unter anderem durch den ausufernden Gebrauch des ehemaligen Hipsterworts *geil*, das inzwischen in den Wortschatz einer neuen Generation von Teenagern eingewandert ist. Wenn sie das Wort in den Mund nehmen, behaupten sie, auch Turnschuhe oder Erlebnisse wie die erste Fahrt auf einem Skateboard – ohne Helm die frisch geteerte Straße den Berg hinunter – könnten einer sexuellen Erregung gleichkommen. Geil sind jetzt nicht mehr Menschen, sondern Dinge oder Situationen. Wenn junge Leute das Wort so benutzen, zucken die Erwachsenen kaum merklich zusammen.

Aber nicht nur der Wortschatz wird von der rigiden Moral der Fünfziger befreit, sondern auch die Praxis. Die Jugend von 1980 ist sexuell andersdenkend (auch wenn diese schöne Formel erst gut zehn Jahre später von Jochen Distelmeyer geprägt werden wird). Sie haben also viel Spaß miteinander, auch wenn das den Alten nicht gefällt: *Sie will's machen, doch die Mami hat's nicht erlaubt.*

Weibliche Geilheit – hier wird das Wort im ursprünglichen Wortsinn gebraucht – macht die Düsseldorfer Punkband Östro 430, in der nur Frauen spielen, zum Gegenstand eines Lieds, das den »Sexuellen Notstand« der Erzählerin beklagt. Ursache des Problems scheinen die Männer zu sein, die sie nicht befriedigen: *Mit den Typen ist heut nichts mehr los. Jedes Mal die gleiche Pein. Sie ficken wie Kaninchen bloß und pennen nach'm Orgasmus ein.*

Doch auch Sex mit Frauen muss nicht unbedingt befriedigend sein, erklärt die Ich-Erzählerin von »Sexueller Notstand«, sie stehe nicht nur auf Zärtlichkeit. Über die Frau, mit der sie offensichtlich gerade das Bett teilt, heißt es: *Pass auf, dass ich mit ihr nicht einschlaf.*

Das Problem besteht laut Östro 430 unabhängig davon, ob die Sexpartner Frauen oder Männer sind, darin, eine Person zu finden, die ähnliche Bedürfnisse hat: *Wo ist der Mensch, der meine Geilheit teilt?* Da das nicht so einfach zu bewerkstelligen ist, kommt der Refrain des Lieds zum frustrierten Fazit: *Sexueller Notstand. Was dir bleibt, ist deine Hand. Drum nimm dir ein paar Pornos und pinn sie an die Wand.*

Ähnlich geht es in dem Östro-Song »Sei lieb« zu. Auch hier spricht eine Frau, die Sex haben will. Ihre Hose ist laut eigenem Bekunden schon klatschnass, doch ihr Freund zieht es vor, im Fernsehen Sport zu schauen: *Erst machst du mich so tierisch an und nachher lässt du mich nicht ran.* Sie vermutet, es mache ihrem Freund Spaß, sie zappeln zu lassen. Er brauche das wohl für sein Ego. Sie sagt ihm also: *Geh doch nach Hause und spiel mit Lego, wenn dir Spielen so gefällt.* Der junge Mann solle keinen Jungferntanz aufführen, sondern sie doch endlich an seinen Schwanz lassen.

Dass junge Frauen in der Öffentlichkeit selbstverständlich

und selbstbewusst, aber auch ironisch über den Geschlechtsverkehr reden und singen, ist neu. Ende der 1970er Jahre machen das mit einem Mal sehr viele. Bei Ski und der Rest aus München heißt es 1980: *Geh, wohn doch heut Nacht mal wieder bei mir. Dann spielen wir wieder Blindekuh und Stier.* Sängerin Ski trägt den Text mit einer, wie es scheint, absichtlich süß und unschuldig klingenden Mädchenstimme vor. Ihr Dreieck, meint die Erzählerin, sei das Schönste auf der Welt. Ihre Aufforderung zum Sex formuliert sie noch deutlicher, wenn sie den Angesprochenen ermahnt, sich nicht gehen zu lassen. Der Mann wird gebraucht: *Bleib doch mal wieder so richtig stehn.*

Andrea Bartl, die Sängerin der Wiener Punkband Plastix, intoniert ihre Lieder dagegen im Stil der Östros mit einem lauten, dominanten Organ. Sie fragt in ihrem Lied *Geschlechtsverkehr* ein fiktives Gegenüber: *Von wo kommen die Leut' her? Wo kommen die Leut' her?* Dass die angesprochene Person ein Mann sein muss, erschließt sich aus der folgenden Zeile, in der die zuvor gestellte Frage so beantwortet wird: *Vom Geschlechtsverkehr mit dir! Vom Geschlechtsverkehr mit dir!*

Das Lied der Plastix beginnt mit einer Frage, die ständig irgendwo auf der Welt von den Kleinen an die Großen gerichtet wird: Irgendwann will jedes Kind wissen, woher die Leute kommen. Philosophisch geht es weiter im Text: *I waaß net, wer den Geschlechtsverkehr erfunden hat.* Auch hinter diesem Eingeständnis des Nicht-Wissens verbirgt sich eine Kinderfrage: Wer hat den Sex eigentlich erfunden, Mama? Anstatt weiter darüber zu spekulieren, erklärt die Erzählerin nun, warum sie Geschlechtsverkehr haben will: *I bin so leer. Drum wü I Geschlechtsverkehr mit dir.* So weit, so gut, das Motiv ist nachvollziehbar. Dann jedoch wendet sich das Blatt auch schon wieder, wenn es heißt: *I wü nimma mehr den Geschlechtsverkehr mit dir.* Dass die Ich-Erzählerin eben noch wollte, nun aber nicht mehr, hat absehbare Folgen: *Du wunderst di sehr, dass ned gfragt wirst von mir.* Das ist das ewige Drama der Menschen. Mal will die eine, der andere aber nicht. Dann wieder ist es umgekehrt. Mal ist das Begehren groß, mal verschwindet es wieder. Das ist auch das Fazit des Refrains: *Der Geschlechtsverkehr, der haut mi hin und her.*

Seinen Witz zieht das Lied der Plastix, das mit zwei Seufzern anfängt und mit übertriebenem Stöhnen aufhört, abgesehen von seinen eigenwilligen Antworten auf existenzielle Fragen auch daraus, dass der technische Begriff Geschlechtsverkehr in einer Gesprächssituation verwendet wird, in der man ihn eher selten, und wenn, dann höchstens ironisch benutzt. Wenn Menschen auf Deutsch darüber sprechen, ob sie miteinander schlafen, Sex haben oder vögeln wollen, reden sie eher selten von »Geschlechtsverkehr«. Das Wort hat den Nimbus des Offiziellen und Verkehrsfähigen. Es steht für die distanzierte Weise, in der über den Lustgewinn durch diese schöne Form der Kommunikation gesprochen werden soll. Das laute, hysterische Quietschen, mit dem Andrea Bartl jedesmal das Wort »dir« singt, lässt sich schriftlich nicht wiedergeben.

In den frühen 1980er Jahren sprechen die Sängerinnen von Östro 430, von Ski und der Rest und den Plastix aus, was »man« nicht laut sagen darf. Nach der in den 1960ern angestoßenen Liberalisierungswelle wollen viele Konservative in Westdeutschland nun wieder die Werte der 1950er installieren. Liebe soll es nur zwischen Männern und Frauen geben, am besten, sie heiraten vorher. Männer arbeiten. Frauen sollen Kinder erziehen, das Haus sauber halten und kochen. Der neue CDU-Bundeskanzler Helmut Kohl fordert eine »geistig-moralische Wende«.

Man soll – auch beim Sex – nicht zu laut sein, und eben davon handelt »Das quietschende Bett« von Östro 430. Die Nachbarn meinen, die Erzählerin sei ein verkommenes Subjekt, weil man ihr Stöhnen beim Orgasmus hören könne: *Da könnt man's ja gleich auf der Straße treiben. Wo soll denn da die Zucht und Ordnung bleiben?*

Viele Popsongs sind Songs über die Liebe. Auch die Mehrzahl der Stücke auf dem ersten Album der Salinos, »Du siehst nicht aus wie ich ausseh«, sind Liebeslieder. Es erscheint zwar erst 1981, aber die Salinos aus Gelsenkirchen sind eine der ersten Bands in der Bundesrepublik, die auf Deutsch singen. Sie spielen außerdem zusammen Theater. Ihre Liebeslieder entziehen sich den üblichen Klischees oder machen sich über diese lustig. Da werden etwa Liebesbekundungen so oft wiederholt, bis sie lächerlich klingen, oder coole Jungs bedauert, die am *Sonntagmorgen nach der Samstagnacht* aufwachen und *so allein sind*, obwohl sie abends zuvor in der Disco doch toll getanzt haben. Irgendwas ist schiefgelaufen in der Samstagnacht.

Die Salinos sind eine große und gemischte Gruppe, sie besteht aus Achim, Beate, Bert, Gabi, Lieselotte, Meggi und Peter – vier Frauen und drei Männern. Meist sind es Ich-Erzählerinnen, die in den Liedern der Salinos über die Liebe sprechen. Wenn sie Sex haben wollen, sagen sie es: *Komm doch bitte mal her. Ich finde dich so schön. Ich liebe dich, komm mit zu mir nach Haus.* Und wenn der Freund zu lange auf sich warten lässt, findet sich schnell Ersatz: *Mein Liebeskummer hatte schon begonnen, da ist zum Glück dein Bruder gekommen.* An einer Stelle scheinen die Salinos klar zu sagen, wie die Liebe aussehen soll, die sie sich vorstellen: *Du weißt genau, was zur Liebe gehört. Was ich tun will, kann ich tun. Du sagst mir nie: »Hey, lass das sein!« Du weißt, ich bin ich und du bist du.*

Annette Benjamin, die Sängerin von Hans-A-Plast aus Hannover, trägt radikal kurzgeschnittene Haare. Sie leiht schon 1978 einer Ich-Erzählerin ihre Stimme, um davon zu berichten, wie sie Männer mit nach Hause nimmt, die ihr dann aber nicht gefallen, was in der Forderung mündet: *Hau ab, du stinkst, hau ab, du stinkst! Sieh lieber zu, dass du's bei deiner Alten bringst!* Mehr Zuneigung erfährt ein von der Erzählerin angesprochener Mann in »Lederhosentyp«. Die Liebeserklärung an einen *geilen Lederhosentypen* intoniert Annette Benjamin in einem ironischen Tonfall, sodass die Tatsache, dass hier eine Frau einen Mann zum Objekt der Begierde erklärt, noch mehr Wirkung entfaltet: *Ey, ey, ey, du bist so süß! Ah, komm, lass mich dich berühr'n. Zieh' doch mal deine Lederklamotten aus!*

Das herrschende Geschlechterverhältnis wird in diesen Punksongs ohne jede Rechtfertigung oder Erklärung auf den Kopf gestellt. Die Männer haben nicht das Sagen, die Frauen sprechen. Dass es sich um eine sexuelle Befreiung handelt, zeigt sich daran, dass sich die Frauen nicht nur in Liedern das Recht herausnehmen, zu schlafen, mit wem sie wollen. Kerstin Eitner schreibt 1980 einen Text über die Marktstube, eine Eckkneipe im Hamburger Karolinenviertel, die von den Punks und ihren Sympathisanten frequentiert wird. Eitner verbringt im Jahr 1979 viel Zeit in dieser Kneipe. Als sie wenig später auf diese Phase ihres Lebens zurückblickt, spielen

Beziehungen zu Männern eine entscheidende Rolle. Ihr Text erscheint in Peter Glasers Anthologie *Rawums. Texte zum Thema*, die sich der von Punk und Neuer Welle inspirierten Literatur widmet.

Über die Marktstube schreibt Eitner gleich am Anfang ihres Texts: »Nur dort konnte es passieren, dass ich jemanden auflas (das war nicht neu) und am nächsten Morgen (und das war neu) tatsächlich meinem Gefühl entsprechend hinauswarf – wunderbar. Das hatte ich mir vorher nie zugetraut.« Später beginnt sie eine Affäre mit einem der »jungen Zornigen in schwarzer Lederkluft«, den sie mit nach Hause nimmt. »Ich war verloren und ahnte nichts davon. Ich traf meinen schwarzledernen Teenagertraum nie, wenn ich damit fest rechnete, und selten, wenn wir uns verabredet hatten, aber dachte ich nicht an ihn, stand er wie der Geist aus der Wunderlampe vor mir.«

Einen Teenager besingen auch Östro 430. »Sechzehn« heißt das Stück, so alt ist der Junge, um den es geht. Die Erzählerin fragt sich, was es bedeutet, dass sie den gierigen Blicken dieses Jungen mehr als nur etwas abgewinnen kann: *Sonst bin ich immer nur die Coole. Jetzt fühl ich mich wie'n Idiot. So wie deine große Schwester und es geht mir gar nicht gut.*

Die jungen Punkfrauen genießen ihre sexuelle Autonomie, während sich manche Männer der Szene gern als asexuell präsentieren. Kerstin Eitner hält fest, dass »die schönen Kühlen«, die an Theken und Wänden der Marktstube lehnen und »geheimnisvoll, markant, melancholisch, finster, spöttisch, selten vergnügt« aussehen, sich weder für Liebe noch für Sex so richtig zu interessieren scheinen: »Liebe hatte keine Konjunktur, Sex schien Nebensache zu sein, no future und no fun wurden hoch gehandelt.« Das aber ist eine Fassade, stellt die Autorin fest, hinter der sich Wünsche verbergen, die nicht ausgesprochen werden: »In der sentimentaleren Phase des Suffs hielt mancher nicht mit und gestand seine Sehnsucht nach Liebe, aber die meisten hatten sich fest im Griff.«

Während junge Frauen nun über Sex singen und selbst entscheiden, mit wem sie ihn haben, flüchten sich viele Männer in die Attitüde, über sexuellen Dingen zu stehen. Immerhin ist auch das eine Absage an das tradierte Bild des sexuell allzeit willigen Manns. In seinem Text *Alles, was Sie schon immer über Punk wissen wollten* porträtiert Klaus Abelmann den Hannoveraner Punk Alice Dee alias LSD als einen solchen neuen Mann: »LSD ist wirklich großartig, denn er glaubt an sich und sein Genie. Und er kann aussehen: Groß, schlank, seine schwarzen Haare fallen ihm ins Gesicht. In seinen besten Momenten umgibt ihn diese Aura von Verderben und Perversität, dann ist er in New York, in einem dieser schmuddeligen Hotelzimmer, das Neonlicht flackert draußen an der Fassade, eine Frau liegt weinend zu seinen Füßen; er sagt zu ihr: Ich bin nicht deine Samenpumpe und liest weiter in seiner De-Sade-Gesamtausgabe.«

Das ist vielleicht die letzte Stellung, die im Geschlechterkampf für die Männer noch zu halten ist: Jetzt, wo sie von den Frauen zu sexuellen Objekten erklärt werden, scheint ihr einziger Ausweg darin zu bestehen, ostentative Abstinenz oder Gleichgültigkeit gegenüber Frauen zu demonstrieren.

Überkommene Männerbilder lassen die Salinos in »Ich bin ein Mann« ins Leere laufen. Sie verspotten die in der patriarchalischen Gesellschaft angeblich natürliche oder gar gottgegebene männliche Dominanz und die mit ihr verbundene Eitelkeit. Es ist einer der Männer der Band, der dort singt: *Ihr*

Mädchen da unten, oh, schaut mich an. Ihr könnt es kaum glauben, hier steht ein Mann. Dass es so was noch gibt in dieser Zeit! Die Salinos spielen darauf an, dass es auch bei den meisten Bands der Neuen Welle Männer sind, die auf der Bühne stehen und von oben auf die Fans herunterschauen.

Das ist anders bei Kleenex aus Zürich, die sich schon 1977 zusammenfinden.

Bassistin Marlene Marder erklärt der Musikzeitschrift *Spex* einige Jahre später: »Wir haben uns nie als Frauenband verstanden und wir wollten auch nicht in den Medien so aufgebaut werden.« Dabei ist Marder bei Kleenex, weil die beiden Männer, die anfangs in der Band Gitarre spielen, beim ersten Konzert von Kleenex im Züricher Club Hey am 29. März 1978 keine Lust haben, ein zweites Mal auf die Bühne zu gehen. Als Kleenex knapp ein Jahr später nach Hamburg eingeladen werden, um beim Festival »Into the Future« zu spielen, erzählen sie der Journalistin Brigitte Rohkohl ihre Geschichte: »Am Anfang, da waren wir drei: Schlagzeugerin, Sängerin, Bass. Da war das gar nicht vorgesehen, dass wir unbedingt vier Frauen sind. Zuerst waren noch zwei Gitarristen dabei – Männer. Einer wollte nach dem ersten Gig aussteigen. Die haben uns irgendwie nicht für voll genommen! Sie haben sich irgendwie geschämt mit uns. Weil – beim ersten Auftritt hat es sich gezeigt, wir hatten vier Stücke, und die Leute wollten mehr. Wir haben eine Pause gemacht, wollten dann noch mal – und da sagten die Gitarristen: nein. Dann haben wir einfach zu dritt angefangen. Marlene war im Publikum, sie kam rauf und nahm die Gitarre – und das ging!« Was Rohkohl in Hamburg als Erstes bemerkt: »Die Kleenex fielen sofort auf, weil sie so wenig verkleidet waren.«

Einer ihrer Fans heißt Greil Marcus. Er nennt Kleenex in

Lipstick Traces, seiner »Geheimgeschichte des 20. Jahrhunderts«, in einer Reihe mit den Sex Pistols, The Clash, X-Ray Spex, Essential Logic, Raincoats, Wire, Joy Division, Au Pairs, Gang of Four, The Mekons und Adverts. Der Musik all dieser Bands attestiert Greil Marcus den Wunsch, die Welt zu verändern. Briten und Amerikaner lieben den Sound und die Texte von Kleenex, die ähnlich wie die 39 Clocks aus Hannover in einem reduzierten, selbsterfundenen Englisch singen. Viele der Texte von Kleenex, die sich bald in Liliput umbenennen müssen, weil der Hersteller von Kleenex, Kimberly-Clark, der Band die Nutzung des geschützten Markennamens untersagt, sind rätselhaft. Greil Marcus schreibt über die Lyrics der Band: »Klau Schiff, die viele der Texte schrieb, verstand zwar Englisch, doch sie verstand es auf dieselbe Weise, wie die Band es verstand, ihre Instrumente zu spielen – sie entdeckte, wie man Englisch schreibt, indem sie es schrieb, gerade so, wie die Band spielen lernte, indem sie Musik machte.«

Auch die englische Musikpresse ist von Kleenex begeistert. *Sounds* wählt die Kleenex-Platte zur »Single of the Week«, die Rezension endet mit den Worten: »Oh yeah, I forgot that bit ... they're Swiss, would you believe! Do these girls yodel?« Robert Fischer, der beste schweizerische Rockschreiber jener Zeit, ist empört über diese Rezension, in der er »chauvinistisch-degenerierte« britische Arroganz erblickt. Eine Antwort auf die Frage des englischen Kollegen formuliert er erst einige Jahre später: »Ja: ›These girls do yodel!‹ Kleenex verarbeiteten lokal-schweizerische Muster mit einer Unbekümmertheit, die manchmal Angst macht: die holperigen Rhythmen, die Staccato-Akkordwechsel, die schleppenden Intros erinnern mich an Polka, Hudigägeler oder Zogenamboge.« Hudigägeler ist die leicht despektierliche Bezeichnung für Ländlermusik, Zogenamboge steht hier wohl synonym für Volkslieder in alemannischer Mundart.

Robert Fischer meint, Kleenex hätten einen »lokalen Rock geschaffen, frei von kulturellen Matrizen, übernommenen Posen und bereits verankerten Manierismen – in diesem Sinne und zum ersten Mal einen echt schweizerischen Rock«. Dieser Rock ist aber andererseits keiner, weil Kleenex, wie Fischer an anderer Stelle schreibt, mit einer Syntax arbeiteten, »welche mehr mit der ursprünglichen Älpler-Kultur und den lokalen Dada-Wurzeln als mit Rock und Jazz zu tun hatte«. Auch in der Schweiz arbeiten sich die Pop-Intellektuellen am Problem der fehlenden – oder eben nicht fehlenden – Tradition ab.

Eines der wenigen auf Hochdeutsch gesungenen Stücke von Kleenex trägt einen englischen Titel, »Nice«. Es handelt von kleinen weichen Pudeln: *Sie denken, was du denkst, oh oh oh. Sie sagen, was du sagst, die die die. Rosarot, das mögen sie, oh oh oh. Hellblau, das tragen sie, die die die.* Hellblau sind die Kleider, die man männlichen, rosarot die Kleider, die man weiblichen Kleinkindern – oder eben Pudeln – anzieht. Die wenigen Kleinkinder, die weder eindeutig das eine noch das andere sind, werden schnell nach der Geburt operiert, damit man sie nachher hellblau oder rosarot anziehen kann. Gesellschaftliche Normalität – sie denken, was du denkst – wird zuerst durch festgefügte Geschlechterrollen hergestellt.

Über dieses Problem denken nicht nur Frauen nach. The Wirtschaftswunder beschreiben in »Mutter + Vater« die Einübung in die traditionellen Geschlechterrollen durch einfache Handlungen, die sich in den Körper des Kinds einschreiben: *Meine Mutter hat mich gelernt, wie soll ich mich waschen.*

Mein Vater hat mich gelernt, wie soll ich Karten spielen. Meine Mutter hat mich gelernt, wie soll ich küssen. Mein Vater hat mich gelernt, wie soll ich schlagen. Dass das durch Wiederholung geschieht, legt der Refrain nahe: *Meine Mutter. Mein Vater. Meine Mutter. Mein Vater.*

Junge Leute unterlaufen die traditionellen Geschlechterrollen Anfang der 1980er Jahre, indem sich Männer Frauennamen geben wie Charley's Girls aus Düsseldorf oder die Punks aus Hannover. Frauen und Männer kleiden sich häufig in einem androgynen Stil, der keine Hinweise darauf gibt, mit wem es der Betrachter zu tun hat. The Wirtschaftswunder schreiben ein Lied namens »Rate mal« über die Mädchen und die Boys, die man in diesen Tagen nicht mehr unterscheiden kann: *Wer sind denn da die Mädchen? Wer sind denn da die Boys? Rate mal, wer weiß, wer weiß?* Dieser Trend, mit angeblich naturgegebenen Attributen von Weiblichkeit und Männlichkeit zu spielen, kommt spätestens dann in den Jugendzimmern an, als Annette Humpe von Ideal in »Rote Liebe« singt: *Ich will wie neu sein. Will nicht mehr treu sein. Mal Mann, mal Frau sein. Naiv und schlau sein.* Geschlechtliche Unbestimmbarkeit ist im Punk schon sprachlich angelegt: »Punk« als Bezeichnung für eine Person hat kein Geschlecht. Ein Punk ist ein Punk ist ein Punk. Das heißt aber nicht, dass Frauen nicht auch in der Neuen Welle darum kämpfen müssten, ernst genommen zu werden.

Diese verdammte Blockflöte

Anders als Kleenex sind Östro 430 von Anfang an als Frauenband konzipiert. Der Name der 1979 gegründeten Combo bezieht sich auf das Hormon Östrogen. Die Zahl 430 ist der Nahverkehrscode für Düsseldorf Innenstadt. Marita Welling und Bettina Flörchinger lernen sich beim Medizinstudium kennen, Monika Kellermann und Martina Weith bei einem Konzert von Nina Hagen, die wenige Jahre später in einer Jugendsendung des ORF auf einer Couch sitzend demonstrieren wird, wie man als Frau am besten onaniert. Nina Hagen verließ Ende 1976 die DDR und ging nach England. Dort traf sie die britische Frauenpunkband Slits und entschloss sich, selbst Punk zu machen. Das finden allerdings die Rocker ihrer Band nicht gut, sodass sich Nina für das Stück »Pank« selbst ans Schlagzeug setzen muss: *Ich bin nich deine Fickmaschine, spritz spritz, das is'n Witz.* 1978 erscheint das erste Album der Nina Hagen Band. Dort singt sie über sexuelle Erlebnisse mit einer Frau *auf'm Bahnhof Zoo im Damenklo* und über das Recht auf Abtreibung: *Ich hab keine Lust, meine Pflicht zu erfüllen. Für dich nicht, für mich nicht, ich hab keine Pflicht.*

Bettina Flörchinger zieht 1977 von Wuppertal nach Düsseldorf, um zu studieren. Damals ist sie noch in der Sponti-

Anarcho-Szene unterwegs und mit Marita Welling in der Frauengruppe des Asta an der Universität aktiv. Dort halten es die beiden aber nicht lange aus: »Da haben wir von einer Organisation ein Abrisshaus zur Verfügung gestellt bekommen. Dann wurde erst mal beratschlagt. Was die am allerbesten konnten, war beratschlagen und alles zu zerreden. Reden, reden, reden – aber irgendwas Aktives ist, soweit ich mich erinnern kann, nicht passiert. Das waren dogmatische Frauen, die aus dem MSB Spartakus und dem SHB, dem sozialistischen Hochschulbund, kamen. Marita und ich machten den Vorschlag, im Keller des Hauses einen Proberaum für eine Frauenband einzurichten. Da haben die sich vor Lachen ausgeschüttet und haben gesagt: Eine Frauenband, wie soll das denn gehen?«

Marita Welling trifft im Ratinger Hof auf Martina Weith und Monika Kellermann. Kellermann will eine Frauenband gründen. Und weil Marita und Bettina auch schon über eine Frauenband nachgedacht haben, nimmt Marita ihre Freundin Bettina bei nächster Gelegenheit mit in den Hof. »Von da an war ich auf der Ratinger Straße unterwegs«, sagt Bettina. »Bis dahin hatte ich kaum Kontakt zu Punk, aber das gefiel mir gut. Die waren alle frei von der Leber weg, nicht dogmatisch, frech, lustig. Da musste ich nicht ständig über den Kommunismus und Karl Marx diskutieren oder über die Frage, ob es den Klitoris-Orgasmus gibt oder nicht. Wir konnten machen, was wir wollten, und das bedeutete auch, dass wir eine Frauenband machen konnten. Wir wollten uns nicht aufgrund irgendwelcher Vorurteile den Schneid abkaufen lassen.«

Die vier Frauen gründen Östro 430, ihr Proberaum befindet sich im Bunker unterm Kirchplatz in Düsseldorf. Nebenan probt die Punkband Der KFC. Den eigenen Proberaum teilen sie sich mit der Band VD. »Wir waren dort die einzigen Frauen, die hatten noch nicht mal eine Alibifrau in ihren Bands«, sagt Bettina. »Wir haben mit anderen Bands das Equipment geteilt«, ergänzt Martina, die Sängerin von Östro 430. »Aber wie das so ist: Typen können nicht anders als Frauen gegenüber klugzuscheißen. Das Vorurteil hing immer im Raum: Die kriegen's eh nicht hin. Da haben wir gesagt: Und wenn wir hier drei Stunden brauchen, um rauszufinden, warum der Amp keinen Ton sagt … keiner wäre auf die Idee gekommen, rüber zum KFC zu gehen und zu fragen.«

Punk ist schon ihre eigenwillige Besetzung: Sie kommen ohne Gitarre aus, stattdessen musizieren sie mit E-Piano und Saxofon. Sie finden keine Gitarristin, die ihre musikalischen Vorlieben teilt. »Entweder hattest du diese Joan-Baez-Nummer, Abenteuer am Lagerfeuer, oder die Frauen wussten nicht, wie man die Gitarre hält«, sagt Martina. »Eine Gitarristin, die drei Wochen probehalber mitgespielt hat, hatte Probleme mit dem Strom, sie hatte einen kleinen Schlag gekriegt, da haben wir dann gesagt, wir machen lieber ohne weiter.«

Dass das kein spezifisches Problem der Düsseldorferinnen ist, sondern eins der musikalischen Sozialisation von Mädchen, macht Brigitte Rohkohl in ihrem Buch *Rock Frauen* deutlich, das 1979 erscheint: »Gitarre, Bass und Schlagzeug sind die wichtigsten Instrumente in der Rock-Musik; Flöte, Violine, Klavier die traditionellen Mädcheninstrumente. Diese verdammte Blockflöte! Symbol gefesselter musikalischer Kreativität und individueller Ausdruckskraft – sie müsste für Mädchen verboten werden! Noch immer gebräuchlichstes Instrument weiblicher musikalischer Früherziehung. Sie zwingt zum artigen Musizieren. Der Körper wird ausgeschaltet, die untere Partie spielt überhaupt nicht mit. Anmutiges Wiegen des Köpfchens – immer schön leise und zart, dass nur kein Ton daneben geht, sonst klingt sie unrein. Begrenzter Umfang, zwei Oktaven – nicht gerade sehr dynamisch. Sinnbild des eingeschränkten Aktionsradius kleiner Mädchen.«

Östro 430 machen aus der Not eine Tugend. Bettina Flörchinger nutzt ihre Klavierkenntnisse, um dynamisch E-Piano zu spielen. Die Reinheit der Blockflöte ersetzt Martina Weith durch den industriellen Sound des Saxophons. »Als Kind habe ich erst Blockflöte gespielt, dann musste ich vier Jahre Akkordeon lernen. Durch diesen ganzen Musikschul-Scheiß hatte ich das Interesse am Musikmachen verloren. Ich habe mit zwölf, dreizehn aufgehört. Eva Gössling, eine Düsseldorferin, die nach Berlin gezogen war, aber immer wieder mal in Düsseldorf vorbeikam, spielte bei Mania D., der Vorläuferband von Malaria. Sie hatte ein Saxophon. Das habe ich mal ausprobiert und kriegte auch direkt einen Ton raus. Die Grifffolge ist im Prinzip dieselbe wie bei der Blockflöte: Je mehr Klappen du zumachst, desto tiefer wird der Ton.«

Östro 430 treten zum ersten Mal auf dem Festival des Punkfanzines *Schmier* im Okie Dokie in Neuss auf, im Mai 1980. Die Fehlfarben finden die Frauen grandios und engagieren sie als Vorgruppe für ihre Deutschland-Tournee. Später schaffen es Östro 430 sogar in die *Bravo*.

Bei den Frauen von Kleenex verlief die musikalische Sozialisation ähnlich: »Lislot hat früher Klavier gespielt, Klassisches. Marlene musste sich in der Primärschule mit der Blockflöte abquälen, und Klaudia hat mit elf Jahren angefangen, Handörgeli zu spielen«, schreibt Brigitte Rohkohl. Das Handörgeli ist eine in der schweizerischen Volksmusik genutzte Variante des Akkordeons.

Dieses Benehmen, so rotzig

Die Gesellschaft wünscht sich adrette junge Menschen. Punk ist jedoch das Gegenteil von adrett. Was passiert, wenn ein Punk-Paar in Düsseldorf in die S-Bahn steigt, beschreiben Östro 430 in einem Lied, das sie nach dem Ort des Geschehens »S-Bahn« nennen: *Ich fahr' mit meinem Punk S-Bahn und alle Leute starren uns so komisch an. Ja, habt ihr denn sowas noch nie geseh'n?* Eine deutsche Durchschnittsfamilie macht ihrer Abscheu über die Punks Luft: *Iiih, guck mal, was ist das denn? Diese hässliche Missgeburt! Dreckig, zerrissen, die Haare fettig und dieses Benehmen, so rotzig.* Der Anblick von Punks weckt in triebunterdrückten braven Bürgern nicht nur Widerwillen, sondern auch moralische Empörung: *Sie sagen: Wer so aussieht, ist'n Sünder.* Dem entgegnet die Ich-Erzählerin: *Sie selbst misshandeln kleine Kinder.* Die reale Gewalt gegen die eigenen Kinder wird durch faschistische Gewaltphantasien komplementiert: *Sie sagen: Arbeitslager oder aufhängen. Aber bitte öffentlich, im Fernsehen!*

Wer 1979 als Punk durch die Gegend läuft, provoziert. Martina Weith sagt dazu: »Ja, das hat Spaß gemacht: Provozieren macht in dem Alter doch super Spaß. Ich bin jemand, der schnell aus der Haut fahren kann. Ich hab da so ein Potenzial. Woher diese Wut kommt, weiß ich genau, das sind Sachen aus meiner Kindheit. Andere Leute machen Kampfsport, wir haben eine Band gehabt.« Ähnlich formuliert das Marlene Marder von Kleenex im Interview mit Brigitte Rohkohl: »Wir haben auch unsere Aggressionen, und wir drücken uns mit dieser Musik aus.«

»Das war eine Sache, die Punk einem ermöglichte«, bestätigt Bettina Flörchinger. »Dass man auch als Frau in der Öffentlichkeit Dampf ablassen konnte. Das war traditionell nicht so gedacht. Da hatte man als Frau leise und zurückhaltend und immer nett und immer schön frisiert zu sein. Das war das hergebrachte Rollenverständnis. Das alles mussten wir als Punks nicht mehr. Als Punks konnten wir machen, worauf wir Lust hatten und woran wir Spaß hatten. Wir konnten uns so schlecht benehmen, wie wir wollten, wir konnten saufen, so viel wir wollten. Oder, um ein Extrembeispiel zu nennen, mal jemandem ein Bierglas an den Kopf werfen. Jungs anmachen, wenn uns der Sinn danach stand. All das ging in der Punkszene.« Östro 430 kultivieren ihr neues Punkimage mit Hingabe und Humor und singen: *Weiber wie wir, Randale und Bier!*

Martina Weiths Eltern stammen aus Thüringen, nach dem 17. Juni 1953 flohen sie in den Westen. »Sie waren als Protestanten sehr aufgeschlossen, während diese Katholen im Rheinland eine Katastrophe waren. Meine Eltern sahen mich zwar auch gerne im Röckchen, und meine erste Jeans hab ich mit elf gekriegt. Aber ich habe von meinen Eltern nie gehört: ›Ein Mädchen kann das nicht.‹ Mein Vater hat mir zum Beispiel früh beigebracht, wie man sein Fahrrad selber flickt. Meine Mutter war schon emanzipiert, soweit das damals möglich war.«

Bei Bettina ging es traditionell zu. »Ich komme aus einer streng katholischen Familie und da war das mit der Rollenverteilung zumindest unter meinen Eltern ganz im Stil der 1950er Jahre. Mein Vater war Lehrer, weswegen er großen Wert darauf legte, dass seine Kinder gute Schulbildung kriegten, das heißt auch meine Schwester und ich aufs Gymnasium gingen und Abitur machten.« Zu Hause aber herrschen für die drei Geschwister strenge Regeln.

»Mein Vater ist in einem extrem katholischen Elternhaus großgeworden und war selber auch sehr katholisch und hatte strenge Vorstellungen davon, was ein Mädchen tun darf und was es nicht tun darf«, sagt Bettina. »Ich bin die Älteste von drei Geschwistern und die Ältesten kriegen es ja immer am härtesten ab, was Erziehungsmaßnahmen angeht. Ich durfte im Alter von 16, 17, 18 nur samstagabends ausgehen und hatte gefälligst um elf Uhr zu Hause zu sein. Wenn ich nicht pünktlich war, gab es Sanktionen, etwa Hausarrest. Ich bin einen Tag nach meinem Abitur von zu Hause ausgezogen, weil ich es nicht mehr ausgehalten habe.«

Drei Tage nach ihrem Abitur beginnt Bettina in einem Altenpflegeheim als Hilfskraft zu arbeiten, bis sie einen Studienplatz bekommt. Die Arbeit ist nicht gut bezahlt, der Arbeitstag beginnt um halb sieben. »Ich bin mit meinem Freund zusammengezogen, und als er sich von mir getrennt hat, war die erste Frage meines Vaters: ›Ja was machst du denn jetzt? Du bist ja jetzt keine Jungfrau mehr.‹ Das war sein Hauptproblem. Ich hatte andere Probleme, nämlich, dass ich auf der Straße saß und nicht wusste, wo ich hin sollte, und auf keinen Fall zurück zu meinen Eltern wollte.«

Bettinas Stiefmutter war erst 19, als sie Bettinas Vater heiratete. Sie wollte Medizin studieren, brachte nun aber die ersten zehn Jahre nach dem Abitur als Hausfrau und Mutter zu. »Dann hat sie einen sehr harten Kampf ausgefochten, dass sie eine Stenotypistinnenausbildung machen und halbtags als Sekretärin im Krankenhaus arbeiten durfte«, erzählt Bettina. »Das war von ihrem Traum übriggeblieben: Halbtags Sekretärin im Krankenhaus und das gegen den Widerstand der gesamten Familie – außer meinem. Ich habe mit 13 beschlossen, ich heirate nie. Da habe ich gesehen, dass das Leben meiner Mutter so beschaffen war, wie ich es auf keinen Fall haben wollte, und ich habe das offenbar auf meinen Vater zurückgeführt. Es war ja in den 1970er Jahren noch so, dass Männer ihren Frauen erlauben mussten, arbeiten zu gehen. Da war das für mich klar: Wenn das so aussieht, kommt das nicht infrage für mich.«

Die jungen Frauen wollen selbstbestimmt leben. Dazu gehört auch, in ihren Beziehungen zu Männern unabhängig zu bleiben. »Überleg mal, was das damals für eine Zeit war: Wir hatten die Anti-Baby-Pille. Heidewitzka, die Heide brennt«, sagt Martina Weith. Bettina Flörchinger ergänzt: »Wir waren in dem Alter, wo man das alles mal austesten muss. Für mich war das die große Freiheit. Da wir die Pille hatten, hatte man natürlich, wenn es nicht gut lief in einer Beziehung, auch die Möglichkeit zu sagen: Verzieh dich. Der Nächste bitte. Kucken wir mal, wie es mit dem läuft.« Mal haben die Östros feste Beziehungen, mal nicht. »Wie's grad lief halt«, sagt Bettina.

So zu leben, ist das eine, darüber zu singen das andere. »Das war ein Tabuthema«, meint Bettina. »Das sind alles Sachen, die gesagt werden müssen«, sagt Martina. Wer sich aber Tabuthemen annimmt und die Sachen sagt, die gesagt werden müssen, wird im bundesdeutschen Radio im Jahr 1980 nicht gespielt. In den westdeutschen Frauenbuchläden ist das erste Album von Östro 430 dagegen ein Hit. »Dort ging unsere erste Scheibe weg wie warme Semmeln«, sagt Martina. »Eben weil wir so einzigartig waren, weil wir diese Themen hatten und weil wir diese Wörter in den Mund genommen haben. Aber die Erfahrungen, die wir in diesen Cliquen gemacht haben, nee! Es machte in Düsseldorf ein Frauencafé auf in der Oberbilker Allee. Da sind wir eines Nachmittags rein, die hatten noch nicht mal Bier. Da gab es nur Tee und Kuchen. Ich dachte nur, was ist denn das für ein komischer Laden? Mit Spitzendeckchen, also allen Klischees, von denen sich Frauen eigentlich freimachen wollten. Da haben wir ein bisschen lauter gefragt: Wieso habt ihr denn kein Bier? Dann haben wir Lokalverbot gekriegt.« Das Frauenbild der Frauenbewegung der 1970er ähnelt dem überkommenen partriarchalischen Frauenbild auf paradoxe Weise: Frauen stricken, sind leise und trinken Tee.

Eines Tages werden Östro 430 für ein Frauenfestival in der Alten Mensa in Hamburg gebucht. Sie dürfen ihren Fahrer nicht mitbringen, weil das Publikum nur weiblich sein soll. Sie müssen bei schlechtem Wetter selbst fahren, und als sie endlich ankommen, geht der Stress weiter: »Wir wurden von denen erst mal blöd angemacht, warum wir denn bitte einen männlichen Tourbooker hätten«, erzählt Martina Weith. Damals gibt es keine Frauen in dieser Branche. »Was ich noch viel schlimmer fand: Als wir diese Diskussion am Eingang hatten, kam eine junge Frau, eine Studentin, mit einem Baby auf dem Arm, vielleicht nicht mal ein Jahr alt. Sie wollte ins Konzert und wurde als Erstes gefragt: Ist das ein Mädchen oder ein Junge?«, erinnert sich Bettina Flörchinger. »Sie haben sie nicht reingelassen, weil das Baby ein Junge war.« Damit nicht genug, sperren einige Frauen Martina Weith und ihre Bandkollegin Birgit Köster in der Männertoilette ein. »Birgit und ich wollten vor dem Gig noch mal pinkeln gehen, wir hatten vorher ja schon Bier getrunken«, sagt Martina. »Wir sagten also, wir gehen schnell noch mal. Außer dem Hausmeister war ja kein Typ da. Daher haben wir uns nicht hinten an die Kloschlange angestellt, sondern sind aufs leere Herrenklo pinkeln gegangen. Und die Weiber haben uns da eingesperrt.«

Nach all diesen Erfahrungen haben Östro 430 genug von der organisierten Frauenbewegung. »Nach diesem Auftritt haben wir ›Normal‹ geschrieben«, sagt Bettina. Das Lied wendet sich gegen Teestuben und Konzerte, die nur für Frauen offen sind, und gegen das dort propagierte Frauenbild: *Ihr trefft euch nur auf Feten ohne Mann und seid so lieb, dass ich es nicht ertragen kann. Nur Rumgeschmuse, und alle brav, das ödet mich an, das ist nicht mein Bedarf. Denn ich bin ganz normal. Jawohl, ganz stinknormal. Denn ich brauch' so ab und an einen Mann, einen Mann, einen Mann.*

Östro 430 geben nicht viel auf Innerlichkeit und Selbsterfahrung, die der neuen Frauenbewegung wichtig sind. Sie sind damit wohl in der Minderheit, aber sie sind nicht allein. In der ersten, 1976 erschienenen Ausgabe der feministischen Zeitschrift *Die Schwarze Botin,* die für Kritik und Negation als intellektuelle Notwendigkeiten eintritt, polemisierte Gabriele Goettle gegen das »Insistieren der Frauen auf Aggressionslosigkeit, Weichheit und frauenspezifischem Denken«.

Als Östro 430 einige Wochen später im Audimax in Aachen bei einer Frauenveranstaltung »Normal« zum ersten Mal öffentlich spielen, drehen ihnen die Veranstalterinnen mittendrin den Strom ab.

Der britische Radio-DJ John Peel ist einer der wenigen, der Östro 430 ins Programm nimmt. Auch wenn er die Texte nicht versteht, begreift er doch, dass er es mit einer der interessantesten Bands aus Deutschland zu tun hat. »›Triebtäter‹, whatever it means«, kommentiert er ratlos, als er besagtes Stück spielt. »Triebtäter« berichtet von einer Erfahrung, »die, glaube ich, jede Frau macht, die abends im Dunkeln alleine nach Hause geht. Jeder von uns hat die gemacht«, sagt Bettina Flörchinger. »Triebtäter« erzählt von einer Frau, die nachts allein durch die Straßen geht, ein Mann folgt ihr. Sie malt sich aus, was ihr alles passieren könnte, bis der Mann keuchend an ihr vorbeiläuft: Er will die letzte S-Bahn erreichen. Der Comic Relief am Ende macht das Stück nicht weniger realistisch.

»Mein Nachhauseweg vom Ratinger Hof führte an einem langen unbeleuchteten Park entlang, wo ich nachts um halb zwei allein zu Fuß nach Hause gehen musste, Bahnen fuhren da keine mehr«, erzählt Bettina. »Das war jedes Mal eine Zitterpartie. Ich hab meinen Schlüssel in die Hand genommen und hab zwischen jedem Finger einen Schlüssel rausstehen lassen, damit ich mich im Notfall wehren kann. ›Triebtäter‹ handelt von dem Angstfilm, der da im Kopf läuft. Aber das waren Situationen, wo manchmal eben doch was passiert ist, dass man angemacht wurde. Mir ist es auch passiert, dass mich einer in eine dunkle Hausecke gedrückt hat und mir den Hals zugedrückt hat und mich küssen wollte. Das sind Sachen, die passiert sind, als man jung war.«

Von Triebtätern handeln viele Lieder der Neuen Welle, aber auch von normaler, also gesellschaftlich geduldeter »sexualisierter Gewalt«. Klaus Theweleit kritisiert diese Wortkombination: »Mir erscheint diese Formel – so zwingend einleuchtend sie dem spontanen Empfinden ist – doch nicht ganz zureichend. Warum? Weil sie, finde ich, die Felder von ›Sexualität‹ und ›Gewalt‹ so miteinander verkoppelt, als bestünde zwischen ihnen so etwas wie ein möglicher ›genuiner‹ Zusammenhang. Dies ist jedoch im Feld des Tatsächlichen – das heißt im Feld tatsächlich existierender Körper – nicht der Fall. Sexuelles Verhalten respektiert den Körper des/der anderen; Gewalt tut dies nicht. Gewaltverhalten unter Gebrauch von Genitalien tut dies ebenfalls nicht. Es hat somit die begriffliche Verbindung mit dem Sachverhalt und Terminus ›Sexualität‹ nicht verdient.«

Andreas Doraus »Kleines Stubenmädchen« von 1982 hat eine feministische Botschaft, erscheint den Verantwortlichen in Funk und Fernsehen aber, anders als Doraus Hit »Fred vom Jupiter«, kaum geeignet, gute Laune zu verbreiten. Denn es handelt von Männern in Machtpositionen, die es für ihr gutes Recht halten, Mädchen belästigen zu dürfen: *Kleines Stubenmädchen, komm doch einmal her. Ich bin der Hausherr, und ich will von dir ein klein wenig Spaß.* Bei dieser Aufforderung bleibt es nicht, bald schon wird von den Autoritäten – neben dem Hausherrn kommt auch ein Rektor zu Wort, der ein Schulmädchen herbeizitiert – ein autoritärer Ton angeschlagen: *Komm her, komm her, denn ich bin der Hausherr und du sollst lernen. Du sollst gehorchen. Tun was ich will, tun was ich sage. Ich will nur das eine, das weißt du genau.*

Andreas Dorau singt all das mit seiner jungenhaften Stimme – er ist ja selbst noch ein Teenager – zu einer süßen Melodie, was die Aussage des Lieds noch verstärkt. Unter dem Kitsch der heilen Welt lauert die Gewalt, weswegen dieses Lied auch nicht im Radio zu hören ist. Über solche Formen der Gewalt gegenüber Mädchen und Jungen, die sich täglich in Familien, Sportvereinen, Internaten, Waisenhäusern, bei der Verschickung in die Ferien und in kirchlichen Einrichtungen abspielt, wird geschwiegen. Als Störenfried gilt, der »so was« anspricht. »Kleines Stubenmädchen« spricht nicht nur von Dingen, über die man nicht sprechen soll, es macht sich über die Figur des Hausherrn und des Rektors lustig. Das ist der erste Schritt, um ihre Macht zu brechen.

Östro 430 lösen sich auf, als Bettina Flörchinger mit ihrem praktischen Jahr als Ärztin beginnt. Sie wird Gynäkologin, was Anfang der 1980er Jahre für Frauen nicht einfach ist. »Ich bekam Absagen, in denen es hieß: ›Haben Sie schon mal darüber nachgedacht, Anästhesistin oder Kinderärztin zu werden? Das sind doch schöne Fachgebiete für eine Frau‹«, erzählt Bettina. »Einer meiner Chefärzte sagte seiner Tochter, die Medizin studierte: ›Gynäkologie ist kein Fachgebiet für eine Frau.‹ Das sei zu hart für Frauen. In den ersten Jahren, wo ich noch zu den wenigen Gynäkologinnen gehörte, kamen immer wieder Frauen zu mir, die sagten: ›Ich laufe schon seit zwanzig Jahren von einem Arzt zum anderen, weil ich immer so starke Schmerzen bei der Periode habe. Alle sagen sie mir immer nur, ich soll mich nicht so anstellen. Das sei alles nur psychisch.‹ Niemand kam auf die Idee, dass man ihnen einfach mal ein gescheites Schmerzmittel aufschreibt. Die Männer haben sie vor die Wand laufen lassen, weil sie keine Ahnung davon hatten. Es war höchste Zeit, dass mehr Frauen in das Fachgebiet kamen.«

Das sind die frühen 1980er Jahre: Frauen sollen keine Bands gründen und nicht als Gynäkologinnen arbeiten. Für sie sind das Spiel auf der Blockflöte und die Arbeit als Anästhesistin vorgesehen.

Ülüsü und Gabi

Wenn sich zwei junge Menschen treffen, die sich gut finden, spielt es keine Rolle, woher sie kommen, könnte man meinen. Dass die Sache aber nicht so einfach ist, wie sie scheint, zeigen Derdiyoklar Ikilisi in ihrem Lied »Liebe Gabi« von 1981, in dem sich ein junger türkischer Mann an seine deutsche Freundin wendet. *Komm zu mir, gel yanıma, le le liebe Gabi*, fordert der Ich-Erzähler seine Gabi erst auf Deutsch, dann auf Türkisch auf, um ihr sein Leid zu klagen. Es sei schwer, bösen Menschen seine Sorgen zu erzählen, sagt er anfangs. Den Grund seiner Sorgen erklärt er dann auf Deutsch, damit Gabi ihn versteht: *Helmut Kohl und auch Strauß, le le liebe Gabi, wollen Ausländer raus, le le liebe Gabi*. Dann geht es auf Türkisch weiter: *Şimdi bir de vize cıktı, nice gönülleri yıktı.* (Und jetzt auch noch die Sache mit dem Visum, die hat viele Herzen gebrochen.) Wenn das Visum nicht verlängert wird, kann auch die Liebe von Gabi nichts dagegen ausrichten. Die Gastarbeiter seien die Sorgen leid, singt Derdiyok Ali, »der sorglose Ali«, der mit bürgerlichem Namen Ali Ekber Aydoğan hieß – wo man doch auch mit Liebe erfüllt und lachend leben könnte.

»Liebe Gabi« ist 1981 auf dem Album *Disco Folk 2* von Derdiyoklar bei Türküola erschienen. »Disco Folk« nannte das

Duo Ali Ekber Aydoğan und İhsan Güvercin ihre Musik, allerdings ist die Bezeichnung »Disco« leicht irreführend. Was man bei Derdiyoklar zu hören bekommt, wenn man ihre Platten kauft oder zu einer alevitischen Hochzeit geht, bei der sie traditionelle Lieder und ihre eigenen Stücke spielen, ist eine Mischung aus der Volksmusik ihrer Heimat mit einem heftigen Einschlag schwarzer Musik. Das klingt mehr nach Funk als nach Disco. Die beiden Musiker spielen mehrere Instrumente, zum Teil gleichzeitig, und haben sich für jedes Stück eine Choreographie ausgedacht. Wenn Derdiyoklar, stets in Weiß gekleidet, auftreten, geben sie eine Performance.

In »Liebe Gabi« singen Derdiyoklar darüber, was überall in Westdeutschland und West-Berlin passiert: Türkische, italienische, spanische, griechische Männer verlieben sich in deutsche Frauen und umgekehrt. Die Zahl der binationalen Ehen steigt seit den 1960er Jahren in der Bundesrepublik stetig. Schon im Jahr 1960 werden laut Statistischem Bundesamt vier Prozent der Ehen von oder mit Ausländern geschlossen. Bei 74 Prozent dieser Ehen sind die Frauen Deutsche und die Männer Ausländer, da heißen die beiden allerdings noch nicht Gabi und Ali, sondern Gerda und Angelo. Das Anwerbeabkommen mit der Türkei wird erst 1961 geschlossen.

Wenn sich zwei junge Menschen treffen, kommt es hin und wieder spontan zu Geschlechtsverkehr. Das macht Spaß. Noch schöner ist es, wenn es sich um Liebe auf den ersten Blick zu handeln scheint: *Wir haben uns nur angesehen und sofort war es um uns geschehen. Es war auf der Party bei einem Freund. Wir sprachen kaum und waren doch vertraut. Wir waren sofort im Schlafzimmer, und ich dachte Liebe für immer.*

So beginnt die Liebesgeschichte, die von den Toten Hosen

auf ihrem Debütalbum »Opel-Gang« von 1983 erzählt wird. Doch schon am Ende der ersten Strophe nimmt sie eine dramatische Wendung. Denn im Schlafzimmer angekommen, fällt dem jungen Mann auf, dass er vergessen hat zu fragen, mit wem er nun im Bett liegt: *Dann hab ich nach deinem Namen gefragt und du hast Ülüsü gesagt.* Der Name spricht für sich und das schockiert den Ich-Erzähler: *Ülüsü war eine Türkin. Wie konnte mir das bloß geschehen? Ülüsü war eine Türkin. Ich werde das niemals verstehen.*

Die beiden machen für den nächsten Tag einen Treffpunkt aus, an der Pommesbude gegen halb acht, aber der junge Mann kommt nicht. Denn, das müsse sie verstehen, er könne nicht mit ihr nach Hause gehen: *Der Ruf der Familie steht auf dem Spiel und da hilft später kein Persil.*

Um seine Feigheit und seinen Opportunismus vor sich selbst zu rechtfertigen, projiziert der jugendliche Ich-Erzähler von »Ülüsü« nun seine eigene Bereitschaft, mit einer jungen Frau zu schlafen, die er nicht kennt, auf sein Gegenüber: *Auf der Party ging's mir sowieso zu schnell. Du gehst bestimmt mit allen ins Bett.* Mit diesen beiden Zeilen verschafft Campino der Figur, in deren Rolle er schlüpft, psychologische Glaubwürdigkeit. Der Sänger der Toten Hosen verfasst den Text, als er selbst noch zur Schule geht.

In der Realität scheinen die Vorbehalte in der westdeutschen Gesellschaft aber geringer, als der Song der Toten Hosen annehmen lässt. Im Jahr 1982 sind bei bereits fast zehn Prozent der im Bundesgebiet neu geschlossenen Ehen ein oder zwei Ehepartner Ausländer. Bei 51 Prozent dieser Eheschließungen sind die Frauen Deutsche und die Männer Ausländer, bei 28 Prozent ist es umgekehrt. Der Rest verteilt sich auf Ehen zwischen Ausländern. Gut fünf Prozent der Ehen in der Bundesrepublik werden 1982 demnach zwischen einer Gabi und einem Ali, einer Gerda und einem Angelo geschlossen; bei fast drei Prozent der Eheschließungen erscheinen eine Ülüsü und ein Andreas vor dem Standesbeamten. Ülüsü ist im Übrigen kein gebräuchlicher Name in der Türkei – nicht auszuschließen, dass Campino ihn erfunden hat.

Wenn der Ich-Erzähler von »Ülüsü« meint, da helfe später kein Persil, wenn er sich mit einer Türkin als Freundin zeigen würde, spricht er die deutsche Obsession mit Reinlichkeit an. Die Waschpulvermarke Persil steht in Deutschland seit 1907 für makellose Sauberkeit. Wenn nicht mal mehr das gute Persil hilft, wie im Fall von Ülüsü, dann muss es sich um eine Verschmutzung handeln, die sehr tief in den Fasern des guten Rufs sitzt.

Ariel, das Konkurrenzprodukt von Persil, wirbt damit, dass Wäsche nach einer Behandlung mit dem Waschmittel »nicht nur sauber, sondern rein« sei. Hier wird mehr verkauft als das Versprechen auf saubere Wäsche. Wer von Reinheit spricht, spricht von der Sauberkeit der Seele. Wer rein ist, ist unberührt von der sündigen Welt, vom Schmutz des Körperlichen. »Cleanliness is next to Godliness«, schrieb der englische Erweckungsprediger John Wesley im Jahr 1778, was Christian Enzensberger dazu inspirierte, von der Hygiene als »neuer Frömmigkeit« der bürgerlichen Gesellschaft zu sprechen.

Ariel verspricht, Flecken von »Ei, Blut und Kakao« porentief zu entfernen. Zwar erzeugen in den Forschungslabors der Branche bis heute Ei, Blut und Kakao Referenzflecken, mit deren Hilfe die Effizienz neuer Waschmittelformeln geprüft wird. Aber diese Dreifaltigkeit des Drecks spricht im Unbewussten der Konsumentinnen und Konsumenten möglicherweise auch andere Flecken an, die von tabuisierten Körperausscheidungen rühren. Blut ist Blut, könnte man meinen, und wer Wäsche wäscht, weiß, dass Blut in der Tat hartnäckige Flecken hervorruft. Aber die Texter der Ariel-Werbespots wollen mit dem Codewort »Blut« möglicherweise Assoziationen zu Menstruationsblut hervorrufen, das in vielen Kulturen als unrein gilt. Ei ist Ei, könnte man meinen, steht hier aber womöglich für Sperma, das man besser nicht aufs Laken tropfen lässt, verrät es doch, was man getan hat. Kakao wiederum lässt sich als Code für Kot lesen, das Kinderwort Kaka ist darin enthalten. Die Körper der Menschen hinterlassen Spuren, ob sie wollen oder nicht. Persil und Ariel helfen dabei, sie zu beseitigen.

Die Werbespots von Persil und Ariel laufen Anfang der 1980er Jahre jeden Tag im Vorabendprogramm. Amerikanische Serien und Cartoons, bundesdeutsche Nachrichtensendungen, vorher und nachher die Bilder der weißen Wäsche und diese drei Wörter: Ei, Blut und Kakao. Strahlend weiße Laken sind in manchen Spots zu sehen, die draußen im Garten auf einer Leine hängen. Die Sonne scheint, die Hausfrau freut sich. Ein sachter Wind trocknet die Hemden und die Unterwäsche aus weißem Ripp. Wo die frische Wäsche hängt, sind auch die Schmetterlinge nicht weit.

Dreck ist schlecht, obwohl er Zeugnis des Daseins ist, Beweis, dass wir am Leben sind. »Die sogenannte Sauberkeitserziehung zeigt sich als ein Vorgang der Trockenlegung und der Installation von Schuldgefühlen«, schreibt Klaus Theweleit. »Die traditionelle Psychoanalyse beschränkt deren Folgen zu Unrecht auf die Erzeugung des ›analen‹ Typus, des Zwangscharakters der Ordnung, des Pedanten, des Sammlers, Statistikers aus Lust, des bürofähigen Menschen oder begeisterten Positivisten. Die Folgen der ›Sauberkeitserziehung‹ sind wohl umfassender. Sie erscheint, in ihrem Zwang zur Trockenlegung, als der zentrale Eingriff zur Durchsetzung der Sexualunterdrückung im weitesten Sinn; und, verbunden mit der Installation der Schuldgefühle der Erwachsenen in den kindlichen Körper, als der wesentliche Vorgang zur Erzeugung der Sexualangst.«

Die Wäsche soll weiß sein. Ausscheidungen gehören einer Welt an, über die man nicht spricht, der eigene Körper erscheint als etwas Fremdes, Abgespaltenes und Schmutziges. Wie passend, dass »Persilschein« in den Jahren nach dem Krieg die Metapher für einen von den Besatzungsbehörden ausgestellten Entnazifizierungsbescheid ist. Wer hat gesagt, dass deutscher Humor nicht lustig sein kann.

Auf die autoritäre Triade von Ruhe, Ordnung, Sauberkeit und die mit ihr verbundenen Verhaltenslehren der Kälte antwortet Punk mit Geschrei, Radau, zerrissenen Kleidern und mit Texten wie jenem von Hans-A-Plast, in dem es heißt: *Yes, we are made in Germany. Nur sauber gekämmt sind wir wirklich frei.*

In einem Stück der Marionetz aus München vergleicht sich der jugendliche Erzähler gar selbst mit einem schmutzigen Kleidungsstück: »Ich bin ein T-Shirt«. Das Lied fängt im Schnelldurchlauf das Leben in Westdeutschland des Jahres 1981 ein: *Wenn ich morgens früh aufsteh, seh' ich aus wie Frankenstein. Wenn ich meine Pickel seh', möcht ich am liebsten Hansi Müller sein.* Der Ich-Erzähler ist ein pubertierender Junge, der davon träumt, ein Fußballstar zu sein. *Ich schlag die Zeitung auf und schlag sie angewidert zu. Hostessen, Ausverkauf, und die RAF gibt keine Ruh.* Die Männer gehen zu Prostituierten, die Hausfrauen stürzen an die Wühltische im

Kaufhaus und währenddessen führt die RAF ihren blutigen Kampf gegen das »System« weiter. *Sitz ich in der Straßenbahn und kann's Billet nicht zahlen. Macht mich der Fahrer an, du Arsch, du brauchst nicht fahren.* Es gibt Leute, die kein Geld für einen Fahrschein haben, wie der Erzähler des Songs der Marionetz, und wer kein Geld hat, ist ein Arsch. All das zieht den Jungen runter, aber er weiß sich zu helfen: *Dann fühl ich mich total als schmutziges, altes T-Shirt. Rein in die Waschmaschin', dann bin ich etwas bleicher, aber wieder clean.*

Der Text eines der berühmtesten Neue-Welle-Songs, »Grauschleier« von Fehlfarben, bringt die Unfähigkeit eines jungen Manns, ein Mädchen anzusprechen – mit ihr in Verbindung zu treten, sich so zu zeigen, wie er ist – ebenfalls mit schlecht gewaschener Wäsche in Verbindung: *Es liegt ein Grauschleier über der Stadt, den meine Mutter noch nicht weggewaschen hat.* Der Grauschleier ist aber mehr als ein Bild für eine depressive Episode im Leben eines Adoleszenten. Er steht für das Leben in einem grauen Land, das gern strahlend weiß und glücklich sein will, unbehelligt von Problemen. Karl Heinz Bohrer bringt schon 1979 in einem Text über Deutschland den Grauschleier mit der Verfassung des Landes in Verbindung: »Nur wenn man Ich zu sagen wagt, statt auf Statistik zu verweisen, wird vielleicht jener gewisse Grauschleier westdeutscher Langeweile weichen.«

Auch Östro 430 haben ein Lied über das saubere Deutschland im Repertoire: *Sieh dich um, wie's dir gefällt in deiner Spastik-Plastik-Welt. Perfektioniert, funktionalisiert, rationalisiert. Gefühle aus der Dose mit viel, viel, viel Polyacryl. Homogenisiert, polymerisiert, synchronisiert. Die Meinung von der Stange, Nylon, Nylon, mehr davon! Sterilisiert, desinfiziert, kalkuliert.* Das Streben nach steriler, desinfizierter Sauberkeit korrespondiert mit einem Wunsch nach Perfektion. Nichts soll den wohldurchdachten Lauf der Dinge stören. Bettina Flörchinger, die den Text geschrieben hat, drückt darin ihre Entfremdung aus: »Dass alles immer perfekt und sauber und organisiert sein muss. Als schönes Vorurteil: typisch deutsch, was mir negativ aufgestoßen ist.«

Für ihre Expertise beim reibungslosen Organisieren von Perfektion ist auch die Deutschschweiz bekannt. Ein Leben als präzise laufendes Uhrwerk ist für lebendige junge Körper aber nicht leicht auszuhalten: *Kaltes Eis, kaltes Eis. Ich möchte ein Eisbär sein im kalten Polar. Dann müsste ich nicht mehr schrei'n, alles wär' so klar. Eisbärn müssen nie weinen,* singen Grauzone aus Bern im Jahr 1980.

Grauzone sind eine der erfolgreichsten Bands der Neuen Welle. Auch sie sind aus einer Punkband entstanden, den Glueams, die sich 1978 gründeten. Schlagzeuger Marco Repetto ist Kind italienischer Gastarbeiter, Gitarrist Tinu Eicher hat einen jenischen Großvater. Die Sängerin der Glueams heißt Dorette Schmidt und singt im harten Berner Dialekt. In »365« lässt sie eine Frau darüber sinnieren, dass man in jeder Nacht des Jahrs einen Mann finden kann, *mau isch einä ä chli chlii, was isch de scho derbi.* Auch wenn einer mal ein bisschen klein ist, was ist denn schon dabei? *Schlaff und müedi das kensch nid. Es het no gnue vo denä glid.* Schlaff und müde kennt sie nicht und es gibt genug von diesen Gliedern. In einem anderen Lied, »Mental«, singt Dorette gegen eine Gesellschaft an, die alle verrückt macht: *Muesch di werä, süsch chunsch dra.* Wer sich nicht wehrt, ist dran. 1979 lösen sich die Glueams auf, aber ihre Nachfolgerband Grauzone sieht die Dinge ähnlich.

Grauzone drücken in »Eisbär« den Wunsch aus, in einer als

kalt empfundenen Welt funktionieren zu können, Schmerz und Enttäuschung nicht mehr fühlen zu müssen – in drei Sätzen und durch einen maschinellen Beat, synthetische Signaltöne, dissonante Klänge einer verzerrten Gitarre und ein verzweifelt schreiendes Saxophon. »Eisbär« wird ein Hit, überall, wo junge Leute Deutsch sprechen. Anfang der 1980er Jahre ist nicht nur der Krieg sehr kalt in Mitteleuropa. Aber das ist eine andere Geschichte.

EURE
ZEIT
IST
VORBEI

Fast alles, was uns heute umtreibt, hat schon die Jugend von 1980 beschäftigt. Diese jungen Leute lebten in einer Zeit, in der alte und neue Rechte gegen Ausländer agitierten, Frauen das Haus bestellen sollten, Queerness Teilen der Mehrheitsgesellschaft dubios erschien, täglich von Umweltzerstörung und Krieg berichtet wurde und Intellektuelle »nationale Identität« als Heilmittel für orientierungslose Gesellschaften empfahlen. (Manches davon gilt auch für die DDR, manches nicht.) Ein intelligenter und rebellischer Teil der Jugend zog es allerdings vor, sich selbst neu zu erfinden. Das Modell dafür war Punk, und was dabei herauskam, war die Neue Welle, die bald zur Neuen Deutschen Welle wurde.

Die Neue Deutsche Welle war keine deutsche Welle. Das »Deutsche« in der NDW bezog sich auf jene Sprache, die man einst so genannt hatte, um die Sprache »der Leute« zu bezeichnen: Deutsch, das war ursprünglich das Wort für die Sprache, welche die Leute sprechen, früher hätte man gesagt: das Volk. Im Englischen *the folk* ist die ursprüngliche Bedeutung von Volk noch erhalten. Man kann es mit »das Volk« oder mit »die Leute« übersetzen. Die völkische Bewegung hat dann aber die Leute unterscheiden wollen in jene, die zum mythischen Volkskörper gehören, und jene, die eben nicht dazugehören sollten: die Juden, die »Zigeuner«, die »Asozialen« und so weiter und so fort.

Rassismus, Xenophobie, alte Nazis, neue Nazis, Extremismus der Mitte, Chauvinismus, Frauenfeindlichkeit, Diskriminierung von Minderheiten, Klassismus, Polizeigewalt, überhaupt: Gewalt – das alles ist in Liedern der Neuen Welle verarbeitet worden. Viele ihrer Texte klingen so, als könnten sie im Jahr 2023 geschrieben worden sein. Oft erscheinen sie jedoch gewitzter, humorvoller und radikaler als vieles, was uns heute aus den sozialen Medien entgegenschallt. Punk ist eine produktive Form der Negation. Eine kreative, radikale, spielerische und aggressive Weise, gesellschaftliche Zumutungen, die mal als Normierungszwang, mal als symbolische und physische Gewalt in Erscheinung treten, zu attackieren.

Die Neue Welle war Volksmusik, eine Musik, die von »den Leuten« gespielt und gehört wurde. Sie war, wie die deutsche Sprache, transnational. Punk inspirierte junge Leute an vielen Orten auf diesem schon damals recht kaputten Planeten und also auch in den beiden deutschen Staaten, Bundesrepublik Deutschland und DDR, in Österreich und in der Deutschschweiz dazu, in ihrer Alltagssprache zu singen. (Wohlgemerkt Alltags-, nicht Muttersprache: Die Muttersprache von Gabi Delgado-López war Spanisch, die von Angelo Galizia Italienisch.)

33 Jahre nachdem Gabi Delgado-López den Text für »Kebabträume« verfasst hatte, schrieb Deniz Yücel in einem Artikel zum fünfzigsten Jahrestag des Anwerbeabkommens der Bundesrepublik mit der Türkei, »dass die Gastarbeiter dazu beitrugen, Deutschland undeutscher zu machen – eingedenk dessen, wofür Deutschsein in den vorangegangenen Jahrzehnten gestanden hatte, eine zivilisatorische Großtat«. Das ist zumindest in Bezug auf Gabi Delgado-López und Angelo Galizia allerdings nur die halbe Wahrheit. Das Ausländerkind und der junge Gastarbeiter haben jungen Deutschen, egal woher ihre Eltern kamen, ein Identifikationsangebot gemacht, das ihnen die Aneignung der deutschen Sprache als coole Popsprache ermöglichte. So haben sie Deutschland auch deutscher gemacht.

Metin Demiral zieht 1973 mit seinen Eltern aus Kars ins

schweizerische Schaffhausen. Mit Freunden gründet er eine Band, Café Türk. Der wilde Sound von Café Türk beschwört die Erinnerung herauf an die Zeit des Osmanischen Reichs, in dem sich viele Kulturen, Sprachen, musikalische Traditionen gegenseitig beeinflussten. Zugleich verbindet Café Türk die Musik aus Metins Kindheit mit dem Pop, den er in seiner Jugend hört, Kraftwerk und Ton Steine Scherben. Als die Neue Welle aus Deutschland herüberschwappt, hört Demiral auch Ideal und Nina Hagen. Café Türk nehmen ein Stück namens »Yıldızlar« auf – Sterne. Es ist eines der ersten New-Wave-Stücke in türkischer Sprache.

Bewusst oder unbewusst flossen lokale und regionale musikalische Traditionen in die Neue Welle ein. Das legendäre Humtata, das der Schlagzeuger von Mittagspause erzeugte, balancierte rhythmisch zwischen einem schnellen Walzer und einer Polka, auch wenn Markus Oehlen vermutlich versuchte, wie ein Reggae-Drummer zu klingen. Wo das Humtata erklingt, ist auch der Karneval nicht fern, mit dem sich Punk und Neue Welle die anarchische Praxis teilen, das Unterste zuoberst zu kehren und eine neue Identität anzunehmen, unter deren Maske es sich besser Unfug treiben lässt.

Es ist kein Wunder, dass viele Punks der zweiten Generation davon berichten, sich zum ersten Mal im Karneval in einen Punk verwandelt zu haben. Das ist an vielen, vielleicht nicht gerade naheliegend erscheinenden Orten vorgekommen. Avi Pitchon etwa hat erzählt, wie er als Kind in Israel die deutsche Band Dschinghis Khan bei der Eurovision sah und sofort von deren Verkleidungen und Schreien – Hu! Ha! – begeistert war. Als Nächstes entdeckte er Kiss, dann David Bowie und schließlich Nina Hagen und Johnny Rotten. Das erste Mal verwandelt er sich an Purim, dem jüdischen Äquivalent des Karnevals, in einen Punk.

Die Klamotten, die Vivienne Westwood und Malcolm McLaren in ihrer Boutique Sex auf der Londoner King's Road verkauften, hatten wie die britische Popkultur als solche etwas Karnevalistisches. Sie waren grell, zerrissen und obszön. Schon Mitte der 1970er erzählten die Löcher in den Jeans der Ramones von der generellen Kaputtheit der Welt und den individuellen Schicksalen der jungen Männer, die sie trugen.

Jeffrey Hyman war deutlich größer als die anderen Kinder, Brillenträger, unsportlich. Er litt unter Zwangsstörungen. Das machte den schüchternen Jungen zusehends aggressiv. Als er seine Mutter mit einem Messer bedrohte, wurde er zu einem Psychiater gebracht. Später empfahlen die Ärzte, ihn dauerhaft in die Psychiatrie einzuweisen. Jeffrey wurde stattdessen Punk und bekannt unter seinem neuen Namen Joey Ramone. Sein Anderssein wurde zum Gegenstand seiner Lieder und zur Quelle seines Charismas. »Joey nahm alles, was falsch an ihm war, und machte es zu etwas Schönem«, sagte Legs McNeil, einer der Herausgeber des New Yorker Fanzines *Punk*. Die neue Identität, die Joey Ramone und viele Punks nach ihm durch das Tragen von kaputten Hosen oder Second-Hand-Anzügen, von Sonnenbrillen bei Nacht, mittels zerschnittener, kurzgeschorener, gefärbter Haare und durch einen neuen Namen herstellen, hat insofern mit jener Form von Identität zu tun, die seit den 1960er Jahren von Minderheiten postuliert wurde, um für ihre Rechte zu kämpfen.

Die Identitätspolitik, die Frauen, Schwarze, Schwule, Lesben, Transpersonen und von den Strukturen der Mehrheitsgesellschaft Behinderte formulierten, war ein radikaler Move. Die jeweiligen Politbüros der linken Parteien und Bewegungen waren stets der Ansicht gewesen, dass es sich bei der Diskriminierung von Frauen, Schwulen und Schwarzen um einen Nebenwiderspruch handle, der sich mit der Revolution von allein auflösen würde. Doch allmählich stellte sich der Verdacht ein, dass diesen Versprechungen nicht zu trauen war. Die Revolution schien in absehbarer Zeit nicht ausbrechen zu wollen. Daher begannen verschiedene Gruppen ihre Ansprüche nun unter dem Banner ihrer jeweiligen Identitäten zu formulieren.

Dieser Politik aber war ein unauflösbarer Widerspruch eingeschrieben: Wer ein Merkmal, das von der Mehrheitsgesellschaft als Vehikel für Ausschluss und Stigmatisierung instrumentalisiert wird, zum Kern der eigenen Identität macht, kann sich für einen Moment ermächtigt fühlen. Sie oder er läuft aber Gefahr, ebenjene Stigmatisierung zum zentralen Element des Eigenen zu stilisieren, also den Anlass der Diskriminierung als naturgegebenes Wesensmerkmal anzuerkennen oder gar die eigene Existenz auf diesen angeblich urwüchsigen Zustand zu reduzieren – statt sich von dem Denken und der Politik zu emanzipieren, die solchen Ausschlüssen zu Grunde liegen. Es ist insofern wenig verblüffend, dass die 1970er Jahre zugleich die Ära der Konsolidierung von Identity Politics und eines neuen Identitätsnationalismus waren.

Der wesentliche Unterschied zwischen der Identitätsperformance des Punks und der Identitätspolitik der gesellschaftlichen Minderheiten bestand schon bald darin, dass sich die karnevalistische Performance des Punks als genuin politisch zeigte, weil sie die gesellschaftliche Gemachtheit der Verhältnisse entblößte und daraus schloss, dass sich diese Verhältnisse jederzeit ändern ließen, während Identitätspolitik immer häufiger auf die Behauptung zusammenschrumpfte, bestimmte unveränderbare Merkmale von Menschen machten ihren Wesenskern aus.

Das hatte anfangs noch anders ausgesehen. Als in der New Yorker Christopher Street im Juni 1969 jener Krawall angezettelt wurde, den Gay-Pride-Paraden heute noch feiern, waren Transpersonen und Drag Queens mit dabei, um die Polizisten, von denen sie sich lang genug hatten schikanieren lassen, mit ihren Handtaschen zu schlagen. Auch das war ein Karneval mit politischer Stoßrichtung: Das lassen wir uns nicht mehr bieten, ab heute schlagen wir zurück. Wenige Jahre später traten die New York Dolls, das Bindeglied zwischen Glam Rock und Punk, in Frauenkleidern auf.

Wie seine Punkkollegen mit den neuen Namen, Janie und Monroe, hieß auch Gabi Delgado nicht Gabi, bevor er im Ratinger Hof erschien, wie sich Bettina Flörchinger erinnert: »Gabi kannte ich aus Wuppertaler Zeiten, seit er 13 war. Er war ein Schüler meines Vaters, und er war der erste Freund von meiner damaligen besten Freundin. Damals hieß er noch Josef.«

Was heißt es, Frau zu sein, Mann zu sein, Ausländer zu sein, queer zu sein, schwul zu sein, lesbisch zu sein, nichts von alldem zu sein? Antworten auf diese Fragen kann man in den Liedern der Neuen Welle hören. Punk ist auch der Versuch junger Männer, weiblicher zu werden, um männlicher sein zu können – und umgekehrt.

Die durch Punk inspirierte Neue Welle wandte sich gegen die Verdrängung und Verkitschung der gewalttätigen Geschichte Deutschlands. Darauf bezieht sich der Untertitel des Buchs

Neue Welle, Neues Deutschland unter anderem. Letzteres, das *Neue Deutschland*, verweist aber auch darauf, dass Punk weder vorwiegend von Leuten aus der Unterschicht noch maßgeblich von Leuten aus der Mittelklasse als kulturelle Revolution in Szene gesetzt wurde. Punk und die Neue Welle waren klassenübergreifende Phänomene, und sie waren für junge Leute attraktiv, die als Gastarbeiter nach Deutschland gekommen oder Kinder nichtdeutscher Eltern waren. Es spielte keine Rolle, ob du ein Mann warst oder eine Frau, ob dein Vater Ali oder deine Mutter Gertrud hieß, wenn du Teil einer Punkband warst, wie etwa Hussi Kutlucan, der bei Soilent Grün aus West-Berlin Bass spielte. Aus Soilent Grün entstanden die Ärzte, Hussi Kutlucan wurde Schauspieler. Es gab auch in Deutschland Punks, die aus jüdischen Familien stammten, die Sänger der Cocksuckers aus Hamburg, der Pussys aus München und der frühen Alliierten aus Wuppertal. Und es gab den afrodeutschen Anführer einer faschistoiden Gang namens Savage Army aus Hamburg, Abkürzung SA, die auf Punkkonzerten Schlägereien anzettelte.

Die Protagonistinnen und Protagonisten der Szene waren so divers wie das Neue Deutschland, das in den späten 1970er Jahren entstand. Einer von ihnen, Dieter Runge, spielte eine Weile bei Rotzkotz in Hannover. Er lebte dort in einer Kommune, im Land der Nazi-Täter hat er sich nach eigenem Bekunden aber nie wohlgefühlt. So fliegt er im Mai 1978 nach New York City. Die erste Person, die er dort kennenlernt, ist Leo »The Pope« Faison, der ihn mit zu einer Party in die Ranch nimmt, eine Fabriketage, in der Leos Band lebt. Mit seinem Partner Elliot »Aid Haid« Harris gründet Leo im Jahr 1977 die New York Niggers. Leo und Elliot sind schwarz, und der Kontroversen versprechende Name ihrer Band führt dazu, dass sie anfangs nicht im CBGB spielen dürfen, weil Besitzer Hilly Kristal niemanden verletzen möchte. Wenn die Band eine Party in der Ranch gibt, schauen David Bowie, Iggy Pop oder Debbie Harry vorbei. Jean-Michel Basquiat ist Stammgast. Inzwischen lebt auch Dieter Runge dort, weil Leo und Elliot sich seiner annehmen: »Meine Güte, du sahst so verloren aus. Wir fragten uns, was ist mit dem Jungen los? Wir müssen ihn retten«, erinnerte sich Elliot Harris gut vierzig Jahre später. Dieter Runge wird Gitarrist der Band, und ein Lied, das er noch in Deutschland zu schreiben begonnen hat, erscheint auf ihrer einzigen Single. Das Stück heißt »Just Like Dresden '45«. Die brennende Stadt erscheint darin als Metapher für Gefühle von Frustration und Verzweiflung angesichts des desolaten Zustands der Welt, aber auch angesichts leerer Taschen, von zu vielen Nächten auf der Straße und zu wenig Schlaf.

Und was ist mit der deutschen Kolonialgeschichte? Die Bands der Neuen Welle hatten auch dazu was zu sagen. Auf dem dritten Album, das DAF als Duo im Jahr 1982 aufnahmen, findet sich »Die Götter sind weiß«. Gabi Delgado singt: *Schaut sie euch an, unsere Götter. Die schöneren Götter, die mächtigen Götter. Die Götter sind weiß, weiß wie dein Körper.*

Schon 1979 textete Peter Hein bei Mittagspause ein Lied über den »Ernstfall«. Es handelt vom neokolonialen Waffenexport: *Roland, Wiesel, Marder, Phantom, Albatros, Viking, Tornado aus den Waffenschmieden der Nation, Tag und Nacht in steter Produktion. Einkaufsbummel im Erdnussland, was übrigbleibt, wird Entwicklungshilfe genannt.*

Drei Jahre später, Mitte 1982, gründet Peter Hein mit Wolf-Dieter Lauenroth und George Nicolaidis die Band Camp Sophisto. Mit Drumcomputern, Synthesizer und Effektgeräten produzieren Lauenroth und Nicolaidis eine apokalyptisch klingende Musik, die ihrer Zeit um Jahre, wenn nicht Jahrzehnte voraus ist. Ihre erste Single heißt »Songs In Praise Of The Revolution«. Auf der A-Seite singt und schreit Peter Hein mit verzerrter Stimme: *Weißer Mann, wohin kannst du noch gehn? Es gibt auf dieser Erde nichts mehr für dich zu sehn. Alle Erfahrungen sind schon gemacht. Weißer Mann, wo sind deine Kolonien? Kein Platz, dich zurückzuziehen. Vor der Geschichte hast du alles falsch gemacht. Weiße Frau beherrscht jede Stadt, doch sie wird niemals richtig satt, weil kein Mann ihr genügend zu bieten hat. Gebt endlich auf! Eure Zeit ist vorbei! Eure Zeit ist vorbei!*

Damit ist das Wesentliche gesagt.

Bibliografie

Alle ohne Quellenangaben genannten Zitate stammen aus Interviews, die der Autor zwischen 2010 und 2022 mit Gabi Delgado-López, Lemmy Kilmister, Aras Ören, Robert Görl, Xaõ Seffcheque, Ozan Ata Canani, Rosa, Jürgen Engler, Peter Hein, Andreas Pessel, Fred Hüttig, Bettina Flörchinger, Martina Weith, Angelo Galizia, Mark Pfurtscheller, Robert Wolf, Cord Riechelmann und Daniel Miller geführt hat.

Wir sind die Türken von morgen

Gabi Delgado, Robert Görl, Miriam Spies, Rudi Esch: *Das ist DAF. Die autorisierte Biografie*. Berlin 2017.

George Nicolaidis in: *Archiv B*, https://archivb.de/vorwort/george-nicolaidis/.

George Nicolaidis, Claus Ritter in: *SO36 – 1978 bis heute*. Sub Opus 36 e.V. (Hrsg.). Berlin 2015.

Carmen Knoebel: http://audioarchivkunst.de/zeitzeugen/carmen-knoebel/.

Gabi Delgado-López: »Moderner Junge«, *The Ostrich*, Nr. 7, 1978 .

Eberhard Seidel: *Döner. Eine türkisch-deutsche Kulturgeschichte*. Berlin 2022.

Thomas Kuczynski: *Brosamen vom Herrentisch*. Berlin 2004.

Deniz Yücel: »Çok yaşa, CDU!« *die tageszeitung*, 1. 9. 2011.

Anonymus: »Die Türken kommen – rette sich, wer kann«. *Der Spiegel*, Nr. 31, 1973.

Barbara Hornberger: *Geschichte wird gemacht. Die Neue Deutsche Welle. Eine Epoche deutscher Popmusik.* Würzburg 2011.

Marcus Hahn: »Ein türkischer Spion im deutschen Kalten Krieg: Migration und Mehrsprachigkeit in Gabi Delgado-Lopez' ›Kebabträume‹ (1980)«. In: *Deutsche Vierteljahrsschrift für Literaturwissenschaft und Geistesgeschichte*, Nr. 87(3), 2013.

Henning Eichberg: *Nationale Identität. Entfremdung und nationale Frage in der Industriegesellschaft.* München 1978.

Siebo Siems: *Die deutsche Karriere kollektiver Identitätskategorien. Vom wissenschaftlichen Begriff zum massenmedialen Jargon.* Münster 2007.

Jürgen Habermas: *Zur Rekonstruktion des Historischen Materialismus.* Frankfurt am Main 1976.

Odo Marquard und Karlheinz Stierle (Hrsg.): *Identität. Poetik und Hermeneutik VIII.* München 1979.

Jürgen Habermas (Hrsg.): *Stichworte zur geistigen Situation der Zeit.* Frankfurt am Main 1979.

Hans-Jürgen Syberberg: *Hitler, ein Film aus Deutschland.* Reinbek bei Hamburg 1978.

Hermann Lübbe: *Fortschritt als Orientierungsproblem. Aufklärung in der Gegenwart.* Freiburg im Breisgau 1972.

Karl Heinz Bohrer: »Haß als Zeitbombe in einer Gesellschaft ohne Liebe«. *Frankfurter Allgemeine Zeitung*, 13.4.1978.

Michael »Pankow« Boehlke: »Punk Stunde Null«; Henryk Gericke: »Too Much Future«. In: Michael Boehlke, Henryk Gericke (Hrsg.): *Too Much Future. Punk in der DDR.* Berlin 2007.

Henryk Gericke: »Tanz den Kommunismus. Punkrock GDR«. Booklet zur Kompilation *too much future – Punkrock GDR 1980–1989.* Hrsg. von Henryk Gericke & Maik Reichenbach, 2020.

Wolfgang Pohrt: »Vier Milliarden Ausländer«. In: *Endstation.* Berlin 1983.

Jochen und Qpferdach: »Für mich fährt der D-Zug ab im Affenzahn und wird irgendwo vorknallen«, Interview mit Annette Humpe. *die tageszeitung*, 5.2.1981.

Cem Kaya: *Aşk, Mark ve ölüm*, Deutschland 2022.

Serhat Karakayalı: »Sechs bis acht Kommunisten, getarnt in Monteursmänteln.« *Die wahre Geschichte des Fordstreiks in Köln 1973*. https://www.kanak-attak.de/ka/text/fordstreik.html.

Anonymus: »Faden gerissen«. *Der Spiegel*, Nr. 37, 1973.

Anonymus: »IG Metall – ein angeschlagener Dinosaurier«. *Der Spiegel*, Nr. 37, 1973.

Aras Ören: *Berliner Trilogie*. (Neuauflage der drei Gedichtbände von 1973, 1974 und 1980). Berlin 2019.

Claus Hecking: »Kohl wollte offenbar jeden zweiten Türken loswerden«. *Spiegel online*, 1. 8. 2013 .

Walter Benjamin: »Der destruktive Charakter«. In: *Illuminationen*. Frankfurt am Main 1977 (1931).

The Ostrich, Nr. 4, 1977.

Michael O.R. Kröher: »Das Debakel von Mainz«. In: Peter Glaser (Hrsg.): *Rawums. Texte zum Thema*. Köln 1984.

Ich sing ein deutsches Lied

Harald inHülsen: »Wirtschaftswunder.« *Musikexpress*, Nr. 5, 1982.

Günter Sahler: »Die Limburger Pest. Neue Popmusik in Limburg/ Lahn, 1975 bis 1985«. In: *Edition Blechluft #5: NDW-Archäologie*. Lindlar 2011.

Jürgen Teipel: »Ich bin ein Analphabet« im Booklet der Wiederveröffentlichung von The Wirtschaftswunder: *Salmobray*, 2021.

Rosa: »Jede Nacht ein neues Motto«. In: Paul Ott, Hollow Skai: *Wir waren Helden für einen Tag*. Reinbek bei Hamburg 1983.

Dad Horse Ottn, M.A. Littler: *Kiev Stingl – No Erklärungen*, Deutschland 2017.

Albrecht Koch: *Angriff auf's Schlaraffenland. 20 Jahre deutschsprachige Popmusik*. Berlin, 1987.

Diedrich Diederichsen: »Deutschland – Noiseland«. Text zur Kompilation *Geräusche für die 90er*, 1990.

Hans Benenowski: *Nicht nur für die Vergangenheit. Eine streitbare Jugend in Berlin um 1930*. Erzähltes Leben II. Berlin 1983.

Ernst Haffner: *Jugend auf der Landstraße*. Berlin 1932.

Albin Stuebs: *Romantisches Vorspiel*. Nürnberg 1946.

Hellmut Lessing, Manfred Liebel: *Wilde Cliquen. Szenen einer anderen Arbeiterjugendbewegung.* Bensheim 1981.
Karl Aloys Schenzinger: *Der Hitlerjunge Quex.* Berlin/Leipzig 1932.
Walter Kolbenhoff: *Die Untermenschen.* Kopenhagen 1933.
Döpfner & Garms: *Neue Deutsche Welle. Kunst oder Mode?* Berlin 1984.
Maria Hölzel (Hrsg.): *Privacy Falco.* Wien 1998.
Peter B., Walter D.: »Das Leben nicht ganz so ernst nehmen. Ein Kreuzverhör mit den ›Wirtschaftswunder‹«. *Spex* Nr. 2, 1981.
Erik Brandt-Höge: »Wenn ich das Radio einschalte, muss ich kotzen«. Interview mit Annette Humpe. *Zeit online*, 28.10.2010.

Wir sind Heißmeyers Kinder

Klaus Abelmann: »Alles, was sie schon immer über Punk wissen wollten (But were Afraid to Ask)«. *Neon*, Nr. 6, ca. 1980.
Thomas Wagner: *Der Dichter und der Neonazi. Erich Fried und Michael Kühnen. Eine deutsche Freundschaft.* Stuttgart 2021.
Philipp Pröttel im Booklet der Kompilation: *Mia san dageng. Punk in München. Hits und Schmankerl*, 2007.
Anonymus: »Amtlicher Draht in den rechten Untergrund«. *die tageszeitung*, 30.8.1983.
Günther Schwarberg: »Der SS-Arzt und die Kinder«. Sechsteilige Serie in: *Stern*, 8.3. bis 12.4.1979.
Saul Friedländer: *Kitsch und Tod. Der Widerschein des Nazismus.* München, Wien 1984 (1982).
Wim Wenders: »That's Entertainment: Hitler«. In: *Die Zeit*, Nr. 33, 5.8.1977.
Günther Anders: *Philosophische Stenogramme*, München 1965.
Steven Lee Beeber: *The Heebie-Jeebies at CBGB's. A Secret History of Jewish Punk.* Chicago 2006.
Tal Sterngast: »Schocktherapie. Frauen als Figuren in Boris Luries Werk«. In: *Keine Kompromisse! Die Kunst des Boris Lurie.* Ausstellungskatalog, Jüdisches Museum Berlin. Bielefeld 2016.
Annette Benjamin in: Jan Müller: *Reflektor.* Podcast, 7.10.2019.

Rosa: »Erinnerungen an den jungen Punk«. In: *Cool aussehen: Mode & Jugendkulturen*, Diana Weis (Hrsg.), Berlin 2012.

Ein Genosse der Kulturgruppe: Ohne Titel. Interview mit Deutschland. *Gegendarstellung*, Nr. 8, 1980.

Klaus Meine über Conny Plank, in: Stephan Plank, Reto Caduff: *Conny Plank – Mein Vater, der Klangvisionär*. Deutschland 2017.

Klaus Theweleit: *Männerphantasien*. Basel, Frankfurt am Main 1977/1978.

Ingeborg Schober: »Alles ist gut«. *Musikexpress*, Nr. 5, 1981.

Wer sind denn da die Mädchen, wer sind denn da die Boys?

Tilman Baumgärtel: »Bildung ersetzt keinen Rhythmus«. Interview mit Gabi Delgado-López. *die tageszeitung*, 12.7.2002.

Judith Ammann: *Who's been sleeping in my brain? Interviews Post Punk*. Frankfurt am Main 1987.

Nike Breyer: »Das ist alles wirklich Plastik, haha«. Interview mit Gabi Delgado-López. *die tageszeitung*, 8.11.2003.

Jürgen Schweighart im Booklet der Kompilation: *Mia san dageng. Punk in München. Hits und Schmankerl*. 2007 .

Diedrich Diederichsen: *Sex Beat*. Köln 1985.

Kerstin Eitner: »Die Marktstube«. In: Glaser: *Rawums*.

Brigitte Rohkohl: *Rock-Frauen*. Reinbek bei Hamburg 1979.

Greil Marcus: *Lipstick Traces. A Secret History of the Twentieth Century*. Cambridge 1989.

Robert Fischer: »Der Kleenex-Mythos. Ein Beitrag zur Heranbildung eines kontinental-europäischen Bewusstseins in der elektrisch-urbanen Volksmusik«. In: Marlene Marder: *Kleenex–Liliput. Ein Tagebuch*. Zürich, 1986.

Robert Fischer: »Byebye Elvis«. Im Beiheft zur Kompilation: *Definitiv. Zürich 1976–1986*, 1986.

Gabriele Goettle: »Schleim oder Nichtschleim, das ist die Frage. Anstelle eines Vorworts«. In: *Die Schwarze Botin*. Nr. 1, 1976.

Daten zu den binationalen Eheschließungen (Mann/Frau) in der Bundesrepublik Deutschland von 1960–2021. Mitteilung des Statistischen Bundesamts via E-Mail am 4.1.2023.

Christian Enzensberger: *Größerer Versuch über den Schmutz.* München 1968.

Eure Zeit ist vorbei
Avi Pitchon: *Rotten Johnny and the Queen of Shivers. Israelische Gegenkulturen und Sehnsuchtsorte.* Mainz 2016.
Jan-Niklas Jäger: »Wie aus Jeffrey Joey wurde«. *Jungle World*, 15.4.2021.
Priscilla Lane, Dieter Runge im Beiheft zu: *New York Niggers – Live at Max's. July 31, 1979.* 2022.

Dank

Dank + Hallo: Heinrich Dubel für das allzeit gut gelaunte, vorwärts gewandte und präzise Lektorat. Bettina Flörchinger, Martina Weith, Andreas Pessel, Fred Hüttig, Rosa, Angelo Galizia, Mark Pfurtscheller, Jürgen Engler, Robert Wolf, Ozan Ata Canani, Cord Riechelmann, Xao Seffcheque, Peter Hein, Andrea Hagen, Klaus Walter, Kiev Stingl, Metin Demiral, Peter Glaser, Klaus Maeck, Daniel Miller und Toxoplasma für Gespräche und Geschichten, auch wenn nicht alle in diesem Buch vorkommen. Allen, mit denen ich für taz, Spex und De:Bug und Spirit schon vorher zum Thema sprechen konnte: Gabi Delgado-López, Lemmy Kilmister und Alan Vega, die in Frieden ruhen mögen, Robert Görl, Aras Ören, Saul Friedländer, Slime, Avi Pitchon, Richard Hell, Craig Leon, Lydia Lunch. Lena Stöneberg und dem gesamten Team Tropen. Nükhet Polat fürs Übersetzen aus dem Türkischen und die Energie, Dilek Güven, Stefanie Peter, Thomas Meyer und Ronald Düker für Feedback, Imran Ayata für dies, das und die Musik, Wolfgang Wiggers fürs Coverfoto und Christian Baumjohann von Archiv B fürs Organisieren, Melis Mielchen, Nora Zukker und Anna Pointinger für Übersetzungshilfe aus dem Türkischen, Züridеutschen und Wienerischen, Marcus Hahn für kollegiale Unterstützung, Henryk Gericke und Alexander Pehlemann für Hinweise zu den Punks aus der DDR, Stephanie Neumann für die Fotos, Sinem Tekel, Çiğdem İkiışık, Lena Alpozan, Pia Entenmann und allen anderen von der Kulturakademie Tarabya, der Bosporus-Bande für die gute Zeit, ihr wisst, wer ihr seid. Viron Erol Vert für den Hinweis auf *Die Neue Papa*, Nekropsi für die Darbietung desselben, Tayfun Aras und Elisabeth Horn von Deform Müzik und dem Rest der coolen Gang, namentlich Ünver Şahin, Geyik für Bewirtung, Tampon. Deniz Yücel für den *Opel-Ochs*, Aram Lintzel, Cem Kaya, Christian Iffeland von Static Shock, Frank Fenstermacher, Miriam Spies, Barbara Wenner, Tilman Baumgärtel, Jens Uthoff, Karl Nagel, Tom Holert, Julian Weber, Dirk Peitz, Franz von Wolffersdorff, Brigitte Marquardt und Eva Berger vom taz Archiv, Franck LaGare für *Killed by Deutschland*, Archiv der Jugendkulturen, Marco Repetto, Harald Bieling, Diedrich Diederichsen. Paul Ott und Hollow Skai für die Bibel. Den Dillingern, Donauwörthern und Günzburgern, Wahnwitz, Selber schuld, Gottes vergessene Kinder und Les Must, Schallplatten Brenner, Schiff, China, Klappe, Violet und Bootleg. Family*5 für Inspiration: Wir werden immer etwas finden, gegen das wir sind. Doris Akrap für Kritik und Ausblick ins Blaue, Silvan Linden und Sandra Bartoli von Büro für Konstruktivismus für den Schreibtisch, Aleksandar Zivanovic für motivationelles Biertrinken, der Familie für stabile Anwesenheit, Tal und Amalia für Geduld + Liebe. Allen, die da waren, aber hier nicht erscheinen. Irgendwas geht immer schief, aber alles ist gut, solang die Musik läuft.